四川大學中國俗文化研究所《新國學》編輯委員會

新國學

第十五卷

周裕鍇◎主編

四川大學出版社

責任編輯:歐風偃
責任校對:黄藴婷
封面設計:嚴春艷
責任印製:王　煒

圖書在版編目(CIP)數據

新國學. 第十五卷 / 周裕鍇主編. —成都: 四川大學出版社, 2017.12
ISBN 978-7-5690-1436-5

Ⅰ.①新… Ⅱ.①周… Ⅲ.①社會科學-中國-叢刊 Ⅳ.①C55

中國版本圖書館 CIP 數據核字 (2017) 第 305475 號

書名 新國學(第十五卷)
Xin Guoxue (Di-shiwu Juan)

主　　編 周裕鍇
出　　版 四川大學出版社
地　　址 成都市一環路南一段 24 號 (610065)
發　　行 四川大學出版社
書　　號 ISBN 978-7-5690-1436-5
印　　刷 郫縣犀浦印刷廠
成品尺寸 165 mm×240 mm
印　　張 14.625
字　　數 237 千字
版　　次 2017 年 12 月第 1 版
印　　次 2017 年 12 月第 1 次印刷
定　　價 42.00 圓

◆讀者郵購本書,請與本社發行科聯繫。
電話:(028)85408408/(028)85401670/
(028)85408023 郵政編碼:610065
◆本社圖書如有印裝質量問題,請
寄回出版社調换。
◆網址:http://www.scupress.net

目 録

CONTENTS

《左傳》所見“筆”體考辨

胡大雷

廣西師範大學文學院

摘　要：《左傳》所見“筆書以爲文”可分爲二。一是著述的整體性存在，有志、書（史、春秋）、《易》《象》及卦辭繇辭、《三墳》、《五典》、《八索》、《九丘》、御書、禮書、儒書、教令之法（象魏）、刑書等。二是文體性的存在，有載、盟、銘、誄、令龜（命龜）、命以及各種策、書、牒等；這些文體基本上是以行爲動作爲其文體命名的，如盟這一行爲動作產生的文體就是“盟”。《左傳》所見“筆書以爲文”的用途性質，絕大多數是官方文書檔案，屬於“治”，可見“筆書以爲文”的功用，在當時還主要用於留存依據。但《左傳》中“筆書以爲文”也顯示出新氣象，一是對朝政發表意見的信函，表現出“筆書以爲文”具有來往交流信息、意見的功用，這是後世“筆書以爲文”的主要功用之一；二是屬於個人著述的“教”，在《左傳》的“口出以爲言”中多有出現，王官、卿大夫尤其是標注“仲尼曰”對事件所發的議論，多有脫離具體事務而進行概括性、理論性闡述的，這就是從“治”進入“教”的個人著述的苗頭與萌芽。

關鍵詞：《左傳》　“筆”體　文體命名　“言”體　官書　個人著述

文字的產生，使語言表達有口頭的“言”與書面的“筆”兩種，即王充《論衡·定賢》稱“口出以爲言，筆書以爲文”[①]。“筆書以爲文”使文化的興起與發展有所依憑並得到便利的傳承，如三國時秦宓稱“《河洛》由文興，《六經》由文起”[②]。“筆書以爲文”使過去的言、事以物質的形態留存下來。與“言”的傳播快相比，“筆”自有傳播久的長處；“筆”又有不可更改、有依據等長處。史官是最早的一批執筆撰作者，所謂“左史記言，右史記事”[③]。春秋時期，“筆書以爲文”已在社會上普及，如孔子“究觀古今之篇籍”[④]，由“觀”可知“篇籍”已是“筆”體。本文所述《左傳》的“筆書以爲文”者，或其本身的書寫因素就可證其爲“筆”體，或從《左傳》中的記敘可以直接證明其爲“筆”體。

一、《左傳》所見整體性的“筆”體

其一，“志”。志，通“識”，其意爲記住、記載。《國語·魯語下》：“仲尼聞之曰：‘弟子志之，季氏之婦不淫矣。’”韋昭注：“志，識也。”[⑤]行爲動作的“志”所完成者、所構成者，即是文字作品的“志”，《周禮·春官·小史》“掌邦國之志”鄭玄注引鄭司農：“志，謂記也，《春秋傳》所謂《周志》，《國語》所謂《鄭書》之屬是也。史官主書，故韓宣子聘於魯，觀書太史氏。”[⑥] 又，《周禮·春官·外史》“掌四方之志”鄭玄注：“志，記也，謂若魯之《春秋》，晉之《乘》，楚之《梼杌》。”[⑦] 又，《孔子家語·正論》“志有之”王肅注：“志，古之書也。”[⑧]《左傳》中引有《志》《前志》《周志》《軍志》《史佚之志》《仲虺之志》等，《國語·楚語上》申叔時向楚莊王談到太子的教育，“教之《故志》，使知廢興者而戒懼也”。韋昭注：“故志，謂所記前世成敗之書。”[⑨]“志”在《左傳》中，大

---

① ［漢］王充《論衡》，上海：上海人民出版社，1974 年，第 420 頁。
② ［晉］陳壽《三國志》，北京：中華書局，1982 年，第 974 頁。
③ ［漢］班固《漢書·藝文志》，北京：中華書局，1962 年，第 1715 頁。
④ 《漢書·儒林傳》，第 3589—3590 頁。
⑤ 胡文波校點《國語》，上海：上海古籍出版社，2015 年，第 137 頁。
⑥ ［漢］鄭玄注，［唐］賈公彥疏《周禮注疏》，《十三經注疏》，上海：上海古籍出版社，1997 年，第 818 頁中。
⑦ 《周禮注疏》，《十三經注疏》，第 820 頁中。
⑧ ［魏］王肅注《孔子家語》，上海：上海古籍出版社，1990 年，第 104 頁上。
⑨ 《國語》，第 355 頁。

多爲人們在談話中的引用，少數爲“君子曰”中的引用。

其二，“書”，國史。行爲動作的“書”所完成者、所構成者，即是文字作品的“書”。《說文解字·敘》：“箸於竹帛曰書也。”① “書”與“曰”“言”之類行爲動作不一樣之處，就在於“書”本來就一定是以符號乃至文字形態體現在物質載體上的。古代文體生成方式之一，即“由行爲方式向文本方式的變遷”②，“書”，就是以文字載錄者。《襄公三十年》載子產曰：“《鄭書》有之，曰：‘安定國家，必大焉先。’”杜預注：“鄭國史書。”③ “書”前有國名者，即該國史書。或以“春秋”稱之，如下文之《魯春秋》。

其三，《易》《象》及卦辭、繇辭。《昭公二年》載：晉侯使韓宣子來聘，“觀書於大史氏，見《易》《象》與《魯春秋》，曰：‘周禮盡在魯矣。吾乃今知周公之德，與周之所以王也。’”④ 韓宣子所見《易》《象》，即包含卦辭、繇辭。又如《僖公四年》載繇辭：“初，晉獻公欲以驪姬爲夫人，筮之，其繇曰：‘專之渝，攘公之羭。一薰一蕕，十年尚猶有臭。’”⑤ 都是文字所載者。

其四，《三墳》《五典》《八索》《九丘》。《昭公十二年》：

> 左史倚相趨過。王曰：“是良史也，子善視之。是能讀《三墳》《五典》《八索》《九丘》。”（杜預注：“皆古書名。”）⑥

這些是標明爲“書”者，所謂“讀”，一定是有讀本的。

其五，“御書”；其六，“禮書”；其七，“象魏”——教令之法。《哀公三年》：

> 夏五月辛卯，司鐸火。火逾公宮，桓、僖災。救火者皆曰：“顧府。”南宮敬叔至，命周人出御書，俟於宮，曰：“庀女而不在，死。”

---

① ［漢］許慎撰，［清］段玉裁注《說文解字注》，上海：上海古籍出版社，1981年，第754頁。

② 詳見郭英德《中國古代文體學論稿》，北京：北京大學出版社，2005年，第29頁。又見胡大雷《論中古時期文體命名與文體釋名》所說“以產生文體的行爲動作即‘做什麼’來命名文體”，《中山大學學報》2011年第4期。

③ ［晉］杜預注，［唐］孔穎達正義《春秋左傳正義》，《十三經注疏》，第2013頁下。

④ 《春秋左傳正義》，《十三經注疏》，第2029頁上。

⑤ 《春秋左傳正義》，《十三經注疏》，第1793頁中—下。

⑥ 《春秋左傳正義》，《十三經注疏》，第2064頁中。

（杜預注：“周人，司周書典籍之官。御書，進於君者也。”）子服景伯至，命宰人出禮書，以待命：“命不共，有常刑。”……季桓子至，御公立於象魏之外，命救火者傷人則止，財可爲也。命藏《象魏》，（杜預注：“《周禮·正月》：懸教令之法於象魏，使萬民觀之。故謂其書爲《象魏》。”）曰：“舊章不可亡也。”①

“周人”爲司周書典籍之官，大火起，首先應該搶救“御書”，即進於魯君觀看的書，這是周代典籍，爲“筆書”。禮書，載禮之書。大火起，南宫敬叔關心周代典籍；子服景伯爲主管禮儀之官，所以最關心禮書。季桓子重人重舊章《象魏》，即公佈的法令，都懸掛於宫闕讓大家看，故又稱“象魏”，所謂“懸”，指這些教令之法曾掛出來；又稱“懸法”。這些都稱之爲“書”，就是能夠拿出來的實物。

其八，“儒書”。《哀公二十一年》：

秋八月，公及齊侯、邾子盟於顧。齊人責稽首，因歌之曰：“魯人之皋，數年不覺，使我高蹈。唯其儒書。以爲二國憂。”②

齊人之歌是責備魯人只會讀儒書而不懂禮節，儒書，即禮書，即“藝以教民者”。《周禮·天官·大宰》：“儒，以道得民。”鄭玄注：“儒，諸侯保氏有六藝以教民者。”③ 六藝，指禮、樂、射、御、書、數六種科目。

其九，“刑書”（竹書）。《定公四年》：

子魚辭，曰：“臣展四體，以率舊職，猶懼不給而煩刑書。”④

當時的刑書，有鑄於鼎者，有書於竹者。刑法書寫出來，讓大家都能看到，則是不可更改的。昭公六年（前536），子產“鑄刑書”⑤；昭公二十九年（前513）冬，“晉趙鞅、荀寅帥師城汝濱，遂賦晉國一鼓鐵，以鑄刑鼎，著范宣子所爲刑書焉”⑥。又有“竹書”，定公九年載：“鄭駟歂殺鄧析，而用其《竹刑》”。（杜預注：“鄧析，鄭大夫，欲改鄭所鑄舊制，不

---

① 《春秋左傳正義》，《十三經注疏》，第2157頁下。
② 《春秋左傳正義》，《十三經注疏》，第2181頁上。
③ 《周禮注疏》，《十三經注疏》，第648頁中。
④ 《春秋左傳正義》，《十三經注疏》，第2134頁上。
⑤ 《春秋左傳正義》，《十三經注疏》，第2043頁中。
⑥ 《春秋左傳正義》，《十三經注疏》，第2124頁下。

受君命，而私造刑法，書之於竹簡，故云竹刑。”)①

上述所謂，是不以文體命名的書寫文字，即整體存在的。因其整體性，故其内容如果需要在《左傳》中表達的話，只能是小部分的呈現。

二、《左傳》所見文體性的“筆”體及其文體命名

其一，“載”“盟”。《僖公二十六年》：

> 昔周公、大公股肱周室，夾輔成王。成王勞之而賜之盟，曰：‘世世子孫，無相害也。’載在盟府，(杜預注：“載，載書也。”) 大師職之。②

《周禮·秋官司寇·司盟》“司盟掌盟載之法”鄭玄注：“載，盟辭也。盟者，書其辭於策，殺牲取血，坎其牲，加書於上而埋之，謂之載書。《春秋傳》曰：宋寺人惠牆伊戾坎，用牲加書，爲世子痤與楚客盟。”③《昭公二十五年》：“臧昭伯率從者將盟，載書曰……”“以公命示子家子。”盟書成文才可以“示”人。載書即盟書。《襄公九年》：“晋士莊子爲載書。”“荀偃曰：‘改載書。’”④

其二，“銘”。《襄公十九年》載臧武仲曰：“夫銘，天子令德，諸侯言時計功，大夫稱伐。”這是標準的有等級差别的“銘”，以刻在器物上的文字來稱述功德等。“銘”又用來警戒自己，《昭公三年》録有《讒鼎之銘》(杜預注：“讒鼎，名也。”) 曰：“昧旦丕顯，後世猶怠。”又如《昭公七年》考父廟之鼎之銘云：“一命而僂，再命而傴，三命而俯。循牆而走，亦莫余敢侮。饘於是，鬻於是，以糊余口。”⑤ 以謙恭警戒。或有恬不知恥之“銘”，《僖公二十五年》載：

> 衛人伐邢，二禮從國子巡城，掖以赴外，殺之。正月丙午，衛侯燬滅邢，同姓也，故名。禮至爲銘曰：“余掖殺國子，莫余敢止。”

① 《春秋左傳正義》，《十三經注疏》，第 2143 頁。

② 《春秋左傳正義》，《十三經注疏》，第 1821 頁下。

③ 《周禮注疏》，《十三經注疏》，第 881 頁中。

④ 《春秋左傳正義》，《十三經注疏》，第 2110 頁中、1943 頁上。

⑤ 《春秋左傳正義》，《十三經注疏》，第 1968 頁中、2031 頁中、2052 頁上。

（杜預注："恶其不知恥，詐以滅同姓，而反銘功於器。"）①

從中可以看到春秋時誇利、誇力、誇詐的社會風尚。

其三，"誄"。《周禮》有"讀誄"的記載，讀誄，應該是照本宣科，誄應該是"筆書以爲文"。《哀公十六年》載魯哀公誄孔丘：

> 公誄之曰："旻天不弔，不慭遺一老。俾屏余一人以在位，煢煢余在疚。嗚呼哀哉！尼父無自律。"②

但此誄遭到孔子學生子贛"君其不沒於魯乎"的批評，這是說誄文是不可隨意爲之的，但當時隨意爲之的情況不少，《墨子·魯問》載：

> 魯君之嬖人死，魯君爲之誄，魯人因説而用之。子墨子聞之，曰："誄者，道死人之志也。今因説而用之，是猶以來（貍）首從服也。"③

魯人覺得魯君的嬖人之誄寫得很好，於是用來哀悼其他人士。墨子批評説，這是不能隨便套用的，用了就好像是以來（貍）拉馬車，很不合適。

其四，"令龜"（命龜）。《文公十八年》：

> 齊侯戒師期，而有疾，醫曰："不及秋，將死。"公聞之，卜曰："尚無及期。"惠伯令龜，卜楚丘占之曰："齊侯不及期，非疾也。君亦不聞。令龜有咎。"二月丁丑，公薨。④

令龜，古人占凶吉，必將所卜之事告卜人以龜占之，稱爲令龜、命龜，亦泛指灼龜問卜。《周禮·春官》之《大卜》："大祭祀則眡高命龜。"鄭玄注："命龜，告龜以所卜之事。"⑤ 有時，占卜的願望或結果以文字書寫下來，系龜以收藏，《占人》："凡卜簭，既事，則系幣，以比其命。歲終，則計其占之中否。（鄭玄注：杜子春云：系幣者，以帛書其占，系之於龜也。云謂既卜，簭史必書其命龜之事及兆於策，系其禮神之幣而合藏焉。）"⑥ "以帛書其占"，即把命龜之辭書寫下來。

---

① 《春秋左傳正義》，《十三經注疏》，第 1820 頁中。
② 《春秋左傳正義》，《十三經注疏》，第 2177 頁。
③ ［清］孫詒讓《墨子閒詁》，《諸子集成》第 4 冊，北京：中華書局，1986 年，第 285 頁。
④ 《春秋左傳正義》，《十三經注疏》，第 1861 頁上。
⑤ 《周禮注疏》，《十三經注疏》，第 804 頁上。
⑥ 《周禮注疏》，《十三經注疏》，第 805 頁中。

其五，“命”（命書）。《僖公二十八年》：

王命尹氏及王子虎、内史叔興父策命晉侯爲侯伯，賜之大輅之服，戎輅之服，彤弓一，彤矢百，玈弓矢千，秬鬯一卣，虎賁三百人。曰：“王謂叔父，敬服王命，以綏四國。糾逖王慝。”晉侯三辭，從命。曰：“重耳敢再拜稽首，奉揚天子之丕顯休命。”受策以出，出入三覲。①

“命”即王命，“從命”爲從王命。此分封之命是書寫在“策”的，故所謂“受策以出”。又，《襄公三十年》：

伯有既死，使大史命伯石爲卿，辭。大史退，則請命焉。復命之，又辭。如是三，乃受策入拜。②

上述的“命”，或又稱爲“策”。“命”又爲“命書”，《定公四年》：

其子蔡仲，改行帥德，周公舉之，以爲己卿士。見諸王而命之以蔡，其命書云：“王曰：胡！無若爾考之違王命也。”③

“命”是書寫出來的。從字面上看，此命書中是有叮囑的内容的。

其六，“策”，有多種。具體名目者如“策勳”（書勞）之“策”，《桓公二年》：

凡公行，告於宗廟；反行，飲至、舍爵，策勳焉，禮也。（杜預注：“爵，飲酒器也，既飲置爵，則書勳勞於策，言速紀有功也。”）④

諸侯出行朝天子、盟會、征戰前，要祭告宗廟，回來後也要祭告宗廟，其中一項活動就是“策勳”，有功勞者書之於策。又曰“書勞”，《襄公十三年》：“公至自晉，孟獻子書勞於廟，禮也。”（杜預注：“書勳勞於策也。”）⑤ 即功勞記錄在“策”。又，《昭公三年》載：“晉侯嘉焉，授之以策。”“伯石再拜稽首，受策以出。”⑥ 所“賞”是書寫在冊以爲依據的。

---

① 《春秋左傳正義》，《十三經注疏》，第1825頁下—1826頁上。
② 《春秋左傳正義》，《十三經注疏》，第2013頁下。
③ 《春秋左傳正義》，《十三經注疏》，第2135頁中。
④ 《春秋左傳正義》，《十三經注疏》，第1743頁中。
⑤ 《春秋左傳正義》，《十三經注疏》，第1954頁下。
⑥ 《春秋左傳正義》，《十三經注疏》，第2032頁上。

其七，又有“諸侯之策”。《文公十五年》：

公與之宴，辭曰：“君之先臣督，得罪於宋殤公，名在諸侯之策。臣承其祀，其敢辱君，請承命於亞旅。”①

《襄公二十年》有“名藏在諸侯之策”之語②，即諸侯名錄，簿冊類文檔。這是有具體名目的“策”。

其八，“書”，有多種。如國書之“書”，《哀公十一年》：

公使大史固歸國子之元，置之新篋，褽之以玄纁，加組帶焉。置書於其上，曰：“天若不識不衷，何以使下國？”③

這裏的“書”即是屬外交文檔的國書。《襄公三年》：

魏絳至，授僕人書，將伏劍。士魴、張老止之。公讀其書曰……④

這是給國君的報告，後世稱爲“上奏”之類。從“授僕人書”，可知是有“筆書以爲文”的文本的。

其九，書信之書，《昭公六年》：

叔向使詒子產書，曰……復書曰……⑤

這是叔向與子產之間的來往書信。所謂“詒書”，是有“筆書以爲文”的文本的。《左傳》又有鄭子家《與趙宣子書》、巫臣《遺子反書》、子產《與范宣子書》等，《文心雕龍·書記》：“三代政暇，文翰頗疏。春秋聘繁，書介彌盛。繞朝贈士會以策，子家與趙宣以書，巫臣之遺子反，子產之諫范宣，詳觀四書，辭若對面。”⑥ 這些是來往文翰，主要是用於交流信息的。

以下又有具體標出名目的各種“書”。

其十，“璽書”。《襄公二十九年》：

---

① 《春秋左傳正義》，《十三經注疏》，第1854頁下。

② 《春秋左傳正義》，《十三經注疏》，第1970頁上。

③ 《春秋左傳正義》，《十三經注疏》，第2167頁上。

④ 《春秋左傳正義》，《十三經注疏》，第1931頁上。

⑤ 《春秋左傳正義》，《十三經注疏》，第2043頁中—2044頁中。

⑥ ［南朝梁］劉勰撰，詹锳義證《文心雕龍義證》，上海：上海古籍出版社，1989年，第920頁。

> 公還及方城。季武子取卞，使公冶問，璽書追而與之，曰：“聞守卞者將叛，臣帥徒以討之，既得之矣，敢告。”①

璽書，加蓋印璽的文書。

其十一，“丹書”。《襄公二十三年》：

> 初，斐豹隸也，著於丹書。欒氏之力臣曰督戎，國人懼之。斐豹謂宣子曰：“苟焚丹書，我殺督戎。”宣子喜，曰：“而殺之，所不請於君焚丹書者，有如日！”②

斐豹的奴隸身份是“著於丹書”上的，要改變其身份，首先是“焚丹書”。“丹書”又有另一種説法，即記載主要之事者，《大戴禮記·武王踐祚》載，王問：“昔黄帝顓頊之道存乎？意亦忽不可得見與？”師尚父曰：“在丹書，王欲聞之，則齊矣！”③ 記載黄帝顓頊之道者爲“丹書”。又，《越絕書》卷十三載，越王以范子之言爲善，“以丹書帛，置之枕中，以爲國寶”，“善哉！”④

其十二，“簡書”，告急文書。閔公元年，狄人伐邢。管敬仲言於齊侯曰：“簡書，同惡相恤之謂也。請救邢以從簡書。”⑤《詩·小雅·出車》：“豈不懷歸，畏此簡書。”朱熹集傳：“簡書，戒命也。鄰國有急，則以簡書相戒命也。或曰，簡書，策命臨遣之詞也。”⑥

其十三，“罪書”。《昭公二年》：

> 七月壬寅，（公孫黑）縊。屍諸周氏之衢，加木焉。（杜預注：“書其罪於木，以加屍上。”）⑦

“書其罪於木”，即一種實用性、公示性檔案。

其十四，“貸書”。《襄公二十九年》：

---

① 《春秋左傳正義》，《十三經注疏》，第 2005 頁上。

② 《春秋左傳正義》，《十三經注疏》，第 1976 頁中下。

③ ［清］王聘珍撰，王文錦校《大戴禮記解詁》，《十三經清人注疏》，北京：中華書局，1983 年，第 103 頁。

④ 袁康、吴平輯錄，樂祖謀點校《越絕書》，上海：上海古籍出版社，1985 年，第 94 頁。

⑤ 《春秋左傳正義》，《十三經注疏》，第 1786 頁上一中。

⑥ ［宋］朱熹《詩集傳》，北京：中華書局，1958 年，第 107 頁。

⑦ 《春秋左傳正義》，《十三經注疏》，第 2030 頁上。

宋亦饑，請於平公，出公粟以貸。使大夫皆貸。司城氏貸而不書。①

貸書就是借條，當時的規矩，借貸要寫借條的。

其十五，賞賜之“書”。《昭公四年》：

使杜泄舍路。不可，曰：“夫子受命於朝，而聘於王。王思舊勳而賜之路。復命而致之君，君不敢逆王命而復賜之，使三官書之。吾子爲司徒，實書名。夫子爲司馬，與工正書服。孟孫爲司空，以書勳。今死而弗以，是棄君命也。書在公府而弗以，是廢三官也。若命服，生弗敢服，死又不以，將焉用之？”乃使以葬。②

賞賜之命要書寫出來，所以此處多次提到“書”字。又如《晏子春秋》：

景公謂晏子曰：“昔吾先君桓公，予管仲狐與穀，其縣十七，著之於帛，申之以策，通之諸侯，以爲其子孫賞邑。③

所謂“著之於帛，申之以策”，這是泛言之。《襄公十一年》：

公曰：“子之教，敢不承命。抑微子，寡人無以待戎，不能濟河。夫賞，國之典也，藏在盟府，不可廢也，子其受之！”④

賞書要“藏在盟府”的，自然是“筆書”。又如《襄公二十七年》：

宋左師請賞，曰：“請免死之邑。”公與之邑六十。以示子罕。……削而投之。左師辭邑。⑤

左師向戌請賞，把賞賜給子罕看，子罕不同意，於是刮削其字，可知“賞”是“筆書”的。

其十六，“牒”。《昭公三十二年》：

己丑，士彌牟營成周，計丈數，揣高卑，度厚薄，仞溝洫，物土方，議遠邇，量事期，計徒庸，慮材用，書餱糧，以令役於諸侯，屬

① 《春秋左傳正義》，《十三經注疏》，第 2005 頁中。

② 《春秋左傳正義》，《十三經注疏》，第 2036 頁下—2037 頁上。

③ 李萬壽譯注《晏子春秋全譯》，貴陽：貴州人民出版社，2009 年，第 285 頁。

④ 《春秋左傳正義》，《十三經注疏》，第 1951 頁中。

⑤ 《春秋左傳正義》，《十三經注疏》，第 1997 頁中—1997 頁下

役賦丈，書以授帥，而效諸劉子。韓簡子臨之，以爲成命。[①]

就是把工程預算“書”於簿冊。《昭公十八年》有“書焚室”云云[②]，就是把焚燒的房屋“書”於簿冊，“書”即登記。此類簿冊統稱爲“牒”。《昭公二十五年》：

右師不敢對，受牒而退。（孔穎達疏：“牒，劄也。於時號令輸王粟具戍人。宋之所出人粟之數書之於牒。”）[③]

牒，表冊、譜籍。以上是各種簿冊。

以上各種“筆書以爲文”者，無論是整體性的，還是具有文體意味的，應該都有樣本，此即爲“典策”。《左傳·定公四年》載，西周初分給魯公伯禽的東西中有“典策”，孔穎達曰：“謂史官書策之典，若傳之所云發凡之類，賜之以法，使依法書時事也。”[④] 典策即典籍簡冊，孔穎達稱這是各種文檔的樣本，供史官为書寫範本。當然，樣本、範本在歷史的發展中應該有不斷的補充。

“口出以爲言”與“筆書以爲文”本非天壤之隔，《左傳》或把某些本是“筆書以爲文”者記載爲“口出以爲言”，如《文公十八年》載：

莒紀公生大子僕，……僕因國人以弑紀公，以其寶玉來奔，納諸宣公。公命與之邑，曰：“今日必授。”[⑤]

而《國語·魯語上》則記載爲“書”：

莒太子僕弑紀公，以其寶來奔。宣公使僕人以書命季文子曰：“夫莒太子不憚以吾故殺其君，而以其寶來，其愛我甚矣。爲我予之邑。今日必授，無逆命矣。”裏革遇之，而更其書曰：“夫莒太子殺其君而竊其寶來，不識强固又求自邇，爲我流之於夷。今日必通，無逆命矣。”[⑥]

說明宣公之言本爲“以書命”，而“今日必授”只是“以書命”中的一句

---

① 《春秋左傳正義》，《十三經注疏》，第 2128 頁上。
② 《春秋左傳正義》，《十三經注疏》，第 2068 頁上。
③ 《春秋左傳正義》，《十三經注疏》，第 2109 頁上。
④ 《春秋左傳正義》，《十三經注疏》，第 2134 頁下。
⑤ 《春秋左傳正義》，《十三經注疏》，第 1861 頁中。
⑥ 《國語》，第 116 頁。

而已。或稱此爲《左傳》尚簡的一個例子，所謂“《國語》，《左氏》之外傳也，左氏傳經，辭語尚略，故復選錄《國語》之辭以實”[①]，但《左傳》也有並非因尚簡而改“書”爲辭令的例子[②]，如《莊公九年》載：

> 鮑叔帥師來言曰：“子糾，親也，請君討之。管、召，仇也，請受而甘心焉。”乃殺子糾於生竇，召忽死之。[③]

這是“口出以爲言”，而《史記·齊太公世家》載：

> 齊遺魯書曰：“子糾兄弟，弗忍誅，請魯自殺之。召忽、管仲讎也，請得而甘心醢之。不然，將圍魯。”[④]

這說明，《左傳》并不像《史記》《漢書》那樣特別注意保存彼時“筆書以爲文”的文獻，它只是把事情說清楚，而無論其或“言”或“筆”。

三、“筆書以爲文”的文體命名與官方文書檔案性質

以上文體的命名，可分爲三大類。其一，載、盟、銘、誄、令龜、命等，可謂以行爲動作爲文體命名者。“載”，《爾雅·釋詁》“話、猷、載、行、訛，言也”邢昺疏：“載者，載於簡策之言也。”[⑤] 盟誓之言要有文字作爲依憑，故以“載”爲名。“盟”，結盟之語。“銘”，銘刻之語。“誄”，古代列述死者德行以表哀悼並以之定謚的行爲，於是悼念死者之語爲“誄”。“命龜”，龜占一定要把所卜之事刻在龜甲上，即命龜之辭。這些行爲動作是有具體的内容指向、意義指向的，故這些文體從文體命名就可知其文體内容、文體性質。其二，各種“書”“策”。書寫下來的文字或將文字書寫在竹、板者，雖然也以行爲動作命名文體，但書寫這一行爲動作本身没有具體的内容指向、意義指向，要靠具體說明才能讓人知曉是什麽類别的文書；但這些内容在《左傳》中則有明確的記載，此即爲後世文體命

---

① 《論衡·案書》，第438頁。

② 董芬芬《春秋辭令文體研究》對此有論述，以下所舉數例有見於其著作者。（上海：上海古籍出版社，2012年，第8—9頁。）

③ 《春秋左傳正義》，《十三經注疏》，第1766頁中。

④ ［漢］司馬遷《史記》，北京：中華書局，1982年，第1486頁。

⑤ ［晋］郭璞注，［宋］邢昺疏《爾雅注疏》，《十三經注疏》，第2575頁上。

名的根由。而之所以有多种文体称“策”“書”，說明彼時文體的區分還不明確，文體命名也只是起步階段。其三，“牒”，簿冊。簿冊與文書的區別即“書”“牒”的區分。

孔安國《〈尚書〉序》給《尚書》中的文詞列出了具體的文體命名，其云：“芟夷煩亂，剪截浮辭，舉其宏綱，撮其機要，足以垂世立教，典、謨、訓、誥、誓、命之文，凡百篇。”① 除了“典”特指先王的行爲動作産生的文詞，其他五者都具有以産生文詞的行爲動作來命名文體的性質。如謨，謀也；帝舜、禹、皋陶君臣之間的討論、謀劃所産生的文詞命名爲“謨”體。訓，教誨、訓導；教誨、訓導産生之詞，就是“訓”體。誥，告訴，有上對下，有下對上；告訴、告誡、勸勉産生的文詞，就是“誥”體。誓，告誡、約束；告誡、約束這一行爲動作所發出的文詞即“誓”體。命，最高統治者所言、所命令；所産生的文辭即“命”體。《尚書》所録爲“口出以爲言”者，其如此以“做什麽”來確定其文體的命名，也大致貫穿於《左傳》所見的“筆書以爲文”，可見其爲文體産生初期的通例。“做什麽”即上述“筆書以爲文”的文體内容，《左傳》或引用其具體文辭，由此可知其具體内容；或並未引用具體文辭，但從文體命名即知其用途，就可以知曉這些“筆書以爲文”的具體内容，如“罪書”“貸書”等。這些文體的具體内容成爲《左傳》敘事的一個組成部分。

《左传》所见“筆書以爲文”，從其内容性質來說，一是“以史爲鑒”的史書，如稱作“志”“書”“春秋”之類。二是相互有所證明，如各種名稱的盟書、君王的分封賞賜、借條、下達的命令等，以及公示出來大家共同遵守的禮書、儒書、刑書等，這是現實中應用最多者。三是官府的文檔、前代留下來的文檔，如丹書、罪書，還包括登記簿冊。四是算卦用書。五是對朝政發表意見的相互交流的信函。前四者屬於公家檔案，在當時主要用於留存依據，“筆書”的形式，使其作爲公家檔案的性質得以完整實現。

《左傳》所見“筆書以爲文”者大多爲公家檔案，這也是最早的“筆”體文字的性質，世人早有论述。《周易・系辭下》曰：

① ［漢］孔安國傳，［唐］孔穎達正義《尚書正義》，《十三經注疏》，第 114 頁下。

上古結繩而治，後世聖人易之以書契，百官以治，萬民以察。①

“治”者就官府而言，“察”者就百姓而言，都是因爲官府的實際需要、實際用途而“筆書以爲文”的，都爲“官”書。王粲《硯銘》就强調“書契”的產生是“以代結繩，民察官理”②。章學誠《文史通義·原道中》稱：“蓋以學者所習，不出官司典守、國家政教，而其爲用，亦不出於人倫日用之常，是以但見其爲不得不然之事耳，未嘗別見所載之道也。”③所谓“六經皆器”者，即指當時的文字作品皆爲“官”書。章學誠《文史通義·詩教中》又稱：

古未嘗有著述之事也，官師守其典章，史臣録其職載。文字之道，百官以之治而萬民以之察，而其用已備矣。是故聖王書同文以平天下，未有不用之於政教典章、而以文字爲一人之著述者也。④

而我們從《左傳》中所見的“筆書以爲文”者，亦皆爲“政教典章”者，而無所謂“一人之著述”者。

四、從官家文字之“治”到個人著述之“教”

前稱個人之間的相互信函，與留存以作依據的文檔不同，其“筆書以爲文”並非只具有單方向通告信息的作用，還是用於交流意見的，如叔向不同意子產“鑄刑書”，以法有成文而“民知爭端矣，將棄禮而徵於書”質問之，子產則以“吾以救世也”回覆。又如襄公二十四年（前 549），“范宣子爲政，諸侯之幣重”，加重諸侯的貢賦，“子產寓書於子西以告宣子”，范宣子接受了意見，“乃輕幣”⑤。交流意見并爭辯，在“口出以爲言”中非常常見，並不稀奇，但出現在“筆書以爲文”中，書信體是最早的，這也成爲後世書信的主要功能之一。

不僅僅是“筆書以爲文”的書信表現出個人著述的性質，我們還可以

---

① 《春秋左傳正義》，《十三經注疏》，第 87 頁中。

② ［唐］歐陽詢《藝文類聚》，上海：上海古籍出版社，1982 年，第 1057 頁。

③ ［清］章學誠撰，吕思勉評，李永圻等整理《文史通義》，上海：上海古籍出版社，2008 年，第 38 頁。

④ 《文史通義》，第 21—22 頁。

⑤ 《春秋左傳正義》，《十三經注疏》，第 1979 頁下。

從《左傳》所見“口出以爲言”的記載看出個人著述的苗頭與萌芽。最顯著的例子，是王官、卿大夫以個人名義對事件所發的議論，如《隱公六年》載，衛莊公之子州吁，生性暴戾好武，善談兵，莊公寵愛而任其所爲；大夫石碏忠言相諫，論述“去六逆而效六順”；《桓公二年》載，魯取郜國大鼎而納於太廟，藏孫達諫之，論述“物昭令德”；等等。《左傳》所載的許多議論，都與之有相似之處，即以某種理論來論述當前具體做法的正誤。這樣的論述，既就事論事，又在一個更大的宏觀視域中思考問題。這就是不僅僅適用於當前的“政教典章”，又是個體對社會、人生、未來的思考，即所謂“一人之著述”者。以後的諸子之“立言”就是如此發展起來，從政治話語走向學術話語的。尤其是《左傳》中標有“仲尼曰”“孔子曰”的對人物與史事的議論，章學誠《文史通義·原道下》稱：“以文字爲著述，起於官師之分職，治教之分途也。”① 《左傳》中的言與事，大多本與孔仲尼無所關聯，而有所謂“仲尼曰”“孔子曰”的評價斷語，只是置身於事外的個人的意見，只是“教”而非“治”，因此可視爲“個人著述”。此標誌著：在社會的崇尚與時代的需要之下，“一人之著述”逐漸出現了，並以個人言論在史學著作中取得合法地位。孔仲尼爲“師”爲“教”，其“仲尼曰”“孔子曰”爲個人著述提供了形式，日後的個人著述即大多是以姓氏爲著述“書名”的。另外，這一現象也說明，新思想、新形式的出現，一般是先出現在“口出以爲言”中的，隨後才出現在“筆書以爲文”中。

---

① 《文史通義》，第41頁。

穀梁子姓氏名字攷論

楊德春

邯鄲學院中文系

摘　要：歷來關於穀梁子之名字的說法，可以分爲四類。名赤，記載最早，似最爲可信；然赤很可能是“子”字之音譌和形譌。名俶，字元始，漢魏無記載，可信度較低。名寘，是與子或赤聲韻相近之代字，可信度低於名赤之說。名喜與名嘉記載較晚，可信度均較低；“嘉”很可能是“赤”傳寫印刷之誤字，而“喜”很可能是“嘉”傳寫印刷之誤字，且受到“赤”讀音之影響。因此，在無直接證據前，穀梁子之名，徑稱穀梁子最爲可靠。

關鍵詞：《春秋穀梁傳》　穀梁子　姓氏　名字

從 1949 年至 1978 年年底，在近三十年期間，中國大陸僅發表了兩篇《春秋穀梁傳》研究論文，一篇爲張西堂《〈穀梁〉爲古文學補證》[①]，另一篇爲金德建《瑕丘江公作〈穀梁傳〉的推測》[②]。上世紀 80 年代以後，《春秋穀梁傳》研究相對比較薄弱的狀況開始有所好轉。對《春秋穀梁傳》的研究應進一步加强，這是學術研究的現實要求。要研究《春秋穀梁傳》，首先要解決的問題之一就是《春秋穀梁傳》的作者及其相關問題。

---

① 張西堂《〈穀梁〉爲古文學補證》，《西北大學學報》1957 年第 2 期。

② 金德建《瑕丘江公作〈穀梁傳〉的推測》，《人文雜誌》1957 年第 3 期。

一、穀梁子之姓氏爲“穀梁”

《春秋穀梁傳》的“穀梁”二字一般認爲是姓氏。唐代林寶《元和姓纂》卷十載有：“穀梁，魯有穀梁赤，治《春秋傳》。子夏門人也。尸子云：‘穀梁俶，傳《春秋》十五卷。’案顔師古說穀梁名喜。”① 但是自宋代以來就有人懷疑“穀梁”作爲一個姓氏之真實性。

宋代羅璧《識遺》卷三“公羊、穀梁”條云：

> 公羊、穀梁二姓，自高、赤作傳外，考之前史及後世，更不見再有此姓。萬見春嘗謂公羊、穀梁皆姜字切韻脚，疑其爲姜姓假託也。（按：文公語錄已有此說。）蓋戰國時，去春秋未遠，《傳》之所載，多當時諸侯公卿大夫及其家世事蹟，有當諱晦者，難直斥之，而事之直者，又不容曲爲之筆，故高、赤傳其事，因隱其姓。後世史官，于當代難言之事，每闕之。或晦其姓名，疑其辭義。高、赤緣時忌，沒其姓，容有此理。《左傳》作者之名曾無真的，是傳者亦欲假託也。（按：二傳皆云出自子夏，子夏授公羊高，漢景帝時，胡毋子都始以《公羊》著之竹書。穀梁云秦孝公時人，其書宣帝時始傳。先儒因謂二書皆作自漢儒。孔穎達曰：“《公羊》道聽塗説之學。杜預言膚，引《公》《穀》適足自亂。”《大觀群典》曰：“《公》《穀》詭辨之言，非先儒說。或者又漢儒假託也。）”②

羅璧之論雖有很大的主觀猜測的成分，但羅璧之學本自朱熹，其自稱“文公語錄已有此說”，也就由於申發朱熹之說而產生了很大的影響。《朱子語類》卷八十三《春秋・綱領》記載：“問：‘《公》《穀》傳大概皆同?’曰：‘所以林黄中說，只是一人，只是看他文字疑若非一手者。’”③ 朱熹引用林黄中之說認爲《春秋穀梁傳》和《春秋公羊傳》同出於一人之手，只是文字表面上不同，可見，朱熹認爲《公》《穀》二傳作者皆爲假託。又因朱熹之說爲語錄，過於簡略，而羅璧之論公羊、穀梁皆爲假託人物較爲系

---

① 林寶《元和姓纂》，北京：中華書局，1994 年，第 1474 頁。

② 羅璧《識遺》卷三，《文淵閣四庫全書》本。

③ 黎靖德編《朱子語類》卷八十三，北京：中華書局，1994 年，第 2153 頁。

統，《識遺》又引萬見春之說認爲“公羊、穀梁“皆‘姜’字切韻腳，疑爲‘姜’姓假託”，故羅璧之論可以作爲公羊、穀梁皆爲假託人物之說的代表。宋代朱熹、萬見春、羅璧認爲穀梁子爲假託人物是從根本上否定穀梁子的真實性，即否認穀梁子的存在，從而也就否定了穀梁子對於《春秋穀梁傳》的著作權。

《四庫全書總目》云：

> 《識遺》十卷。宋羅璧撰。璧字子蒼，自號黙耕，新安人。《宋史》無傳。不知其時代。據書中“前定”一條，引陳摶“寒在五更頭’之讖，稱“第五庚申後又十五年而祚移”，則其成書在宋亡以後矣。觀其謂“宋代文章多粹，自伊洛發明孔孟，便覺歐、蘇氣象不長”，又謂“夫子之道至晦翁集大成，諸家經解自晦翁斷定，然後一出於正”云云，蓋傳朱子之學者也。其論養老之制，謂《禮記》“袒而割牲，執醬而饋，執爵而酳”數語爲委巷之談論，排詆經文，殊無忌憚。謂公羊高、穀梁俶皆姓姜，亦屬杜撰。謂班史原于劉歆，引葛洪《西京雜記》後序爲證，不知洪序謂“劉子駿有《漢書》一百卷”者，自漢魏以來絕無是說。乃輕信僞書，尤爲疎舛。然其他爬梳鉤索，征據舊文，尚頗可采，不獨錢曾《讀書敏求記》所舉“孔子生卒年月”一條爲足資考證也。在講學之家，猶可稱言有根柢矣。①

可見，四庫館臣也認爲羅璧“在講學之家猶可稱言有根柢”，但治學也有偏激之處，如四庫館臣認爲“謂公羊高、穀梁俶皆姓姜，亦屬杜撰”。可見，羅璧《識遺》“公羊、穀梁二姓，自高、赤作傳外，考之前史及後世，更不見再有此姓”之論，四庫館臣也認爲缺乏根據。

朱彝尊《經義考》卷二百八十二：“魯穀梁赤，宋贈龔邱伯，改贈睢陽伯。詳見春秋部。應劭曰子夏弟子。按羅長源撰《路史》：‘炎帝之後不言有公羊、穀梁氏。’羅子蒼《識遺》云：‘公羊、穀梁自高、赤作傳外，更不見有此姓。萬見春謂皆姜字切韻腳，疑爲姜姓假託。’然自高傳子平，平傳子地，地傳子敢，敢傳子壽，見於戴宏所記。而班氏《古今人表》載有二子，居第四等。計劉氏、宋氏《世本》亦必載之，未必假託也。又按

① 永瑢等《四庫全書總目》，北京：中華書局，1965 年，第 1024 頁。

《春秋》爲孔子所作，則說《春秋》者必係孔氏門人，若《公羊傳》所稱沈子、司馬子、女子、北宫子、魯子、高子，《穀梁傳》所稱尸子、沈子皆是已。子言之《春秋》屬商，其皆子夏之徒與。"① 朱彝尊通過戴宏所記《公羊傳》傳承和《漢書·古今人表》的記載，認爲穀梁赤、公羊高未必是假託人物。

對於懷疑"穀梁"作爲一個姓氏的真實性的論點，皮錫瑞也有反駁之論。皮錫瑞《經學通論》四"論《公羊》、《穀梁》二傳皆當爲傳其學者所作，《左氏》亦當以此解之"條認爲："古人著書，亦有自隱其姓名者，而二子（指穀梁赤、公羊高）爲《經》作《傳》，要不應自隱其姓。至謂'公羊、穀梁，高、赤外不見有此姓'，則尤不然。《禮記·檀弓》明云：'鑿巾以飯，公羊賈爲之也。'何得謂公羊高外，不見公羊姓乎？……《漢書·古今人表》有公羊、穀梁，列四等，必實有其人可知。近人又疑公羊、穀梁，皆卜商轉音，更無所據。"② 皮錫瑞指出《禮記·檀弓》明言"鑿巾以飯，公羊賈爲之也。"據我查證，《禮記·檀弓》上、下二篇中皆無"鑿巾以飯，公羊賈爲之也"之語。遍檢《禮記》，在《雜記下》中有"鑿巾以飯，公羊賈爲之也"之語。可見，皮錫瑞引用材料有誤。

蔣伯潛《十三經概論》："按：《禮記·檀弓》曰：'鑿巾以飯，公羊賈爲之也。'是别有姓公羊者矣。"③ 實際上是抄用皮錫瑞《經學通論》之說，且未加以核實，以訛傳訛，亦誤。

《禮記·雜記下》明確記載："鑿巾以飯，公羊賈爲之也。"④ 這實際上就徹底否定了羅壁《識遺》卷三所謂"公羊、穀梁二姓，自高、赤作傳外，考之前史及後世，更不見再有此姓"的不實論斷。

我再補充一點，萬見春提出公羊、穀梁"皆'姜'字切韻腳，疑爲'姜'姓假託"，皮錫瑞所引"近人又疑公羊、穀梁，皆卜商轉音"，這都只是一種猜測，没有堅實的證據。"公羊、穀梁，皆卜商轉音"，公羊、穀梁"皆'姜'字切韻腳"，這些說法雖以音韻爲說，其實並無多少科學價值，因爲古代漢語本身就多雙聲字和疊韻字，遇到兩個字是雙聲字或疊韻

---

① 朱彝尊《經義考》，北京：中華書局，1998 年，第 1443—1444 頁。
② 皮錫瑞《經學通論》四，北京：中華書局，1954 年，第 18 頁。
③ 蔣伯潛《十三經概論》，上海：上海古籍出版社，1983 年，第 429—430 頁。
④ 阮元校刻《十三經注疏》，北京：中華書局，1980 年，第 1562 頁。

字並不稀奇。

鄭樵《通志·氏族略》云："穀梁氏。魯有穀梁赤，傳《春秋》。尸子云：'穀梁淑，字元始，魯人。'亦傳《春秋》十五篇，望出下邳，《姓纂》云：'今下邳有穀梁氏。'"[①] 淩迪知《萬姓統譜》云："穀梁。下邳有穀梁氏。周穀梁赤，傳《春秋》。穀梁淑，字元始，魯人，亦傳《春秋》。"[②] 均認爲穀梁是一個姓氏。

不過，鄭樵《通志·氏族略》和淩迪知《萬姓統譜》都認爲有兩個穀梁子，該説源于唐代林寶《元和姓纂》。《元和姓纂》云："穀梁，魯有穀梁赤，治《春秋傳》。子夏門人也。尸子云：'穀梁俶，傳《春秋》十五卷。'案顔師古説穀梁名喜。"[③] 但該説沒有可靠的證據支持，故不可信。在《元和姓纂》之前，沒有文獻證明尸子説過"穀梁俶，傳《春秋》十五卷"，而楊士勳《春秋穀梁傳序疏》記載"穀梁子名淑，字元始"[④] 實本南朝梁代人阮孝緒，《元和姓纂》引尸子云"穀梁俶，傳《春秋》十五卷"之説當是將阮孝緒之説與尸子聯繫起來的發揮，不足憑信。《通志·氏族略》和《萬姓統譜》所謂有兩個穀梁子均源于《元和姓纂》之説，當然也不足憑信。但是，存在"穀梁子"傳《春秋》，當可信。

二、穀梁子之名字考辨（上）

既然穀梁子實有其人，姓穀梁，那麼穀梁子之名就成爲需要研究清楚的問題了。《漢書·藝文志》云："《穀梁傳》十一卷，穀梁子，魯人。（師古曰：名喜。）"[⑤] 錢大昭《漢書辨疑》記載："喜，閩本作嘉。"[⑥]《漢書·藝文志》未記載穀梁子之名字，而《漢書·藝文志》脫胎于劉歆之《七略》，則《七略》亦當未記載穀梁子之名字，穀梁子之名字很可能在西漢

---

① 鄭樵《通志》卷二十九，杭州：浙江古籍出版社，2000年第2版，第479頁。

② 淩迪知《萬姓統譜》卷一百三十七，《文淵閣四庫全書》本。

③ 《元和姓纂》，第1474頁。

④ 楊士勳《春秋穀梁傳序疏》，載范寧注，楊士勳疏《春秋穀梁傳注疏》卷首，《文淵閣四庫全書》本。

⑤ 班固《漢書》，北京：中華書局，1962年，第1701頁。

⑥ 錢大昭《漢書辨疑》，載沈欽韓等《漢書疏證（外二種）》，上海：上海古籍出版社，2006年，第361頁。

就已經失傳。就現有材料而言，《漢書・藝文志》未言穀梁子之名，且《漢書・藝文志》之前之書籍亦均未載穀梁子之名，而《漢書》之後之書籍卻載有穀梁子之名，良可疑也。

陸德明《經典釋文・序録》引桓譚《新論》云："《左氏傳》遭戰國寢藏，後有餘年，魯人穀梁赤作《春秋》。殘略，多有遺文。"① "後有餘年"不通，當有脱文。《太平御覽》卷第六百一十："桓譚《新論》曰：《左氏》傳世後百餘年，魯穀梁赤爲《春秋》。殘略，多有遺失。"② 《太平御覽》作"後百餘年"，如此則"有"字似乎爲"百"字之形譌，然"後百餘年"不符合先秦兩漢之一般語言習慣，故當據《太平御覽》之"百"字，於"有"前校補"百"字，即當作"後百有餘年"。又《太平御覽》晚於《經典釋文》，且《太平御覽》引文多有改動，故當據《經典釋文》，即當有"遭戰國寢藏"五字，當作"魯人"而不作"魯"，當作"遺文"而不作"遺失"。故桓譚《新論》原文當作："《左氏傳》遭戰國寢藏，後百有餘年，魯人穀梁赤作《春秋》。殘略，多有遺文。"周壽昌《漢書注校補》："壽昌按：桓譚《新論》：'《左氏》傳世，遭戰國寢藏，後百有餘年，魯穀梁赤爲《春秋》。殘略，多所遺失。'是穀梁名赤，應劭《風俗通》、蔡邕《正交論》並同。"③ 周壽昌據後出之《太平御覽》所引《新論》之語，補入陸德明《經典釋文・序録》所引《新論》之語中之"遭戰國寢藏"五字，將"有"字校改爲"所"字，不可取，當以陸德明《經典釋文・序録》所引桓譚《新論》之語爲底本。

陸德明《經典釋文・序録》："名赤，魯人。糜信云：'與秦孝公同時。'《七録》云：'名俶，字元始。'《風俗通》云：'子夏門人。'"④ "名赤"是陸德明之言，絕非《風俗通》之記載，《經典釋文・序録》引《風俗通》的僅僅是"子夏門人"四字，就現有材料而言，絕無《風俗通》記載"穀梁子名赤"之任何直接而可靠之證據。若言《風俗通》前文已言"名赤"，陸德明此處似乎承前省略，則此假設爲誤：前文所引《七録》已

---

① 陸德明《經典釋文》，北京：中華書局，1983 年，第 12 頁。

② 李昉等《太平御覽》，北京：中華書局，1960 年，第 2746 頁。

③ 周壽昌《漢書注校補》，《續修四庫全書》第 267 冊，上海：上海古籍出版社，1995 年，第 625 頁。

④ 《經典釋文》，第 12 頁。

言“名俶”，揆以文理，此處不當承前省略“名赤”，故陸德明所見《風俗通》當未涉及穀梁子之名。

王利器《風俗通義校注》輯《風俗通》佚文：“穀梁氏，穀梁名赤，子夏門人。（《經典釋文敘錄》、《意林》、《容齋續筆》十四、《玉海・藝文》四十）器按：《孝經序》疏引‘門人’作‘弟子’。”① 其中“穀梁名赤”絕非應劭《風俗通》佚文。如上所述，《經典釋文・序錄》引《風俗通》僅“子夏門人”四字，並無“穀梁名赤”四字。洪邁《容齋續筆》卷十四“子夏經學”條：“公羊高實受之于子夏，穀梁赤者，《風俗通》亦云子夏門人。”② 引《風俗通》亦僅“子夏門人”四字，並無“穀梁名赤”四字。王利器爲誤輯誤引。又《孝經序》疏：

> ［疏］正義曰：“故”者因上起下之語。夫子約魯史《春秋》，學開五傳者，謂名專己學，以相教授，分經作傳，凡有五家。開則分也。五傳者，案《漢書・藝文志》云：《左氏傳》三十卷，左丘明，魯太史也。《公羊傳》十一卷，公羊子，齊人，名高，受經於子夏。《穀梁傳》十一卷，穀梁子，魯人，名赤，麋信云：與秦孝公同時；《七錄》云：名俶，字元始；《風俗通》云：子夏門人。《鄒氏傳》十一卷，《漢書》云：王吉善《鄒氏春秋》。《夾氏傳》十一卷，有錄無書。其鄒、夾二義，鄒氏無師，夾氏未有書，故不顯于世，蓋王莽時亡失耳。③

《孝經序》疏引《風俗通》作“子夏門人”四字，並未引“門人”作“弟子”，王利器實誤。又，《漢書・藝文志》云：“《穀梁傳》十一卷，穀梁子，魯人。（師古曰：名喜。）”④ 並無“名赤”二字，《孝經序》邢昺疏之“名赤”亦爲誤引。

王應麟《困學紀聞》卷七：“穀梁子，或以爲名赤，或以爲名俶。秦孝公時人。今按《傳》載尸子之語，尸佼與商鞅同時。故以穀梁子爲秦孝

---

① 王利器《風俗通義校注》，北京：中華書局，1981 年，第 550 頁。
② 洪邁《容齋隨筆》，北京：中華書局，2005 年，第 398 頁。
③ 唐玄宗注，邢昺疏《孝經注疏》，北京：北京大學出版社，1999 年，第 14—15 頁。
④ 《漢書》，第 1701 頁。

公時人，然不可考。”[1] 閻若璩校本加有按語：“若璩按：名赤見《風俗通》，名俶見阮孝緒《七錄》。”今本《風俗通》無“名赤”，陸德明《經典釋文・序錄》引《風俗通》僅“子夏門人”四字，亦無“名赤”二字，閻若璩實誤。

吴承仕《經典釋文序錄疏證》云：“穀梁子之名，桓譚《新論》、蔡邕《正交》、應劭《風俗通》並云‘名赤’，《論衡》作‘寘’，《七錄》云‘名俶’，楊士勳《疏》作‘淑’，顏師古云‘名喜’。按：尗與赤聲相近，寂寞之寂前曆反，赤音昌石反，是其比；尗又與喜聲近，饎昌志反，字亦作（食叔），與饎同音；寘即置之異文，置、喜同部。赤、淑、俶、寘、喜五文聲轉通作，故字異而人同。《漢書》顏《注》本或作‘嘉’，則喜形之譌也。皮錫瑞曰：‘一人豈有四名，抑如公羊之祖孫父子相傳非一人乎？’不明聲類而妄爲說，其過弘矣。陳漢章說亦然，真所謂不謀同辭者也。”[2] 所謂蔡邕《正交》、應劭《風俗通》並云“名赤”實誤。范曄《後漢書》卷四十三《朱樂何列傳》李賢注引蔡邕《正交論》：“穀梁子亦曰：‘心志既通，名譽不聞，友之罪也。’”[3] 就現有材料而言，蔡邕《正交論》作穀梁子而不作穀梁赤。鍾文烝《春秋穀梁經傳補注》：“桓譚《新論》、應劭《風俗通》、蔡邕《正交論》並云名赤。”[4] 亦誤。周壽昌《漢書注校補》：“是穀梁名赤，應劭《風俗通》、蔡邕《正交論》並同。”[5] 亦誤。張舜徽《漢書藝文志通釋》：“桓譚《新論》、蔡邕《正交論》、應劭《風俗通》，並云名赤，……”[6] 亦誤。《元和姓纂》岑仲勉校語引杜鋼《百氏考證》之言“桓譚《新論》(《御覽》引)、蔡邕《正交論》及《經典釋文敍錄》引麋信注作赤”[7] 亦誤，《經典釋文・序錄》引麋信語僅“與秦孝公同時”六字，就現有材料而言，絕無麋信記載“穀梁子名赤”之任何直接而可靠之證據。

---

① 王應麟《困學紀聞》卷七“穀梁”部分最後一條。見《文淵閣四庫全書》子部十，雜家類二，雜考之屬。

② 吴承仕《經典釋文序錄疏證》，北京：中華書局，1984 年，第 117 頁。

③ 范曄《後漢書》，北京：中華書局，1965 年，第 1475 頁。

④ 鍾文烝《春秋穀梁經傳補注》，北京：中華書局，1996 年，第 1 頁。

⑤ 《漢書注校補》，《續修四庫全書》第 267 冊，第 625 頁。

⑥ 張舜徽《漢書藝文志通釋》，武漢：湖北教育出版社，1990 年，第 62 頁。

⑦ 《元和姓纂》，第 1475 頁。

三、穀梁子之名字考辨（下）

監本楊士勳《春秋穀梁傳序疏》："穀梁子名淑，字元始，魯人，一名赤，受經于子夏，爲經作傳，故曰《穀梁傳》。"[①] 沈廷芳《十三經注疏正字》卷七十三："案：《爾雅·釋詁》云：俶，始也。字曰元始，義當从俶。"[②] 齊召南《春秋穀梁傳注疏考證·春秋穀梁傳序考證》云："《疏》云：穀梁子名俶，字元始，魯人，一名赤。俶監本刊作淑。臣召南按：俶訓始，故字元始。《玉海》引此《疏》云：穀梁子，名俶。又自注其下云：一云名淑。《文獻通考》亦作俶。然則此《疏》原文本作俶也。但穀梁子名，諸說不同。云名赤者，本之應劭。云名俶，字元始者，本之阮孝緒。而顏師古《漢書注》則又云名喜。"[③] 齊召南《春秋穀梁傳注疏考證》對穀梁子名字的考證有一定的道理，但是，僅憑"俶訓始"，只能證明"穀梁子名俶字元始"有訓詁依據，而不能證明穀梁子即名俶字元始。另外，齊召南所謂云"名赤者本之應劭"實誤。

《元和姓纂》卷十："尸子云：穀梁俶傳《春秋》十五卷。"[④]《史記·孟子荀卿列傳》云："楚有尸子、長盧。"《集解》云："劉向《别録》曰：'楚有尸子，疑謂其在蜀。'今案：《尸子書》，晉人也，名佼，秦相衛鞅客也。衛鞅商君，謀事畫計，立法理民，未嘗不與佼規也。商君被刑，佼恐並誅，乃亡逃入蜀。自爲造此二十篇書，凡六萬餘言。卒，因葬蜀。"[⑤] 魏糜信注《春秋穀梁傳》認爲穀梁子"與秦孝公同時"[⑥]，王應麟《困學記聞》曰："穀梁子，或以爲名赤，或以爲名俶。秦孝公時人。今按《傳》載尸子之語，尸佼與商鞅同時。故以爲秦孝公時人，然不可考。"[⑦] 王應麟認爲魏糜信所言穀梁子爲秦孝公時人是根據尸佼與商鞅同時而推出的，又説這已不可考。我認爲根據桓譚《新論》所定《春秋左氏傳》的成書年

---

① 《十三經注疏》，第 2358 頁。
② 沈廷芳《十三經注疏正字》，《文淵閣四庫全書》本。
③ 見《春秋穀梁傳注疏》。
④ 《元和姓纂》，第 1474 頁。
⑤ 司馬遷《史記》，北京：中華書局，1959 年，第 2349 頁。
⑥ 見《春秋穀梁傳注疏》。
⑦ 《困學記聞》卷七。

代可以推出《春秋穀梁傳》的大致作時，從而推出穀梁子與尸佼大致同時。尸子是《春秋穀梁傳》中記載的最晚的先師，尸子與穀梁子大致同時。

既然尸子與穀梁子大致同時，則《元和姓纂》卷十所引尸子云“穀梁俶……”似乎是現存關於穀梁子之名之最早與最可靠之記載，然穀梁子之名不見於《春秋穀梁傳》，亦不見於《漢書·藝文志》與《漢書·古今人表》，遲至唐代的《元和姓纂》卷十始引“尸子云：穀梁俶……”則絕不可信。《元和姓纂》先言“魯有穀梁赤，治《春秋傳》，子夏門人也”，然後接言“尸子云，穀梁俶傳《春秋》十五卷”①，是以爲作穀梁赤爲較可靠，而以穀梁俶備爲一說。則林寶所見《尸子》當即作穀梁俶，但可能爲受阮孝緒《七錄》作“穀梁俶”之影響所致，而非尸子原文。

王先謙《漢書補注》引葉德輝曰：“《元和姓纂》一屋穀梁姓下引尸子云：‘穀梁俶傳《春秋》十五卷。’按：尸子爲六國時人，見聞較塙，則以爲名俶者是也。”② 葉德輝只知其一不知其二，葉德輝“以爲名俶者是也”之說不能成立。

陸德明《經典釋文·序錄》：“《七錄》云：‘名俶，字元始。’”③ 阮孝緒《七錄》今已亡佚，就現有材料而言，陸德明《經典釋文·序錄》是引《七錄》云“名俶，字元始”之現存最早文獻。

凡云穀梁子名俶，字元始，皆本之阮孝緒，阮孝緒爲梁代人。《詩·大雅·既醉》有“令終有俶”，毛傳：“俶，始也。”④《書·胤征》有“俶擾天紀”，僞孔安國傳：“俶，始。”⑤ 俶皆訓始，所以有穀梁俶字元始之說。我認爲穀梁子名俶字元始之說不可靠，當爲後世由《詩》《書》中起名字而來。俶的真正來源當是尗，尗又譌爲叔，叔又譌爲俶，由《詩》《書》又衍生出“字元始”。我認爲尗實爲子之形譌。

凡云名赤者，本之桓譚《新論》，桓譚爲東漢人。桓譚之說在文獻學上的價值要高於阮孝緒之說。特別值得注意的是，桓譚雖然一般被視爲東

---

① 《元和姓纂》，第 1474 頁。

② 王先謙《漢書補注》，《續修四庫全書》第 269 冊，第 219 頁。

③ 《經典釋文》，第 12 頁。

④ 毛亨傳，鄭玄箋，孔穎達正義《毛詩正義》，《十三經注疏》，第 536 頁。

⑤ 孔安國傳，孔穎達正義《尚書正義》，《十三經注疏》，第 157 頁。

漢人，但是卻生於西漢，桓譚《新論》作“穀梁赤”之文獻價值不僅高於阮孝緒之說，而且也高於王充《論衡・案書》作“穀梁寘”[①] 之文獻價值。同理，王充《論衡・案書》作“穀梁寘”之文獻價值也高於阮孝緒之說。穀梁子名俶不見於先秦兩漢典籍，至梁代阮孝緒始見記載，至唐代林寶《元和姓纂》始見記載尸子所謂“穀梁俶傳《春秋》十五卷”，名俶之文獻可靠性明顯遜於名赤之文獻可靠性。

顏師古《漢書注》又云名喜，其文獻年代晚于阮孝緒之說的文獻年代。由音韻而言，喜、寘與赤有音韻上的關聯，但是這不是問題的實質。《春秋穀梁傳》在先秦雖然已經有古文文本，但非人人可以得見。口耳之間，穀梁子之子遂衍化記錄爲赤、喜、寘，可能性極大。最早所載穀梁子之名赤、喜、寘皆與子聲韻相似或相同，且古代漢語本身就多雙聲字和疊韻字，以雙聲字或疊韻字誤記不是沒有可能。由字形而言，“赤”不僅爲“子”字之音譌，亦爲“子”字之形譌。因此，我認爲穀梁子之名赤、喜、寘當皆由穀梁子之“子”字演變而來。

錢大昭《漢書辨疑》記載：“喜，閩本作嘉。”[②] 又載南宋中後期的建本作“嘉”不作“喜”。王先謙《漢書補注》引朱一新曰：“汪本作嘉。”[③]

今本《漢書》來源於百衲本《漢書》，而百衲本《漢書》來源於北宋景祐國子監本。北宋景祐國子監本今藏國家圖書館，該書之末尾附有余靖之上言，云：“景祐元年九月，秘書省余靖上言，國子監所印兩漢書，文字舛訛，恐誤後學。臣謹參括眾本，旁據它書，列而辨之，望行刊正。詔送翰林學士張觀等詳定聞奏，又命國子監直講王洙與靖諧赴崇文院讎對。”“凡增七百四十一字，損二百一十二字，改正一千三百三字。”國家圖書館藏北宋景祐國子監本補刻痕跡明顯，具名之刻工有程保、王文、孫生等人，其中程保是南宋初人，則國家圖書館藏北宋景祐國子監本補刻之時當在南宋初年，底本爲北宋仁宗景祐元年至景祐二年國子監本。該本動用北宋仁宗時秘書省、翰林院等最高水準學術力量勘誤，文獻價值明顯高於民間刻本；該本之年代也優於南宋中後期的建本。南宋中期建安黃善夫、劉

---

① 黃暉《論衡校釋》，北京：中華書局，1990 年，第 1163 頁。

② 《漢書辨疑》，《漢書疏證（外二種）》，第 361 頁。

③ 《漢書補注》，《續修四庫全書》第 269 冊，第 219 頁。

稿約

一、《新國學》是刊布當代學者運用現代科學精神研究中國古典文獻的最新成果的專業學術集刊，由教育部人文社會科學重點研究基地四川大學中國俗文化研究所主辦。

二、本集刊熱忱歡迎海内外同行專家學者惠賜尊稿。本集刊登載有關中國傳統文化研究的論文，内容包括以中國古典文獻爲載體的以下學科：文學、史學、哲學、宗教學、倫理學、美學、藝術學、考古學、文字學、音韻學、訓詁學、目録學、版本學、校勘學、敦煌吐魯番學、政治學、軍事學、經濟學、博物學、科技史、民俗學、闡釋學以及古代中外文化交流比較研究。

三、本集刊采用匿名審稿制。來稿均由編輯委員會送呈校内外至少兩位同行專家審閲，再由編輯委員會决定是否采用。

四、編輯委員會對來稿可提出修改意見，但除了技術性的處理之外，不代爲作者修改。文責自負。

五、來稿請用中文繁體字書寫或電腦打印。電腦打印者，除寄打印稿之外，請附以 Microsoft Word 文檔或純文本方式儲存的軟盤，或者將電子文檔發至編輯委員會電子信箱。無論手寫或是打印，皆要求：

1. 論文的標題之下，附以 300 字左右的“摘要”、3 至 5 個“關鍵詞”。並請同時提交論文題目、作者姓名之英譯。

2. 國標 7000 字以外的字或符號，另紙書寫。

3. 來稿若爲基金項目，請於第一頁脚注詳細列出基金項目名稱、批准時間及編號。

4. 於另頁上，按順序寫上：論文題目、作者姓名、出生年月、性别、籍貫、工作單位、職稱或職務、通訊地址、郵政編碼、電子信箱（E－

mail)、電話號碼。

5. 如需要圖片，除在文檔中插入之外，請再提交供印刷的 JPEG 或 TIFF 文件。

六、來稿中，古代紀年、古籍卷數，一般用中文數字，而古代紀年首次出現時尚須加注公元紀年。如：元和十三年（818）；《山海經》卷一。其他的數字，一般用阿拉伯數字。凡是第一次提及外國人名，在漢譯之外，須附外文原名，如：柏拉圖（Plato）。

七、注釋要求：

1. 一律采用當頁頁下注。

2. 注釋碼，請用①②③之類表示，並標注在正文相應內容的上方，如：——①，——②，——③。每頁重新編號。

3. 引用中文文獻的參考格式如下。

（1）引用專著，如：胡適《中國哲學史大綱》卷上，上海：商務印書館，1919 年，第 99 頁。

（2）引用文集之文，如：陳寅恪《清華大學王觀堂先生紀念碑銘》，載《金明館叢稿二編》，上海：上海古籍出版社，1980 年，第 218 頁。

（3）所引專著或文集若有多个版次，宜將版次標出。例如：李贄《焚書 續焚書》，北京：中華書局，2009 年第 2 版，第 82 頁。

（4）引用學位論文，應標注學校、學位及提交時間。例如：張曉敏《日本江户時代〈詩經〉學研究》，山西大學博士學位論文，2013 年，第 169 頁。

（5）引用期刊文章，如：楊明照《四川治水神話中的夏禹》，《四川大學學報（哲學社會科學版）》1959 年第 4 期，第××—××頁。

（6）相同書籍的第二次引用，可省略出版信息。如：《中國哲學史大綱》卷上，第 100 頁。

八、本集刊只發表原創性成果，請勿一稿兩投。來稿敬請自留底稿，編輯委員會將在收到稿件三個月之内答復，若未得答復，作者可另行處理。來稿刊出後，贈送樣書貳册。

九、來稿請寄：中國四川省成都市九眼橋，四川大學望江校區中國俗文化研究所《新國學》編輯委員會。郵政編碼：610064。

電子信箱：scuxinguoxue@163.com。

《新國學》希望得到海内外各界的關心和支持！

元起所校刻流布的《漢書》爲民間刊本，日本國立松本市博物館藏黄善夫本《漢書》與北京大學圖書館藏劉元起本《漢書》所用書版是相同的。日本國立松本市博物館藏黄善夫本《漢書》無北京大學圖書館藏劉元起本《漢書》之牌記，後者牌記處刻列校字者五人：校字黄頣、陳熙、虞應仲、劉之問（元起）、葉蕡。這樣的學術力量與景祐國子監本的學術力量不可同日而語；且黄善夫爲南宋中期人，劉元起年輩又在黄善夫之後，建本《漢書》的年代也晚于最遲爲南宋初補刻的北宋景祐國子監本。可見，建本《漢書》的文獻價值明顯低於景祐監本《漢書》。錢大昭《漢書辨疑》所據南宋中後期建本之“喜”作“嘉”似乎不可靠，景祐監本及其衍生版本均作“喜”，故一般認爲“嘉”當是“喜”傳寫印刷之誤字，不可據。然絕不可將善本絕對化，還要具體問題具體分析。“嘉”也很可能是“赤”傳寫印刷之誤字，而“喜”很可能是“嘉”傳寫印刷之誤字，且受到“赤”讀音之影響，即“嘉”之“力”不清或脱落，同時“嘉”讀音與“赤”讀音較遠，而“喜”讀音與“赤”讀音較近。

綜上，歷來關於穀梁子的名字的説法，可以分爲四類。穀梁子名赤，記載最早，似最爲可信；然赤很可能是“子”字之音譌和形譌，亦可能是子形譌爲尗，尗又形譌爲赤。名俶，字元始，漢魏沒有記載，可信度較低；我認爲俶的真正來源當是尗，尗實爲子之形譌。名寘，是與子或赤聲韻相近之代字，可信度低於名赤之説。名喜與名嘉記載較晚，可信度均較低。一般認爲建本《漢書》與汪本《漢書》之“嘉”乃“喜”傳寫印刷之誤字，喜與赤、淑、俶、寘聲轉通作；然“嘉”很可能是“赤”傳寫印刷之誤字，而“喜”很可能是“嘉”傳寫印刷之誤字，且受到“赤”讀音之影響。有鑑於此，我認爲在沒有直接的證據之前，將穀梁子徑稱爲“穀梁子”最爲可靠。

作爲講唱文本的敦煌俗賦：以《韓朋賦》爲中心

王治田

南洋理工大學中文系

摘　要：敦煌俗賦是唐代講唱文學的重要組成部分。從文學史的源流來看，漢賦起源於古優，並且在漢代依然保持了很强的口傳文學特性。同時，根據出土的《神烏賦》來看，“俗賦”在民間的流傳由來已久，這是唐代敦煌俗賦的直接淵源。考慮到俗賦的講唱文本性質，唐代當有賦的表演活動。由《韓朋賦》的用韻來看，多有押西北方言韻者，如止、遇、流諸攝相通，可以推知其是用方音來表演，賦中靈活的押韻方式表現出俗賦韻律之錯落。《韓朋賦》主要由人物對話組成，這是繼承漢賦的“主客論辯”的模式而來。從表演的角度來說，《韓朋賦》的講述者通過人物角色“跳進跳出”的方式，實現在情節敘述和人物對白之間的轉換，從而完成故事的敘述，這種表演方式與後來的評彈、鼓詞、二人轉等曲藝形式頗有相通之處。這種轉換在《韓朋賦》中主要通過“主語＋曰”的人物對話提示語來完成。此外，《韓朋賦》中大量的“平行結構”，如對仗、排比、相似字句的重複出現等，也顯示了其口頭講唱文本的性質。這些都可以與美國民俗學家帕里一洛德的“口頭程式”理論相印證。通過讔語來貫穿情節，達到增强敘事趣味的效果，亦可見《韓朋賦》與優戲的關係。

關鍵詞：《韓朋賦》　講唱文本　西北方音　口頭程式　表演

敦煌俗賦是敦煌俗文學之重要組成部分。王重民《敦煌變文集》，潘重規《敦煌變文集新書》，項楚《敦煌變文選注》及張涌泉、黃徵《敦煌變文校注》[①] 等均將包括《韓朋賦》《晏子賦》《燕子賦（一）》《燕子賦（二）》等幾篇俗賦收入。案：關於“變文”的含義和範圍，大約有兩種意見，一種是將“變文”作爲敦煌講唱作品的統稱（代表學者有鄭振鐸、王重民、潘重規等），另一種則認爲“變文”與詞文、講經文、俗賦等不同，只是敦煌講唱文學的一種類型（代表學者有張鴻勳、周紹良等）。[②] 其中的是非曲直，這裏不擬加以論斷，但有一點是肯定的，那就是不論學界對“變文”之概念和範圍如何界定，都將敦煌俗賦看作是講唱文學的一種類型。因此，本文將先對敦煌俗賦的講唱文學淵源進行探求，進而以《韓朋賦》爲中心，對於敦煌俗賦的講唱文學性質和特色作一番分析。

正文開始之前，先對《韓朋賦》作一個簡單的介紹。《韓朋賦》敘述韓朋、貞婦在宋王淫威下被迫分離，以死反抗的故事。據王慶菽校記：“此故事最早記載見於晉干寶《搜神記》卷十一，其後唐劉恂《嶺表錄異》、唐釋道世《法苑珠林》、宋李昉《太平廣記》存有記錄。”[③] 1979 年，敦煌馬圈灣出土的漢簡中亦發現了韓朋故事的片斷[④]，説明此故事有更早的源頭。本文所引包括《韓朋賦》在内的敦煌俗賦，均以張涌泉、黃徵《敦煌變文校注》爲依據。

一、敦煌俗賦之講唱文學淵源

學者已經從題材和廣義的講唱文學的角度，對俗賦的源頭進行了一些

---

① 王重民《敦煌變文集》，北京：人民文學出版社，1957 年；潘重規《敦煌變文集新書》，臺北：文津出版社，1983 年；項楚《敦煌變文選注（增訂本）》，北京：中華書局，2006 年；張涌泉、黃徵《敦煌變文校注》，北京：中華書局，1997 年。

② 具體的討論，見項楚《敦煌變文選注（增訂本）·前言》，第 2—6 頁；張涌泉、黃徵《敦煌變文校注·前言》，第 3—4 頁。茲不贅。

③ 王重民《敦煌變文集》，第 142 頁。關於《韓朋賦》的故事源流，詳見容肇祖《敦煌本〈韓朋賦〉考》，載周紹良、白化文編《敦煌變文論文錄》下冊，上海：上海古籍出版社，1984 年。

④ 裘錫圭《漢簡中所見韓朋故事的新資料》，《復旦學報（社會科學版）》1999 年第 3 期，第 109—113 頁。

探索[①]，然而筆者以爲，更應該從賦體文學本身的發展來探討其與說唱藝術的關係。事實上，賦本身便以上古的“優語”作爲其源頭[②]，具有口頭文學的傳統。而辭賦的“不歌而誦”的特色，更使其成爲一種介於口頭與書面之間的過渡性文體。正如萬曼所指出的：“辭賦，這文學形式，便是口語文學轉移到書面文學的一個主要樞紐。”[③] 稽諸史料，我們可以把漢賦的生產和流播方式分爲三種：

第一種是賦家自娱者。如賈誼被貶長沙期間，作《鵩鳥賦》，“爲賦以自廣”[④]，其《弔屈原賦》亦當屬於同樣的情況。董仲舒《悲士不遇賦》、司馬遷《感士不遇賦》、莊忌《哀時命》等，均當屬於個人抒懷的作品。這些作品應當爲書面創作，但不排除在流傳過程中付諸口誦的可能。

第二種是賦家創作（寫作）之後，通過書面方式流播或通過口頭傳播的。如司馬相如入梁孝王幕下，“乃著《子虛之賦》”[⑤]，後來漢武帝讀到其賦，加以召見。史載司馬相如“口吃而善著書”[⑥]，當非善於口頭即興創作者。然由於賦在漢時的宣誦表演傳統，疑其爲書面創作之後，口頭宣讀於皇帝。史載武帝“還過宜春宫，相如奏賦以哀二世行失”，當屬此種情況。又“上既美子虛之事，相如見上好仙，因曰：‘上林之事未足美也，

---

① 程毅中云：“俗賦的來源很古，魏晉時期就有不少敘事性的賦。”（《敦煌俗賦的淵源及其與變文的關係》，《文學遺産》1989 年第 1 期，第 33 頁）。伏俊璉則從先秦兩漢時期“看圖講誦”藝術那裏找到了俗賦的源頭（《俗賦研究》，北京：中華書局，2008 年，第 134 頁）。我以爲，“看圖講誦”只是唐代變文的表演特點，而並不爲賦所有。因此，俗賦的形成，與上古的“看圖講誦”並無直接關係。

② 馮沅君於 1941 年爲《古優解》一文寫的“附記”中，提出：“漢賦乃是‘優語’的支流，經過天才作家發揚光大過的支流。”1943 年，馮更撰《漢賦與古優》一文，從作者的爲人和身份、作品的體制和内容兩方面，全面探討了漢賦與古優之關係（《馮沅君古典文學論文集》，濟南：山東人民出版社，1980 年，第 75、85 頁）。厥後任半塘《優語集》“賤人貴馬”條下引《漢書·揚雄傳》按語云：“賦出於俳詞，此條可證。”見其書，上海：上海人民出版社，1981 年，第 4 頁。程毅中亦云：“劉向、班固所謂雜賦，應該是一種接近民間文學的詼諧文體。”（《關於變文的幾點探索》），周紹良亦表示贊同（《敦煌變文論文錄》上册，第 376、422 頁）。曹明綱更進一步提出“賦出俳詞”，認爲俳詞爲賦體文學的直接起源（《賦學概論》，上海：上海古籍出版社，1998 年，第 37 頁）。趙奎夫亦云：“我認爲先秦時代以賦誦爲職能的矇瞍，和以表演逗笑爲職業的俳優，在賦的形成過程中起了決定性的作用。”（伏俊璉《俗賦研究·序二》，第 8 頁。此文又收入趙奎夫《讀賦獻芹》，北京：中華書局，2014 年，第 57 頁，略有修改。）

③ 萬曼《辭賦起源——從語言時代到文字時代的橋》，《國文月刊》1947 年第 59 期，第 19 頁。

④ 司馬遷《史記》卷八十四，北京：中華書局，1959 年，第 2496 頁。

⑤ 《史記》卷一百一十七，第 2999 頁。

⑥ 班固《漢書》卷五十一，北京：中華書局，1962 年，第 2589 頁。

臣嘗爲大人賦，未就，請具而奏之。'"① 則顯然爲既有草稿在先，而後又誦讀於武帝之前也。再如《漢書・王褒傳》記載漢宣帝時，太子身體欠安，"詔使褒等皆之太子宮虞侍太子，朝夕誦讀奇文及所自造作"。這裏的"自所造作"，當然是王褒等自己創作的辭賦作品。該傳又云，太子痊瘉後，"嘉褒所爲《甘泉》及《洞簫頌》，令後宮貴人左右皆誦讀之"②，均爲書面完成之後，又被諸人口頭傳誦者。

第三種則是賦作家口頭創作。如《漢書・枚皋傳》載枚皋上書北闕後，"上得之大喜，召入見待詔，皋因賦殿中"，又云其"爲文疾，受詔輒成，故所賦者多"③。《漢書・藝文志》載其賦有"百二十篇"，均已佚。此外，東方朔爲文多滑稽，又曾與枚皋等應詔作《皇太子生賦》及《立皇太子禖祝》。揚雄嘗謂其"言不純師，口不純德"，《漢書》本傳謂劉向《別錄》嘗載其有《平樂觀獵賦》《從公孫弘借車》等多篇賦作④，然《漢書・藝文志》卻未見載，疑其在劉向校理典籍時尚存，至班固時已佚失了。馮沅君將二人作爲漢賦家中與俳優最近者⑤，因此我認爲，其所作可能多爲口頭創作，而被後人所記錄者；或因即興之作，言辭鄙陋，故亡佚較早。

由上，漢賦的創作與傳播呈現出明顯的不平衡狀況，表明了其介於口頭文學和書面文學的特點。事實上，我們在枚乘、司馬相如等人的賦作中，也能夠清楚地發現口傳文學的痕跡。案：漢人的賦作雖然在今天看來十分艱澀，劉勰即云"讀者非師傳不能析其辭，非博學不能綜其理，豈直才懸，抑亦字隱"⑥，明人謝榛亦云"兩漢賦多使難字，堆垛聯綿，意思重疊"⑦，但其中相當部分的生僻字，不過屬於表音色彩濃厚的所謂"瑰瑋聯邊字"⑧。對此，簡宗梧評論道："早期漢賦的瑰字辭彙，該是當時活

---

① 《漢書》卷五十一，第 2591、2592 頁。

② 《漢書》卷六十四，第 2829 頁。

③ 《漢書》卷五十一，第 2366、2367 頁。

④ 《漢書》卷六十五，第 2873 頁。

⑤ 馮沅君《漢賦與古優》，載《馮沅君古典文學論文集》，第 85 頁。

⑥ 劉勰著，章立齋注訂《文心雕龍注訂・練字》。北京：國家圖書館出版社，2010 年，第 344 頁。

⑦ 謝榛《四溟詩話》卷四，載丁福保《歷代詩話續編》，北京：中華書局，1981 年，第 1205 頁。

⑧ 俞紀東《漢唐賦淺說》，上海：東方出版中心，1999 年，第 109 頁。

生生的口語，是通俗而貼切的語彙，絕不是什麼‘詰屈聱牙’的怪物。”“早期賦篇，提煉雙聲疊韻複音節口語語彙用入賦篇，運用了相當多的假借字，可是由於文字演化有好繁的傾向和衍形別異的需要，加以其後賦家有瑰字的好尚，循此發展，於是詭異聯邊之字，連篇累牘，賦篇就形同‘字林’了。”① 道出了早期賦作在語言上與口頭文學千絲萬縷的聯繫。今以司馬相如的《子虛賦》爲例，其中除了有大量同字異形的瑰字之外，也有相當多的擬音詞，如用“硠硠磕磕”形容擊石之聲，“滭潏宓汨，湢測泌瀄”“砰磅訇磕，潏潏淈淈”形容水聲，這些語義重複而生澀的辭彙只有在口頭的表演中才能煥發出音韻婉轉的生命力。更加重要的是，其中能夠看到典型的“口頭程式”的使用②，如其對雲夢之山的描寫：

> 其山則盤紆岪鬱，隆崇嵂崒……其土則丹青赭堊，雌黄白坿……其石則赤玉玫瑰，琳瑉琨珸……；其東則……其南則……；其高燥則……其卑濕則……；其西則……，其中則……，其北則……；其上則有赤猿蠷蝚……其下則有白虎玄豹……③

用不同的方位來組織名物的羅列，頗似現代評書或相聲的“貫口”。據司馬遷的記載，《子虛賦》《上林賦》是司馬相如的創作，那麼其中所表現出的這些口頭文學特色，不光是出於一種模擬之心態④，而應當考慮到了作品創作出來之後，還要傳諸衆口的便利性。顯然，這種口頭色彩濃郁的作品更加適合口頭的表演和宣誦。另外，據司馬遷所言，其在將《子虛》《上林》二賦選入列傳中時，曾對其進行了刪削⑤，由此也可見，至少到

① 簡宗梧《漢賦源流與價值之商榷》，臺北：文史哲出版社，1980 年，第 47、72 頁。

② 關於“口頭程式”，詳見第三節。

③ 《史記》卷一百一十七，第 3004 頁。案此賦又見載於《昭明文選》卷七，北京：中華書局，1977 年，第 119—120 頁。

④ 韓南（Patrick Hanan）在分析中國早期白話小說時，曾說其“敘述者層次”（narratorial level）的特點是“模仿說書人向聽衆說話”（simulates the storyteller addressing his audience）。See Patrick Hanan. *The Chinese Vernacular Story*. Cambridge，Massachusetts and London，England：Harvard University Press，1981，p. 20. 梅維恒（Victor H. Mair）亦曾借用此“模擬境況”（simulated context）的概念來分析唐代變文的創作。See Victor H. Mair. *T'ang Transformation Texts：A Study of the Buddhist Contribution to the Rise of Vernacular Fiction and Drama in China*. Cambridge：Council on East Asian Studies，Harvard University，1989，p. 120.

⑤ 《史記·司馬相如列傳》謂其賦“侈靡過其實，且非義理所尚，故刪取其要，歸正道而論之”。見《史記》卷一百一十七，第 3043 頁。

了司馬遷爲司馬相如寫傳時，兩篇賦作的面貌依然呈現出一定的流動性。這也可以從一個側面證明司馬相如賦的口頭性質。類似的特色在枚乘《七發》、王褒《洞簫賦》等作品中也不難看到，茲不具論。然而，從揚雄的作品開始，卻很難再發現這樣明顯的口頭文學特色。由文獻記載來看，從漢成帝以後，漢賦的書面化程度有了明顯提高，東漢以後的文人賦已經很少看到有口頭表演的痕跡。然而，《神烏賦》的出土，讓我們知道了漢代通俗賦作的流傳①，可知唐代俗賦有更早的淵源。

漢賦介於口頭和書面文學的情況，已如上述。但唐代賦是否依然播諸口頭，則尚未找到足夠的文獻記載可資論證。關於唐代賦的表演，一般會引到兩則材料。一則是《初學記》卷十九引劉謐之《龐郎賦》："坐上諸君子，各各明君耳。聽我作文章，說此河南事。"② 案：劉謐之實爲晉代人，不能用以說明唐代賦的情況。另一則是《北夢瑣言》卷七："皮日休曾謁歸融尚書，不見，因撰《夾蛇龜賦》，譏其不出頭也。而歸氏子亦撰《皮趿鞋賦》，遞相謗誚。"③ 周紹良云："但既是爲'遞相誹謗'，可見是供說唱用的。"④ 案："遞相誹謗"不一定通過說唱的形式進行。在沒有足夠旁證的情況下，我們只能夠從留存下來的敦煌文獻本身來尋求這些賦作的講唱文學痕跡。下文將以《韓朋賦》爲例，對敦煌俗賦的講唱文本性質作一番考察。

二、《韓朋賦》之方音與韻律

從語言風格來看，《韓朋賦》呈現出明顯的民俗特色。其中大量方言俗語的使用，尤其能夠表明這些作品與口頭講唱密切的聯繫，在這方面已經有很多學者做了考釋⑤，茲不贅。這裏主要想從聲律的層面，對敦煌俗賦的講唱文學性質作一個探討。關於《韓朋賦》的用韻，容肇祖已經從古

---

① 裘錫圭《神烏賦初探》，《文物》1997年第1期，第61—85頁。

② 徐堅《初學記》卷十九，北京：中華書局，1962年，第459頁。

③ 孫光憲《北夢瑣言》卷七，北京：中華書局，2002年，第156頁。

④ 周紹良《談唐代民間文學》，載《敦煌變文論文錄》上册，第423頁。

⑤ 蔣禮鴻《敦煌變文字義通釋》，上海：上海古籍出版社，1981年；張涌泉、黄徵《敦煌變文校注》。

音的層面加以分析，並據此推定其爲初唐以前，或爲晉至蕭梁間的作品[①]。其實，如果將這篇賦的用韻與羅常培《唐五代西北方音》中的韻部歸類進行對比，可以發現其中呈現出了明顯的唐代西北方音的特色。

（1）止遇二攝相通。在唐五代西北方音中，魚韻的開口三等多歸入 i 攝，而脂支微合口三等及開口三等多歸入 u 韻[②]，是以止遇二攝多有相通。敦煌變文中經常見“而”“汝”“爾”通假的情況可證。在敦煌俗賦中，我們也可以找到兩韻相通的例子。《韓朋賦》：“朋母於後，呼天喚地。”“地”與“雨”“聚”等押韻。此例在其他敦煌俗賦中也有發現，如《燕子賦（一）》：“口裏便灌小便，瘡上還貼故紙。”“紙”與“五”“雨”“語”“府”“處”“祖”等押韻。再如《晏子賦》：“體有相，生於事；粳糧稻米，出於糞土；健兒論功，佇兒說苦，臣今共王言論，何勞問其先祖!”止攝的“事”與遇攝的“土”“苦”“祖”押韻。

（2）流遇二攝通押。唐五代西北方音中，尤韻開口二三等、侯韻開口一等多有歸入 u 韻者[③]，是以流遇二攝多有相通。如《韓朋賦》“我是宋國使來，共朋同友。朋爲功曹，我爲主簿。朋有私書，來寄新婦。”“友”“婦”爲有韻開口三等，與“簿”押韻。

（3）流攝與止攝相通。因流止、流遇多有接近者，故流、止二攝亦多有相通。如《韓朋賦》：“今日甲子，明日乙丑。諸臣聚集，王得好婦。”“丑”“婦”爲有韻開口三等，與“史”“以”“至”等字押韻。再如“卿是庶人之妻，今爲一國之母，有何不樂？衣即綾羅，食即恣口。黄門侍郎，恒在左右。有何不樂，亦不歡喜?”“母”“口”“右”爲有韻開口三等，與“喜”字押韻。再如“浩浩白水，隨波而流……夜常孤棲。常懷大憂……”“流”“憂”爲尤部開口三等，與“之”“時”等止攝字押韻。

其他還有一些通押的情況，雖然在唐五代西北方音中並未找到直接的根據，但是可以根據對轉、旁轉的規律相通，如：

（4）灰咍韻與止遇流攝相通。按唐五代西北方音中，灰［－uai］、咍［－ai］韻與止遇流攝少有合併者，但大約因其均以［－i］韻收尾，故在

① 容肇祖《敦煌本〈韓朋賦〉考》，載《敦煌變文論文錄》下册，第 679 頁。

② 羅常培《唐五代西北方音》，載《羅常培文集》第二卷，濟南：山東教育出版社，2008 年，第 67—69 頁。

③ 羅常培《唐五代西北方音》，載《羅常培文集》第二卷，第 68—69 頁。

俗賦中頗有通押之例。如《韓朋賦》："臣能諫之。朋年三十未滿，二十有餘。姿容窈窕，黑髮素絲。齒如珂珮，耳如懸珠。……以爲囚徒……使築清陵之臺……無時不思。"其中，"臺"爲咍韻開口一等，與止攝的"之""絲""思"，遇攝的"餘""珠""徒"押韻。這在《晏子賦》中也有發現，如："何者爲公？何者爲母？何者爲左？何者爲右？何者爲夫？何者爲婦？何者爲表？何者爲裹？風從何處出？雨從何處來？霜從何處下？露從何處起？天地相去幾千萬里？何者是小人？何者是君子？"在這裏，灰咍韻的"來"與流攝的"母""右""婦"，止攝的"裹""里""期""子"等押韻。

（5）梗宕通江諸攝相通。此諸攝字，在唐五代西北方音中亦無合併者，但因其均以後鼻韻［－ŋ］爲韻尾，因此多有通押。再如《韓朋賦》："蘆葦有地，荆棘有叢。""叢"爲東韻，"雙"爲江韻，與"堂""凰"等宕攝字押韻。如《燕子賦（二）》中亦有其例："自從能識別，慈母實心平。恒思十善業，覺悟欲無常。飢恒餐五穀，不殺一衆生。""平""生"均爲庚韻字，與前後文宕攝押韻。

（6）虞韻與假攝通押。這種情況，在唐代的語音中已較少見。但在魏晉南北朝語音中，虞韻［－u］［－iu］尚未從模［－o］魚［－io］二韻中分化出來①，與歌戈麻韻［－a］接近，故可相通。這一韻例僅在《韓朋賦》中找到："……'誰能取得韓朋妻者，賜金千金，封邑萬户！'梁伯啟言王曰：'臣能取之。'宋王大喜，即出八輪之車，騧騮之馬，【前後仕從，】三千餘人。從發道路，疾風如雨。三日三夜，往到朋家。"其中，"户""雨"均爲虞韻合口三等，與"者""車""馬""家"等字押韻。由此可見，《韓朋賦》所反映的音韻狀況，當較其他諸賦爲早，亦可證明容肇祖的推斷。

以上對《韓朋賦》中的通韻狀況作了一個分析，由此可見其中濃厚的方音和口語特色。這些迥異於當時以《切韻》爲代表的唐代官韻的情況，正可以證明敦煌俗賦作品與民間口傳文學的密切關係。這種現象在《晏子賦》《燕子賦（一）》《燕子賦（二）》等其他俗賦中也可以看到，這正説明了《韓朋賦》的這種方音特色，在當時的俗賦文學中具有一定的普遍性。

---

① 王力《漢語語音史》，載《王力文集》第十卷，濟南：山東教育出版社，1987年，第138頁。

除了上面這些在書面文學中常見的押韻方式外，《韓朋賦》中還有一些靈活的押韻方式，如：

> “天能報此恩。蓋聞‘一馬不被二鞍，一女不事二夫’。”言語未訖，遂至王室，苦酒侵衣，遂脆如蔥，左攬右攬，隨手而無。百官忙怕，悉皆搥胸。即遣使者，走報宋王。

其中“夫”“無”押韻，“蔥”“胸”“王”押韻。貞夫給韓朋書云：

> 天雨霖霖，魚遊池中。大鼓無聲，小鼓無音。

“霖”“音”爲韻，“中”“聲”爲韻，亦然。再如：

> 宋王睹之，青石埋於道東，白石埋於道西。道東升於桂樹，道西生於梧桐。枝枝相當，葉葉向籠。根下相連，下有流泉，絕道不通。

其中“之”“西”押韻，“東”“桐”“籠”“通”押韻，“連”“泉”押韻，韻字交錯散落，可能與其說唱表演的韻律有關。

三、《韓朋賦》之口頭程式及表演蠡測

上文已經提到，東漢以後的賦已在相當程度上演變爲文人的書面創作。然而通過上文的考察，我們發現，在敦煌俗賦中保留了更多口頭文學的痕跡，這迫使我們重新思考其與口頭表演之關係。而敦煌俗賦的文體性質，在很大程度上正取決於其口頭表演之形式。正如王小盾所言：“事實上，敦煌作品的文體特徵乃是其伎藝特徵的表現，完全可以把文本歸類的實質，確定爲表演形式的分類。”而俗賦的特徵，乃在於“它用韻誦的方式在歌場表演”①。對於口頭文學的創作，美國民俗學家帕里（Milman Parry）於1928年提出了“口頭程式”（oral formula）的概念，並認爲程式是民間詩人們創作詩歌的基本方式。所謂“程式”，據帕里所云，是指“在相同的格律條件下爲表達一種特定的基本概念而經常使用的一組詞（a group of words which is regularly employed under the same metrical

---

① 王小盾《敦煌文學與唐代講唱藝術》，《中國社會科學》1994年第3期，第119頁。

conditions to express a given essential idea)"[①]。這一概念在其徒洛德（Albert Lord）那裏有所發展和修正。更重要的是，洛德將對口頭程式的理解與研究同史詩歌手的表演活動聯繫了起來，提出了所謂"表演中的創作"（compose in performance）的說法。由此我們知道，"程式"的形成，一方面是由其播諸口頭的"表演"的性質所決定的，是表演者、觀眾與一定的文化制度互動與默契的結果[②]；另一方面是爲了方便表演者的學習和記憶，正如洛德所指出的："重複的詞語（the repeated phrases），並非僅僅對聽眾有用，如果説它有用的話，它對歌手快速創作故事更有用。"[③]這種模式性體現在文本上，便會形成一些相對固定的"程式"和套路。將"口頭程式"和歌手的表演活動相結合，可以爲我們分析《韓朋賦》這樣的口頭文學作品提供一個值得借鑒的視角。

從體制上看，《韓朋賦》呈現出韻散結合、主客問答的形式。然而與"變文"一段散文、一段韻文的形式不同，俗賦的韻散之間的銜接，更多靠語氣的轉換進行，並無明確的界限。此外，俗賦並無變文那樣"……處，若爲陳説"之類的套語作爲韻文起始的提示詞，但是卻有所謂對話提示語"……曰"作爲不同人物之間問答的過渡，成爲一種具有中國特色的説唱文學體制。由第一節我們可以知道，漢賦的表演一般是由創作者完成書面初稿後再付諸口頭，或者直接進行即興的口頭創作。唐代的俗賦也當是同樣的表演方式，並且考慮到其民間文學的特色，口頭即興創作的可能性應該更大一些。這樣，敦煌俗賦既承襲了漢以來賦的基本模式，但又有自己的特色。這裏想從三個方面來探討《韓朋賦》中所表現出的程式化痕跡，並對其反映出的表演情形進行一番蠡測。

（一）人物"跳進跳出"

主客論辯是賦體的傳統結構形式，宋玉的《高唐賦》《神女賦》《登徒

---

① See Albert B. Lord. *The Singer of Tales*. Cambridge: Harvard University Press, 1960, p. 30.

② 正如理查德·鮑曼（Richard Bauman）所云："表演事件的結構是多種因素相互作用的結果。這些因素包括場景（setting）、行爲順序（act sequence），以及表演的基本規則（ground rules of performance）。這些基本規則由一系列文化主題（a set of cultural themes）以社會互動性的組織原則（social-interactional organizing principles）所構成，它們支配著表演的實踐。" See Richard Bauman. "Verbal Art as Performance". *American Anthropologist* ns 77. 2 (1975): 299.

③ See Albert B. Lord. *The Singer of Tales*. p. 30.

子好色賦》《風賦》等即已呈現出這樣的模式，在枚乘、司馬相如那裏，這種模式發展成熟。在《韓朋賦》中，情節的推動也主要靠人物的對話來進行，這反映了主客論辯的模式所遺留下來的痕跡。梅維恒（Victor H. Mair）對變文進行研究時，曾將其詩前套語“【且看】某處，若爲陳【說】”作爲其基本程式，並認爲其中“處”字與變文表演時在圖畫上標記各場景的題記有關①。而在賦中，人物的對話提示語“某曰”則是演員在故事敘述和人物對白之間轉換的基本程式。這種表演方式可以在戲劇和其他一些曲藝表演中找到印證。案：唐代已經有成熟的科白戲“參軍戲”，有“鹹淡問答”之體②，由參軍、蒼鶻二角色“循問答、呼應、抑揚之方式，以完成情節，表現主題”③。參軍戲表演之情形已不可知，在現代曲藝的鼓詞、二人轉等的表演中，演員常有通過對角色的“跳進跳出”來完成對故事的講述，當與之相類。所謂“跳進跳出”是指演員在表演時，時而作第三人稱的講述，時而則以第一人稱來模擬劇中人物的說話口氣和動作。通過這樣的人物角色之間“跳進跳出”的轉換，可以使“二人轉”得以在只有兩名演員的情況下，出色地完成故事的講述和角色的塑造④。這種表演形式在現代評彈、上海獨角戲以及由其發展來的滑稽戲等表演形式中，也多有借鑒⑤。俗賦的表演，由於通常只有一人進行，更加需要借助這種方式來完成，通過人物對話提示語來完成故事的連貫就成爲其基本程式。

需要注意的是，口頭程式並不一定意味著同樣的片語或句子的完全重

---

① Victor H. Mair. *T'ang Transformation Texts: A Study of the Buddhist Contribution to the Rise of Vernacular Fiction and Drama in China*. p. 73.

② 案，鹹淡者，出段安節《樂府雜錄·俳優》：“武宗朝有曹叔度、劉泉水鹹淡最妙。”王國維《古劇腳色考》謂爲角色名：“鹹淡爲假婦人之始。‘旦’之音，當由‘鹹淡’之‘淡’出，若作二事解，則鹹淡亦一種腳色。”任半塘以爲其乃謂參軍戲之表演藝術追求“或當調和，或當刺激，增之太鹹，減之太淡”之趣味（見《唐戲弄》，上海：上海古籍出版社，1984 年，第 358 頁），或更得其實。

③ 任半塘《唐戲弄》，第 355 頁。

④ 楊樸《醜旦角色與彩扮演員及跳進跳出——簡論二人轉體裁傳統的藝術力量》，《戲劇文學》2012 年第 7 期，第 143—149 頁。學者已經指出，“二人轉”的這種演出形式，受了薩滿教跳神儀式中模仿神的表演的影響（楊暘、楊樸《“二人轉”演戲方式與薩滿跳神關係試探》，《文化遺產》2013 年第 5 期，第 71—77 頁；楊暘、楊樸《薩滿的“二人轉”及其神話原型》，《戲劇文學》2016 年第 3 期，第 153—160 頁）。

⑤ 仲聞《淺析滑稽戲表演效果的優劣》，《上海戲劇》1987 年第 3 期，第 34 頁。顧佳舒《從三個角度“新”看評彈〈雷雨〉》，《大眾文藝》2012 年第 12 期，第 107 頁。

複，而是可能在重複的過程中加以種種變化，以使表達顯得錯落有致，例如《詩經》中的“子之歸”（《召南·江有汜》）、“之子於歸”（《周南·漢廣》《周南·桃夭》《召南·鵲巢》《邶風·燕燕》《豳風·東山》）等[①]。正如變文的詩前套語有多達 12 種變形，並結合故事敘述的需要加以使用[②]，敦煌俗賦中的人物對話提示語也有多種變形，這正體現了口頭文學的靈活性。《韓朋賦》中有如下幾種變形：

	解釋	舉例	出現次數
1）S+曰	主語加表示說的“曰”構成	貞婦曰……，宋王曰……，梁伯曰……	7
2）S+V+曰	在主語和“曰”之間增加一個表狀態的動作，來形容說的情狀	貞夫書/答曰……，韓朋答曰……，梁伯對曰……，使者對曰……，博士答曰……	13
3）S1+V+S2+曰	表示主語 1 向主語 2 進行訴說。	梁伯啟言王曰……，貞夫咨宋王曰……，梁伯諫王曰……	3
4）S1+V+S2	同上，省略去提示語“曰”	阿婆回語新婦，（貞夫）回頭辭百官	2

套語不止在同一文本的敘述中有所變化。事實上，在各個寫卷中，套語的使用出現了參差的情況。如“梁伯啟言王曰”，甲卷（斯二九二二）作“梁伯對曰”；乙（斯三二二七）、丁卷（斯四九〇一）作“梁伯啟王曰”[③]，爲遊移於 2）和 3）之間，今據底本姑且將其歸入 3）類。“貞夫咨宋王【曰】”，“曰”字據甲卷補[④]，遊移於 3）和 4）之間，今據底本姑且將其歸入 3）類。“宋王出遊見之，【問曰】”，“問曰”二字乃是據丙卷（伯三八七三）補，其他各卷皆無[⑤]，或許丙卷是出於後人的修改，這裏據底本將其歸入 2）類中。更加可能的情況是，這些不同的寫卷是對不同

---

① 王靖獻《鐘與鼓：〈詩經〉的套語及其創作方式》，謝謙譯，成都：四川人民出版社，1990 年，第 50 頁。

② Crossland-Guo Shuyun（郭淑雲）. *Verse-introductory Formulas in Bianwen: An Implication of Immediacy in Oral-derived Traditional Text*，載郝春文《敦煌文獻論集》，瀋陽：遼寧人民出版社，2001 年，第 214 頁。

③ 張涌泉、黃徵《敦煌變文校注·韓朋賦》注 64，第 220 頁。

④ 張涌泉、黃徵《敦煌變文校注·韓朋賦》注 158，第 225 頁。

⑤ 張涌泉、黃徵《敦煌變文校注·韓朋賦》注 227，第 230 頁。

表演場次的記錄，由於演員在表演時會不斷調整其敘述，因此會有些微的文字差別。

在上表中，2）可以看作是1）的擴展體，4）則可以看作是3）的縮略形式，省略了後面的提示語“曰”，是裏面使用頻數最少的一個。由表中可以看出，1）、2）兩類使用次數最多，2）類大多呈現爲“某某對曰”“某某答曰”的形式，顯示出較高的套路性。3）、4）兩類用來表達一方對另一方的訴說，但在《韓朋賦》中使用較少。還有5處並未使用套語，在敘述和人物語言之間直接過渡。或者是在描述主語狀貌之後，直接引入言語，如“朋母出看，心中驚怕……”“新婦聞客此言，面目變青變黄……”在描述了韓朋母親的驚恐和貞夫的氣憤之後，直接引入二人的臺詞。或者是在敘述了主人公一段動作之後，直接插入言語，如在“入門三日，意合同居”後引入了韓朋夫婦彼此的誓言：“共君作誓，各守其軀。君亦不須再取，如水如魚；妾亦不須再嫁，死事一夫。”再如，貞夫在聽到使者要求其入宮之後，“遂下金機，謝其玉梭，千秋萬歲，不當復織”，之後引入一段獨白。以上情況均不屬於對話的範圍。只有一例，“宋王得之，即召群臣，並及太史”，之後引出宋王吩咐太史的內容。可見，大多數人物的對白都是通過口頭程式的銜接來完成的。可以想象，俗賦的表演者可以通過這樣的方式，在情節敘述與人物表現之間來回切換，從而完成對故事的講述。

（二）平行結構

“平行結構”（parallelism）的概念最早由布拉格學派語言學家雅各布森（Roman Jacobson）提出，後來被運用到口頭程式的分析中。它是指“帶有系統性差異的重複，比如語音的重複、語法的重複、語義的重複，或者韻律結構的重複”[①]。在口頭文學中，經常能夠看到大量的語義或語法結構重複的情況，如《詩經》中一再出現的重章疊唱等。這種結構在書面文學中也經常出現，然而口頭文學中的“平行結構”通常顯得缺乏雕琢，更多是爲了方便記憶和敘述而使用。同時，這種手法的使用也可以增强講唱語言的表現力。《韓朋賦》中，“平行結構”的使用也是其口頭程式

---

① Vincent B. Leitch, *The Norton anthology of Theory and Criticism*. New York: W. W. Norton & Company, Inc. 2010. pp. 1153—1156.

的重要組成部分。主要有以下幾類：

（1）對仗。對仗是書面文學中常用的修辭手法。正如《文心雕龍·麗辭》所云："自揚馬張蔡，崇盛麗辭，如宋畫吴冶，刻形鏤法，麗句與深采並流，偶意共逸韻俱發。"然而對偶最初的產生無疑是爲了口頭創作的便利。《文心雕龍·麗辭》亦云："唐虞之世，辭未極文，而皋陶贊云：'罪疑爲輕，公疑爲重。'益陳謨云：'滿招損，謙受益。'豈營麗辭，率然對爾。"[①] 日本學者古田敬一即將《論語》中頻繁出現的對句與其口誦的傳播方式聯繫起來："可以想像，由於當時記錄條件不好，必須通過口誦加以交流，因而盡可能用調子好的對偶表現，是很自然的。"[②] 姜書閣在談到"麗辭之起"時，也提到聯想、易記、便言等因素[③]。在《韓朋賦》中，我們可以看到一些文筆質樸的對句，正是其講唱文學特色的體現，如韓朋夫婦誓詞中有這樣的話："君亦不須再取，如水如魚；妾亦不須再嫁，死事一夫。"後來，韓朋出家遠行，貞夫欲給韓朋寫信，"書若有感，直到朋前；【書若無感，零落草間，其妻有感，直到朋前】"。有時，對句與散句的配合使用，能夠達到很好的表情效果，如貞夫在知道丈夫對自己產生誤解之後，剖白心跡云：

> 宋王有衣，妾亦不著；王若有食，妾亦不嘗。妾念思君，如渴思漿。見君苦痛，割妾心腸。

採用"××××，妾亦不×"的對仗形式，很好地强調了貞夫的決絕之心。韓朋在聽到貞夫的表白後，反問道：

> 南山有樹，名曰荆棘。一枝兩莖，葉小心平。形容憔悴，無有心情。蓋聞東流之水，西海之魚，去賤就貴，於意如何？

以"東流之水，西海之魚"的對仗作比喻，來表達自己對貞夫"去賤就貴"的懷疑。而這樣的比喻又與前面將自己比爲"葉小心平"的荆棘形成對照，表達了韓朋既羞愧又失望的心情。這樣的對句，都並未經過過多的雕琢，因此並非是爲了書面閱讀而使用，而是爲了歌者記憶和敘述的方

---

① 劉勰著，章立齋注訂《文心雕龍注訂》，第 309、310 頁。

② 古田敬一《中國文學的對句藝術》，李淼譯，長春：吉林文史出版社，1989 年，第 18 頁。

③ 姜書閣《駢文史論》，北京：人民文學出版社，1986 年，第 18、19 頁。

便。同時，言辭的反復在音韻上也起到了一種回環往復的效果，增强了對聽衆的感染力。

（2）排比。排比相對於對仗而言，是三組及以上的相似結構的句子的排列。古田敬一將其稱爲"三句對"[①]，如《戰國策·秦策》："欲富國者，務廣其地；欲强兵者，務富其民；欲王者，務博其地。"《韓朋賦》中亦有這一類程式，且有排比到三句以上者，可以看作一種特殊的"對偶"。如韓朋出遊後，貞夫思念韓朋，欲與作書：

> 意欲寄書與人，恐人多言；意欲寄書與鳥，鳥恒高飛；意欲寄書與風，風早空虚。

通過設想多種情形，來表現人物内心的矛盾與糾結。王實甫《西廂記》第三本第一折，張生得到紅娘書簡，等待崔鶯鶯幽會，唱云："【那吒令】他若是肯來，早身離貴宅；他若是到來，便春生敝齋；他若是不來，似石沉大海。數著他脚步兒行，倚定窗櫺兒待。寄語多才。"可謂異曲同工。又，貞夫寫給韓朋的家書云：

> 浩浩白水，回波而流。皎皎明月，浮雲映之。清清之水，冬夏有時。失時不種，禾豆不滋。萬物吐化，不違天時。久不相見，心中存思。

以長串的比興來表達自己對丈夫的思念，是民歌中常用的表現手法。再如，貞夫在決定與使者進宫之後，云：

> 井水湛湛，何時取汝？釜灶尫尫，何時吹汝？床席闓房，何時臥汝？庭前蕩蕩，何時掃汝？園菜青青，何時拾汝？

歷數家中的諸般物事，來表達自己的不捨之情。又，貞夫進宫後，憂愁不樂，宋王問其故，貞夫云：

> 辭家別親，出事韓朋。生死有處，貴賤有殊，蘆葦有地，荆棘有叢，豺狼有伴，雉兔有雙。魚鱉在水，不樂高堂。燕雀群飛，不樂鳳凰。妾是庶人之妻，不樂宋王。

"生死有處"到"雉兔有雙"是排比，"魚鱉在水，不樂高堂"到"妾是庶

① 古田敬一《中國文學的對句藝術》，第50頁。

人之妻，不樂宋王”又是另一組排比。這樣的手法的表達效果與上文所講的“對仗”相類似，但表達效果更爲强烈，都體現出了濃厚的口語文學趣味。

這裏需要重申的是，對仗與排比雖然都是在書面文學中常用的文學手法，但其在用於表演的口頭文學中的作用和意義大不相同。書面文學中修辭的使用更多是爲了形式的華美和對稱，因此通常配合辭藻、典故等來使用；而口頭文學中的對仗和排比則更多是爲了音韻的流暢和表達的便利。因此，口頭文學中的對仗和排比通常文辭質樸乃至鄙俚，但更加活潑生動。古書所載的諺語多爲對句，如《孟子·梁惠王下》引夏諺：“吾王不遊，吾何以休？吾王不豫，吾何以助？”《左傳·隱公十一年》羽父引周諺：“山有木，工則度之；賓有禮，主則擇之。”[①] 我們今天的很多俗語也通常呈現出對仗或排比的形式，如“在家靠父母，出門靠朋友”“人在做，天在看”等，正是同樣的道理。

（3）相似段落的重複出現。《韓朋賦》會在表達相似情景時，一再使用相同或類似的字句。共有如下幾組，第一組：

> 三鳥並飛，兩鳥相博，一鳥頭破齒落，毛下紛紛，血流落落。
>
> 打朋雙板齒落，並著故破之衣裳，使築青陵之臺。頭破齒落，毛下紛紛，血流落落。

第一句是貞夫在敘述自己的夢境，第二句是韓朋被宋王殘害的情形。兩句在形容人或動物被打後狼狽不堪的情形時，都使用了同樣的字句。

第二組：

> 宋王大喜，即出八輪之車，騧騮之馬，【前後仕從】，三千餘人。從發道路，疾如風雨。三日三夜，往到朋家。
>
> 貞夫上車，疾如風雨。
>
> 宋王許之，【乃】賜八輪之車，騧騮之馬，前後事從，三千餘人。往到台下。
>
> 宋王許之，令乘素車，前後事從，三千餘人，往到墓所。

① 《十三經注疏》，上海：上海古籍出版社，1997 年，第 2675、1735 頁。

第一句是宋王派使者前往迎娶貞夫的情形，第二句是貞夫被迫隨使者入宫之狀，都用“疾如風雨”來描述其行之快。又，第三句是宋王允許貞夫前往探望丈夫，第四句是宋王允許貞夫哭祭韓朋，都使用了和第一句相同的句子。所不同者，第四句沒有“八輪之車，騧騮之馬”，而其末句都是“往到××”的結構，表現了基本程式根據不同的敘事要求加以調整的靈活性。

第三組：

（貞夫）低頭卻行，淚下如雨。

貞夫見之，淚下如雨。

貞夫聞語，低頭卻行，淚下如雨。即裂裙前……

第一句是貞夫決定隨使者入宫之狀，第二句是貞夫見到丈夫被宋王所害的慘狀之反應，第三句是貞夫聽到丈夫對自己的懷疑後的情形，均用了相同的字句。

第四組：

梁伯啟言王曰：“臣能取之。”

【王曰：“夫人愁思，誰能諫之？”】梁伯對曰：“臣能諫之……”

宋王曰：“誰能辨之？”梁伯對曰：“臣能辨之……”

（宋王曰）：“誰能解之？”梁伯對曰：“臣能解之……”

以上均是宋王與梁伯之間的對話，均爲“（宋）王曰：‘誰能×之？’梁伯對曰：‘臣能×之’”的形式。

第五組：

宋王得之，甚愛其言。即招群臣，並及太史。

宋王怪之，即招群臣，並及太史。

以上是宋王召集群臣的情形，均用“即招群臣，並及太史”來表示。

第六組：

三日三夜，往到朋家。

三日三夜，樂不可盡。

三日三夜，血流汪汪。

第一句是使者奉宋王之命前往迎娶貞夫，第二句是宋王得娶貞夫之後的情形，第三句是宋王砍伐韓朋夫婦所化之樹的情形。其中，“三日三夜”均表示一段較長的時間。案，用“三”來表示概數，是漢語中常見的用法，然而其意義所指卻並不一樣。如《韓朋賦》中韓朋夫婦結婚之後，“入門三日，意合同居”，這裏的“三日”表示時間很短；而貞夫入宮之後，悶悶不樂，“不食三日，亦不覺飢”，則表示時間很長。再如韓朋出遊，“期去三年，六秋不歸”，“三年”表示的時間很長；而“未到三年，宋國滅亡”，則表示時間很短。而“三日三夜”這樣的結構，其所表示的意義卻較爲穩定，因而形成一種相對固定的表達程式。

正如前文所云，唐代俗賦乃是一種口頭文學的創作，更多是在表演的過程中不斷地打磨而趨於完善的。演員在表演過程中，一方面要根據觀眾的反應不斷地調整自己的表演策略，另一方面則把一些現場反應較好的表達保留下來，由此而形成了其强烈的程式化色彩。在上文的分析中，反復出現的“口頭程式”，正是演員在表演中打磨和揀擇的結果，同時，在不同寫本的記錄中，具體文字則或有差異，應當是演員在不同表演場合因地、因時制宜地調整表述方式所遺留下來的痕跡。

（三）諧讔之使用

諧讔的傳統由來已久。劉勰《文心雕龍・諧讔》云：“諧之言皆也。辭淺會俗，皆悦笑也。”“讔者，隱也。遁辭以隱意，譎譬以指事也。”所謂諧，不光是指詼諧的意思，應當還有“諧音”之意，蓋諧讔中經常通過諧音雙關的方法達到幽默的效果。賦與諧讔的關係淵源已久，荀子的《賦篇》即具有讔語的性質。馮沅君即據此認爲，“讔”是漢賦與古優的表演關係密切之證明之一①。此外，漢代辭賦與當時的小説、俳諧文等均有較密切的關係②，荀悦《漢紀》云：“又有小説家者流，蓋出於街談巷議所造。及賦誦、兵書、術數、方伎，皆典籍範圍，有采於異同者也。”所謂“有采於異同”，當是説它們均會吸收一些民間的傳説作爲題材，並根據自己的文體特點加以改編和表現。今如《韓朋賦》的故事早見於漢簡和《搜

① 馮沅君《漢賦與古優》云：“漢賦所以承繼荀體的原因是因爲它們的作者近優，而‘隱’是滑稽之雄的技能之一。”（《馮沅君古典文學論文集》，第91頁）。

② 羅寧《漢唐小説觀念論稿》，成都：巴蜀書社，2009年，第121頁。

神記》，《孔子項托相問書》又在《韓詩外傳》《列子》等書中有相似題材，足見此類故事在民間流傳已久。關於諧讔的表演情形，今已難知。《漢書·東方朔傳》記載了東方朔與郭舍人用讔語相調笑的故事，或許可以爲我們了解古代諧讔之表演情形提供參考，特引如下：

> 上嘗使諸數家射賦，置守宫盂下，射之，皆不能中。朔自贊曰："臣嘗受《易》，請射之。"乃别蓍布卦而對曰："臣以爲龍又無角，謂之爲蛇又無足，跂跂脈脈善緣壁，是非守宫即蜥蜴。"上曰："善。"賜帛十匹。復使射他物，連中，輒賜帛。時有幸倡郭舍人，滑稽不窮，常侍左右，曰："朔狂，幸中耳，非至數也。臣願令朔復射，朔中之，臣榜百，不能中，臣賜帛。"乃覆樹上寄生，令朔射之。朔曰："是窶數也。"舍人曰："果知朔不能中也。"朔曰："生肉爲膾，乾肉爲脯；著樹爲寄生，盆下爲窶數。"上令監榜舍人，舍人不勝痛，呼暴。朔笑之曰："咄！口無毛，聲謷謷，尻益高。"舍人恚曰："朔擅詆欺天子從官，當棄市。"上問朔曰："何故詆之？"對曰："臣非敢詆之，乃與爲隱耳。"上曰："隱云何？"朔曰："夫口無毛者，狗竇也；聲謷謷者，鳥哺鷇也；尻益高者，鶴俯啄也。"舍人不服，因曰："臣願復問朔讔語，不知，亦當榜。"即妄爲諧語曰："令壺齟，老柏塗，伊優亞，狋吽牙，何謂也？"朔曰："令者，命也。壺者，所以盛也。齟者，齒不正也。老者，人所敬也。柏者，鬼之廷也。塗者，漸洳徑也。伊優牙者，辭未定也。狋吽牙者，兩犬爭也。"舍人所問，朔應聲輒對，變詐鋒出，莫能窮者，左右大驚。①

東方朔先是用"讔語"回答了射覆的問題，之後又用借此對郭舍人進行了嘲弄。這裹的"讔語"其實分爲兩種，一種是"自問自答"式，如東方朔在射覆時，先形容了所射之物的情狀，再説出答案；另一種是"一問一答"式，如郭舍人出"令壺齟"之讔，令東方朔進行回答。兩種"讔語"都充滿了機智和調笑的趣味。值得注意的是，這裹的讔語均爲韻語，尤其是對"令壺齟"一段的解釋，並無明顯邏輯可言，純粹用韻語相連貫。由此可見，諧讔本身具有聲音遊戲色彩。這樣具有競技和諧趣色彩的讔語，

① 《漢書》卷六十五，第2843—2845頁。

本身便極富有表演的趣味。

在《韓朋賦》中，兩種“讔語”都有配合使用，成爲推動故事情節發展的重要手段，這也體現出了賦與諧讔的密切的關係。

第一種“自問自答”式，如在韓朋離家之後，貞夫寫給韓朋的長篇家書：

> 浩浩白水，回波而流。皎皎明月，浮雲映之。清清之水，冬夏有時。失時不種，禾豆不滋。萬物吐化，不違天時。久不相見，心中存思。百年相守，竟好一時。君不憶親，老母心悲。妻獨單弱，夜常孤棲，常懷大憂。蓋聞百鳥失伴，其聲哀哀。日暮獨宿，夜長棲棲。太山、初生，高下崔嵬。上有雙鳥，下有神龜。晝夜遊戲，恒則同歸。妾今何罪，獨無光輝。海水蕩蕩，無風自波。成人者少，破人者多。南山有鳥，北山張羅。鳥自高飛，羅當奈何？君但平安，妾亦無他。①

這封信由三組讔語構成。第一組，“浩浩白水”至“不違天時”是謎面，“久不相見”至“常懷大憂”是謎底，解釋其意；第二組，“蓋聞百鳥失伴”至“恒則同歸”是謎面，“妾今何罪，獨無光輝”是謎底；第三組“海水蕩蕩”至“羅當奈何”是謎面，“君但平安，妾亦無他”是謎底。這種自己出“謎面”，自己解“謎底”的做法，與上文所言“自問自答”式讔語相似。《晏子賦》中，梁王問晏子“先祖是誰”，晏子答曰“體有相，生於事。粳糧稻米，出於糞土；健兒論功，儜兒說苦。臣今共王言論，何勞問其先祖！”還有《孔子項托相問書》中，項托對於“汝雖年少，知事甚大”的回答，皆與此類似。

第二種“一問一答”式。在《韓朋賦》中，貞夫在聽到韓朋對自己產生誤解後，給韓朋寫信曰：“天雨霖霖，魚遊池中。大鼓無聲，小鼓無音。”梁伯解之曰：“臣能辨之。‘天雨霖霖’是其淚；‘魚遊其中’是其意；‘大鼓無聲’是其氣；‘小鼓無音’是其思。”案，這一段讔語當出於干寶《搜神記》：

> 妻密遺馮書，繆其辭曰：“其雨淫淫，河大水深，日出當心。”既而王得其書，以示左右，左右莫解其意。臣蘇賀對曰：“‘其雨淫淫’，

① 張涌泉、黃徵《敦煌變文校注》，第212頁。

言愁且思也；‘河大水深’，不得往來也；‘日出當心’，心有死志也。”[①]

兩個記載中都出現了“雨”的意象，並且都是表示貞婦對丈夫之思念，不難看出其內在隱約的聯繫。比較特別的是，《韓朋賦》記載韓朋夫婦死後，化爲兩棵樹，“道東生於桂樹，道西生於梧桐。枝枝相當，葉葉相籠。根下相連，下有流泉，絕道不通。”宋王問其解，梁伯解之曰：“枝枝相當是其意，葉葉相籠是其思。根下相連是其氣，下有流泉是其淚。”[②] 這裏的謎面並不是通過人物之口提出，而是融化在了故事的敘述中，可以看作“一問一答”式讔語的變體。這些讔語在《韓朋賦》中的使用，起到了貫穿故事情節的作用，增强了敘事的趣味性。

結　語

本文以《韓朋賦》爲中心，對於敦煌俗賦的講唱文學特色進行了分析。這樣的分析，也可以引發我們對於賦的性質及其在中國講唱文學史上地位的一些新的思考。首先，賦向來被認爲是中國雅文學中最爲典雅的一種，雖然近代以來已經有部分學者對賦在口頭文學和書面文學二者間的過渡性地位做了闡述，但似仍有未盡之處。通過本文的分析，我們可以發現，即使在賦已經成爲一種典型的文人創作之後，其作爲一種口頭文學在民間依然保持著旺盛的生命力。可以說，賦同時作爲書面文學和口頭文學而存在的狀況，持續了相當長的時間。其次，關於中國講唱文學的源流和發展，梅維恒曾花大量篇幅論證變文那種“散文和詩體的交錯”的說唱文學體制乃是源於印度，而非中國自有[③]，論證可信；然而其斷定中國自身並無說唱文學的傳統，卻似乎有待商榷，因爲中國只是並無印度那種“韻散交錯”的體制，卻並不排除起源於俳優的賦以本身所具有的韻散融爲一體的特點成爲中國說唱文學自身的淵源。因此，如何看待“賦”這一文體在雅、俗文化之間的變遷，如何看待俗賦在中國講唱文學史上的地位，都是值得進一步探討的話題。

---

① 李劍國《新輯搜神記》，北京：中華書局，2007年，第415頁。

② 張涌泉、黃徵《敦煌變文校注》，第214頁。

③ Victor H. Mair. *T'ang Transformation Texts: A Study of the Buddhist Contribution to the Rise of Vernacular Fiction and Drama in China*. p. 96.

禪宗語錄中“漏逗”的幾種用法[①]

祁 偉

陝西師範大學文學院

摘　要：禪宗語錄中“漏逗”一詞出現頻繁且用法多樣。“漏逗”最早見於趙州從諗的《十二時歌》，指窘迫、尷尬的境況。宋代禪籍中常用“一場漏逗”句式，可譯爲一場鬧劇、一場尷尬；還有“漏逗不少”句式，可譯爲破綻不少、疏漏不少；“漏逗了也”句式，可譯爲多餘了、囉嗦了。以上意義的“漏逗”與“郎當”是一聲之轉，兩個詞語多用於批評學道、傳法過程中執著語言思維的不當之舉。還有的“漏逗”表示徹悟、超脱，與“透脱”爲一聲之轉。

關鍵詞：禪宗　漏逗　郎當　透脱

在宋代禪宗語錄中，“漏逗”一詞出現頻繁。及明清二代，雖仍然可見“漏逗”一詞，但使用頻率明顯下降。在歷代文人寫作中，這一詞語出現的次數却屈指可數。時至今日，無論是在書面語，還是在口頭語中，都已難覓“漏逗”的蹤影。這對我們閱讀禪宗語錄造成了不小的障礙。學界對於此詞也曾有關注，如鞠彩萍《禪籍詞語“漏逗”考》一文[②]認爲，“漏逗”一詞通常指禪師通過言辭說教來接引學人，帶有批評語氣，“漏”“逗”分別具有透漏、接引的意思。2010 年出版的《禪宗大詞典》則認

---

① 本文爲 2010 年國家社會科學基金西部項目“禪宗寫作傳統研究”（10XZW0022）的階段性成果。

② 《語文學刊》2009 年第 8 期。

爲，“漏逗”即“泄露”，“常指泄露禪法玄旨……帶有詼諧韻味”①。其例證均來自於北宋末南宋初圓悟克勤的語錄記載，範圍較爲狹窄。以上兩種闡釋只涉及禪籍中較爲常見的用法，還有一些用法沒有談及，而且“漏逗”的意思是否與“漏”或“逗”所具有的透漏、接引的意思有關還有待商榷。《漢語大詞典》對於“漏逗”解釋有兩個：一是“疏漏”“疏忽”，二是“間闊”，與前兩者的闡釋完全不同，其所舉例來自於南宋楊萬里的詩、嚴羽的詩話和陳亮的書信，沒有禪籍用例。本文將《大正藏》與《卍續藏經》中出現的“漏逗”進行了分析和歸納，同時又搜索《四庫全書》中釋教之外的“漏逗”，以瞭解文人士大夫對此詞的使用，希望儘可能全面地掌握“漏逗”的用法。以下將“漏逗”的意思和用法分類述之，失當之處，祈方家批評指教。

一、表窘迫、疏漏、囉嗦，与“郎當”一聲之轉

（一）表窘迫、可笑義

“漏逗”一詞最早見於晚唐趙州從諗的《十二時歌》第一首：“雞鳴丑，愁見起來更漏逗。裙子褊衫個也無，袈裟形相些些有。裩無腰，袴無口，頭上青灰三五斗。比望修行利濟人，誰知變作不唧溜。”② 此處的“漏逗”顯然只是一個普通用語，與禪宗思想的表達並無關係。雞鳴丑時，趙州即將起床，開始一天的生活，但想起自己衣衫不整、生活落魄，憂從中來。“不唧溜”即遲鈍、窩囊、不利落，所指與“漏逗”接近。唐代的“漏逗”用例目前僅存此一例，由此例判斷，“漏逗”當指窘迫、难堪的狀況，但仍需其他例子作爲佐證。

宋代禪籍中“漏逗”隨處可見，用法與趙州的“漏逗”非常接近，如常見的“一場漏逗”句式：

> 上堂：買鐵得真金，求雨得瑞雪。五峰玉琢成，千樹銀華結。龍王降吉祥，普賢呈醜拙。三世如來秘密門，今日一時都漏泄。雖然如

---

① 袁賓、康健《禪宗大詞典》，武漢：崇文書局，2010 年，第 275 頁。

② 《趙州真際禪師語錄》，《古尊宿語錄》卷十四，北京：中華書局，1994 年，第 250 頁。

是，這裏有一處可疑。且道：疑個甚麼。恐日出後，一場漏逗。[①]

師範有規，精一於道。因雪上堂云：‘普賢昨夜呈醜，一片寒光如晝。可憐妙用些兒，引得石人失笑。’且道：‘笑個什麼?’‘金烏飛上欄干，看你一場漏逗。’”[②]

傀儡棚頭，全火祇候。明眼人前，一場漏逗。[③]

白日青天，開眼放尿。黃面瞿曇，一場漏逗。[④]

前兩例中的“普賢呈醜”經常出現在禪師的詠雪偈或雪後的上堂說法中。如《續傳燈錄》卷三載大道谷泉語：“師因大雪作偈曰：今朝甚好雪，紛紛如秋月。文殊不出頭，普賢呈醜拙。”[⑤]《續傳燈錄》卷三一載水庵師一語：“上堂：凍雲欲雪未雪，普賢象駕崢嶸。嶺梅半合半開，少室風光漏泄。便恁麼去猶是半提，作麼生是全提底事。無智人前莫說，打爾頭破額裂。”[⑥]《續古尊宿語要》卷二載隱山璨語：“雪下云：天工剪水作花飛，爲瑞爲祥也大奇。管取明年禾麥熟，山河大地盡光輝。千樹萬樹銀花結，也是普賢呈醜拙。謝三郎在南台江，手指東山笑不歇。”[⑦] 華嚴思想中，普賢法門與毗盧遮那佛法門的區別在於前者是應眾生機緣而說教，後者則須斷絕一切言語思慮。故“普賢呈醜”是以下雪比喻說教，“一場漏逗”即以日出之後的雪化比喻說教行爲的可笑、無用。後兩例“漏逗”意義相似，以棚頭表演傀儡戲、“白日青天，開眼放尿”比喻祖師禪師說法的可

---

① 《大慧普覺禪師語錄》卷一，《大正藏》卷四七，臺北：佛陀教育基金會出版部，1990年，第814頁。

② 《枯崖漫錄》卷三，《卍續藏經》第148冊，臺北：新文豐出版公司，1975年，第177頁。

③ 《月林師觀禪師語錄》卷一“德山托鉢”，《卍續藏經》第120冊，第492頁。

④ 《禪宗頌古聯珠通集》卷六，《卍續藏經》第115冊，第60頁。

⑤ 《大正藏》卷五一，第486頁。

⑥ 《大正藏》卷五一，第680頁。

⑦ 《卍續藏經》第118冊，第936頁。

笑、無意義，這樣的比喻在禪籍中也經常可見①。

禪籍中與“一場漏逗”相似的還有“一場㦬㦬”“一場狼藉”句式，如《禪宗頌古聯珠通集》卷三四載：“問：‘滴水滴凍時如何？’師曰：‘日出後一場㦬㦬。’”②《雲門匡真禪師廣錄》：“莫道今日瞞諸人好，抑不得已，向諸人前作一場狼藉，忽被明眼人見，成一場笑具。”③“㦬㦬”“狼藉”都有令人窘迫、難堪的意思，可知“一場漏逗”譯爲一場尷尬、一場笑話、一場鬧劇等是沒有問題的。雖然其批評的對象是傳法與說法的行爲，因爲這有違禪宗以心傳心的宗旨，但將“漏逗”譯爲泄漏、接引，語氣和文義與上下文都不契合。

再看宋元明清的其他用例：

> 九日上堂：三四五六七八九，碧眼胡僧不知有。三更收得夜明符，天曉起來成漏逗。④

> 釋迦不唧溜，達磨成逗漏。雪山六載假承當，面壁九年空杜口。⑤

> 上堂：雙林樹下，披襟瀝膽，大抵無端。熊耳峰前，露尾藏頭，早成漏逗。”⑥

> 碧眼胡腮，維摩病骨，漏逗形骸，分明眉目。⑦

以上“成漏逗”都有成笑話的意思。“夜明符”天曉之後肯定會成爲無用之物、尷尬之物；釋迦雪山苦修六年、達摩嵩山面壁九年毫無結果和意

---

① 《希叟紹曇禪師廣錄》卷五：“達磨大師如弄棚頭傀儡，雖則語言進退，雍容可觀，殊不知，用盡自己心，笑破他人口。”（《卍續藏經》第122冊，第282頁。）《禪宗雜毒海》卷六有斷橋妙倫《傀儡》：“棚頭出沒逞風流，引得傍觀笑未休。縱使全身都放下，頂門猶挂一絲頭。”（《卍續藏經》第114冊，第168頁。）《圓悟佛果禪師語錄》卷十：“一問一答、一挨一拶、一出一入，正如開眼尿床、立地作夢。若是明眼漢，須知不恁麼。所以從上來事，只要箇奇特人，直下承當得，坐斷天下人舌頭。”（《大正藏》卷四七，第756頁。）《長靈守卓禪師語錄》：“天寧話麼說話，大似開眼尿床。”（《卍續藏經》第120冊，第315頁。）

② 《卍續藏經》第115冊，第436頁。

③ 《大正藏》卷四七，第545頁。

④ 《了庵清欲禪師語錄》卷二，《卍續藏經》第123冊，第622頁。

⑤ 《無明慧經禪師語錄》卷二，《卍續藏經》第125冊，第27頁。此處“逗漏”與“漏逗”同義。

⑥ 《五燈全書》卷一百，《卍續藏經》第141冊，第951頁。

⑦ 憨山德清《貝葉佛母贊》，《憨山老人夢游集》卷三三，《卍續藏經》第127冊，第685頁。

義，故稱之“假”與“空”，“不唧溜”“逗漏”（同“漏逗”）都指這種落魄、尷尬、可笑的經歷，與趙州例相同；“熊耳峰前，露尾藏頭”是指達摩入魏傳法受到打擊迫害、東躲西藏的尷尬經歷；“漏逗形骸，分明眉目”，是指達摩與維摩外在形象看起來落魄邋遢，但是眉目卻煥發光彩。以上的“漏逗”更與泄漏、接引義毫無關係。

（二）表疏漏、破綻義

宋代禪籍还常見“漏逗不少”的句式，同樣是批評學道、傳法過程中沉溺言語、思維的行爲。如：

> 上堂云：“于三七日中思惟如是事。釋迦老子半夜逾城，直往雪山，早是漏逗不少，更思惟個什麼？”便下座。①

> 雪竇道：長安城裏任閒遊，漏逗不少。古人道：長安雖樂，不是久居。又云：長安甚鬧，我國晏然也。須是識機宜、別休咎始得。②

> 須菩提云：“此義幽深，吾不能說。此會有彌勒大士，汝往彼問。”咄，漏逗不少！雪竇云：“當時若不放過，隨後與一劄。誰名彌勒，誰是彌勒者，便見冰消瓦解。”咄，雪竇亦漏逗不少！或有人問：“只如曾待制夜夢入雲門之室。”且道：“與覺時同別。”雲門即向他道：“誰是入室者？誰是爲入室者？誰是作夢者？誰是說夢者？誰是不作夢會者？誰是真入室者？”咄，亦漏逗不少！③

> 世尊拈花，迦葉微笑，點檢將來，漏逗固已不少。是以德山臨際一棒一喝，直欲喪盡己靈，茲豈容擬議以毫髮間隔於其間哉？④

> 上堂：拈華微笑，彩奔齪家，斷臂安心，漏逗不少。⑤

佛陀於過去世住雪山爲大士時，帝釋天變身爲羅刹，爲他說過去佛所說偈的前半部分。爲求得後半偈，佛陀投身岩下，施捨羅刹，故先于彌勒之前成佛。本來是爲法忘軀的故事，但在宋代禪師眼中，卻成爲佛陀的把柄，

---

① 《法演禪師語錄》卷一，《大正藏》卷四七，第 650 頁。
② 《佛果圜悟禪師碧岩錄》卷七，《大正藏》卷四八，第 195 頁。
③ 《大慧普覺禪師語錄》卷二五，《大正藏》卷四七，第 919 頁。
④ 《松源崇岳禪師語錄》卷一《汲郡孟猷後序》，《卍續藏經》第 121 冊，第 570 頁。
⑤ 《笑隱大欣禪師語錄》卷二，《卍續藏經》第 121 冊，第 218 頁。

因爲他同樣執著於法偈、文字，犯了禪宗的忌諱。甚至釋迦拈花、迦葉微笑、慧可安心這些原本用來説明禪宗摒棄思維分別、語言文字的故事也都成爲宋元禪師眼中禪病的源頭。以上“漏逗不少”都指祖師求法、傳法過程中存在的問題不少。

禪籍中與之相似的是“郎當不少”的用法：

德山見僧入門便棒。頌云：入門便棒，郎當不少。依而行之，胡麻厮繳。①

進云：和尚低聲，恐人聞得。師云：你適來也郎當不少。僧以手摑口云：是我招得。②

問：如何是爲人一句？師云：拖泥帶水。僧曰：意旨如何？師云：郎當不少。③

觀其初見德山，問宗乘中事，學人還有分也無？山和聲便打，更與他説個我宗無語句，亦無一法與人。郎當不少！④

百丈政和尚至。師云：見説你在慈明會裏，曾有野狐頌，是否？政云：是。……師乃云：我且問你，大修行人，還落因果也無？政云：簷折知柴重。師云：我不問你柴重不重，且道落因果不落？政云：你還識因果也未？師云：瞎漢話頭也不識。政云：争奈慈明肯我。師云：你今日一場郎當不少。⑤

查“郎當”一詞，有破敗、破漏之義。《景德傳燈録》卷十一：“問：如何是和尚家風？師云：千年田八百主。僧云：如何是千年田八百主？師云：郎當屋舍沒人修。”⑥《禪宗雜毒海》卷八載呆翁悦《山居》：“破舊衲衣縫又補，郎當茅屋拄還撐。不能入衆同寒拾，燒火邏齋過一生。”⑦ 那麼，“郎當不少”與“漏逗不少”譯爲疏漏不少、破綻不少則更爲妥帖。

---

① 《大慧普覺禪師語録》卷十，《大正藏》卷四七，第 852 頁。
② 《古尊宿語録》卷二二，《卍續藏經》第 118 冊，第 445 頁。
③ 《建中靖國續燈録》卷二，《卍續藏經》第 136 冊，第 57 頁。
④ 《物初大觀禪師語録》卷一，《卍續藏經》第 121 冊，第 188 頁。
⑤ 《法昌倚遇禪師語録》卷一，《卍續藏經》第 126 冊，第 482 頁。
⑥ 《大正藏》卷五一，第 286 頁。
⑦ 《卍續藏經》第 114 冊，第 192 頁。

（三）表多餘、囉嗦義

因“漏逗”常用以批評闡釋佛法的行爲，指不該有的言説，故有時可譯爲説得多餘了、囉嗦了，最常見的用法是“漏逗了也”句式，出現頻率最高的是宋代圓悟克勤及其同門的語録。如：

達磨初見武帝。帝問：朕起寺度僧，有何功德。磨云：無功德。早是惡水驀頭澆，若透得這箇無功德話，許爾親見達磨。……帝便拈此極則處問達磨：如何是聖諦第一義？磨云：廓然無聖。……所以道：參得一句透，千句萬句一時透，自然坐得斷、把得定。古人道：粉骨碎身未足酬，一句了然超百億。達磨劈頭與他一拶，多少漏逗了也。帝不省，卻以人我見故，再問對朕者誰。達磨慈悲忒殺，又向道不識。①

不見岩頭道：常貴未開口已前，猶較些子。古人露機處，已是漏逗了也。如今學者，不省古人意，只管去理論出水與未出水，有什麼交涉？②

石頭云：恁麼也不得，不恁麼也不得，恁麼不恁麼總不得。山不契。直至江西馬大師處，又如前問。馬師云：有時教伊揚眉瞬目，有時教伊不揚眉瞬目，有時教伊揚眉瞬目是，有時教伊揚眉瞬目不是。藥山於是有省……殊不知，石頭恁麼道，已是漏逗了也。馬祖道處，這一著尤更毒害。……所以云，此事不在語言上，不在文字上……爾若只覓言覓句覓玄覓妙，何時得了。③

佛語心爲宗，達磨傳此者矣，而馬師爲蛇畫足，慈悲落草，乃云：諸人欲識佛語心麼？已是漏逗了也。更言只如今語便是佛語，此語出於自心便是佛心。④

上堂：僧問德山，如何是宗門奇特事？山曰：我宗無語句，實無一法與人。師云：漏逗了也。僧問雪峰：和尚見德山，得個什麼便歸

① 《佛果圜悟禪師碧岩録》卷一，《大正藏》卷四八，第140頁。
② 《佛果圜悟禪師碧岩録》卷三，《大正藏》卷四八，第162頁。
③ 《圜悟佛果禪師語録》卷一三，《大正藏》卷四七，第772頁。
④ 《圜悟佛果禪師語録》卷一六，《大正藏》卷四七，第787頁。

> 來？峰云：我當時空手去，空手回。師云：漏逗了也。睦州喚僧，僧回頭。州云：擔板漢。師云：漏逗了也。一漏逗，二漏逗，三漏逗！①

第一例涉達摩與梁武帝的三問三答。“漏逗了也”是說達摩說了多餘的話，因爲第一個回答“無功德”已能勘驗出武帝不具慧根，達摩還要回答一句“廓然無聖”，以至於後來還有第三句回答“不識”，過於慈悲心腸。第二例中，“猶較些子”，是說“未開口已前”更好，“露機”已是多餘之舉。第三例中，“漏逗了也”是說石頭希遷爲啟發藥山惟儼，說了多餘的話，已陷入文字葛藤，馬祖道一的話比石頭希遷還繞，更容易讓參學者誤入歧途。第四例，也是說馬祖道一囉嗦，說的話太多，“爲蛇畫足”顯然就是說這是多餘之舉，違背了禪宗“心爲宗”之旨。第五例的“漏逗”出自於與圓悟克勤同爲五祖法演法嗣的佛眼清遠的語錄，由此例可以看出，“漏逗”幾乎已成爲宋代禪林宗師評價參學行爲時的口頭禪。

值得注意的是，“郎當”也有表囉嗦、多餘的意思，用法與“漏逗”相似。如下例：

> 趙州示此三轉語了，末後卻云：真佛屋裏坐。這一句忒殺郎當。他古人出一隻眼，垂手接人，略借此語通箇消息，要爲人爾。若一向正令全提，法堂前草深一丈。雪竇嫌他末後一句漏逗，所以削去，只頌三句。②
>
> 信手呵筆，不覺郎當，如許婆心，漏逗如此。珍重。③
>
> 感公見信貧道之真且篤，且恨良晤之難，不覺漏逗如許。④
>
> 見面爲難，不覺漏逗至此。⑤
>
> 因對晤時難，不覺漏逗。⑥
>
> 此老無極，不識可識。纔涉思惟，銀山鐵壁。空如來藏不假施

---

① 《龍門佛眼和尚語錄》，《古尊宿語錄》卷二九，《卍續藏經》第 118 冊，第 525 頁。
② 《佛果圓悟禪師碧岩錄》卷十，《大正藏》卷四八，第 219 頁。
③ 憨山德清《示周子寅》，《憨山老人夢游集》卷十二，《卍續藏經》第 127 冊，第 365—366 頁。
④ 憨山德清《與徐明宇侍御》，《憨山老人夢游集》卷一五，《卍續藏經》第 127 冊，第 423 頁。
⑤ 憨山德清《與曾金簡儀部》，《憨山老人夢游集》卷一七，《卍續藏經》第 127 冊，第 451 頁。
⑥ 憨山德清《答陳無異祠部》，《憨山老人夢游集》卷一八，《卍續藏經》第 127 冊，第 462 頁。

功，碎祖師關無勞用力。漏逗今將一紙彰，遲其鑑者多生益。[①]

博山鼓舌摇唇，漏逗一生之事。[②]

老僧今日，爲諸兄弟漏逗一番，也是憐兒不覺醜，貧子數家珍。諸兄弟還會麼？[③]

第一例同樣出自北宋圓悟克勤《碧岩録》，“漏逗”與“郎當”同時出現，都指趙州示衆三轉語後的那一句“真佛屋裏坐”是不當的、多餘的，“所以削去”。後七例的“漏逗”均出自明代，其中四例源於明代憨山德清的書信，並且都是在書信的末尾自謙。“不覺郎當”與後面“不覺漏逗”用法一樣，都指不知不覺説了這麼多。“憐兒不覺醜，貧子數家珍”即“婆心”“老婆心切”，禪宗常用語，形容禪師教導學子的耐心、絮叨。由此可知，“漏逗”與“郎當”皆有多餘、囉嗦、嘮叨的意思。“郎當”一詞在宋代已有大而不當的意思。如《禪宗頌古聯珠通集》卷二八載真淨克文頌：“鮑老當年笑郭郎，人前舞袖太郎當。及乎鮑老出來舞，依舊郎當勝郭郎。”[④] 此頌實脱自楊億《傀儡》詩，《後山詩話》有載：“楊大年《傀儡詩》云：‘鮑老當筵笑郭郎，笑他舞袖太郎當。若教鮑老當筵舞，轉更郎當舞袖長。’語俚而意切，相傳以爲笑。”[⑤] 引詩與真淨克文稍有差異。此處“郎當”即指舞袖過於寬大、不合身。“郎當”指稱多餘的言説、囉嗦的意思可能由此而來。

此外，“郎當”也有狼狽、潦倒義。如《楊岐方會和尚後録》有：“士云：忽遇客來，如何祇待？師云：三盞兩盞猶閑事，醉後郎當笑殺人。”[⑥]“郎當”即指醉後的失態。也就是説，以上“漏逗”有窘迫、難堪、疏漏、破綻、多餘、囉嗦諸多意義，“郎當”也都具有相似的意義和用法。發音方面，“漏”與“逗”中古音韻母均爲侯母，“郎”與“當”中古音韻母均

---

① 《無明慧經禪師語録》卷三，《卍續藏經》第125册，第53頁。

② 《無異元來禪師廣録》卷八，《卍續藏經》第125册，第180頁。

③ 《永覺元賢禪師廣録》卷三，《卍續藏經》第125册，第438頁。

④ 《卍續藏經》第115册，第355頁。

⑤ 何文焕《歷代詩話》，北京：中華書局，1981年，第304頁。傀儡戲在宋代非常流行，鮑老與郭郎皆爲傀儡戲中的滑稽角色，宋代禪師常以表演傀儡戲比喻禪師教導學人，因學人常常執著於禪師的言説和機關手段，無法領悟佛性即是自心的道理，終究做不得自己的主人。

⑥ 《大正藏》卷四七，第647頁。

爲唐母，“漏”與“郎”中古音聲母均爲來母，“逗”與“當”中古音聲母分別爲定母和端母，皆爲舌頭音。故“漏逗”與“郎當”，當爲一聲之轉的疊韻連綿詞。以上三種用法中，“漏逗”也不能譯爲透漏、洩漏或接引，其意義與漏、逗二字字義並無關係。此外，現代漢語常用的“嘮叨”《集韻》作“嘐啁”，同樣爲疊韻連綿詞，“嘮”聲母爲來母，“叨”聲母有端母、透母兩種，則“嘮叨”很可能也是由表囉嗦的“漏逗”聲轉而來。

二、表徹悟、超脱，與“透脱”一聲之轉

我們檢索了《大正藏》與《卍續藏經》，發現“漏逗”用以批評傳法過程中的不當言語、行爲的例子占了所有用法的九成，但還有一成的“漏逗”意義與之相反，用法同“透脱”。舉例如下：

> 佛語心爲宗，宗通説亦通。既謂之宗門，豈可支離去本逐末、隨言語機境作窠窟，要須徑截超證、透出心性玄妙勝淨境界，直徹綿密穩當，向上大解脱大休大歇之場。……若諳此旨，則威音已前漏逗了也。①

> 會圓悟禪師來居昭覺，悟勉之南詢，乃謁死心、靈源、湛堂，皆蒙委寄，遂扣佛眼。一日，入空，眼舉“殷勤抱得旃檀樹”，語聲未絕，師即頓悟。眼曰：“經藏子漏逗了也。”自是與師商確淵奥，亹亹無盡，眼稱善。②

> 淨慈斷橋至上堂，舉阿難問迦葉云世尊傳金襴外別傳何物公案？師頌云：弟應兄呼，自揚家醜。倒卻剎竿，全機漏逗。雖有西湖月如畫，何似南禪鐵苕箒。③

> 出得靈岩門，便入蔣山室。撼碎摩尼珠，乾坤黑如漆。寶公劈開十二面，僧繇閣起丹青筆。夜半放烏雞，觸著泥牛吼。正宗堂下草連天，三佛家風俱漏逗。④

① 《圓悟佛果禪師語録》卷一六，《大正藏》卷四七，第786頁。
② 《嘉泰普燈録》卷一六，《卍續藏經》第137册，第247頁。
③ 《兀庵普甯禪師語録》卷一，《卍續藏經》第123册，第7頁。
④ 《了庵清欲禪師語録》卷六，《卍續藏經》第123册，第721頁。

元旦小參：無無無，有有有，問著生緣伸佛手。一聲爆竹報新禧，大家祝聖無疆壽。山自高兮水自深，何用尋花並問柳。春到江南樹樹芳，六花五出俱漏逗。①

有生有滅，特地乖張。無去無來，轉見漏逗。不起滅盡定，而現諸威儀。不舍凡夫法，而修諸勝行。②

第一例中，“向上大解脱大休大歇之場”即斷絕語言分別及一切執著，“威音已前”即威音王佛出世以前，禪林常用以指示學人認識自己的本來面目，用法同“父母未生以前”，“漏逗了也”即早早就徹悟了。第二例中，“入空”即悟入諸法性空的道理，“經藏子”是真牧正賢的外號③。佛眼清遠舉“殷勤抱得旃檀樹”一語，話音未落，真牧正賢即頓悟，故佛眼所云“經藏子漏逗了也”，不同於前舉“漏逗了也”的用法，而是説真牧正賢大徹大悟了。第三例中，“倒卻刹竿”是迦葉與阿難典，《無門關》卷一載：“迦葉因阿難問云：世尊傳金襴袈裟外，別傳何物？葉喚云：阿難。難應諾。葉云：倒卻門前刹竿著。”④ 阿難雖一生隨侍釋迦聽聞説法，卻不知學佛乃學自己的本來面目，此外更無他物，故迦葉以“倒卻刹竿”一語令其省悟。禪籍中常見“全機透脱”的説法，“全機漏逗”與之意思相同，即指達到自在無礙的境地。《佛果圜悟禪師碧岩録》卷二：“若非全機透脱得大自在底人，焉能與爾同死同生。”⑤ 第四例中，“夜半放烏雞，觸著泥牛吼”比喻無思慮分別之作用。“三佛家風”指五祖法演法嗣佛鑒慧勤、佛眼清遠、佛果克勤的禪風。“俱漏逗”言楊岐禪法全部顯現於前，用法同第五例中“春到江南樹樹芳，六花五出俱漏逗”，即禪在碧草春花之上，不用到處尋找，無須知見理路。第六例中，“有生有滅”即執分別念而背离佛法，“無去無來”即棄知見而领悟大道。以上“漏逗”均指超越思維分別、徹悟禪宗法門。

再看以下“漏逗”，雖然沒有領悟佛法的意思，但都與“透脱”一樣

① 《五燈全書》卷一〇六，《卍續藏經》第142冊，第64頁。

② 《圓悟佛果禪師語錄》卷三，《大正藏》卷四七，第726頁。

③ 真牧正賢“依大慈秀公習經論，凡典籍過目成誦，義亦頓曉，秀稱爲經藏子”（《嘉泰普燈錄》卷一六，《卍續藏經》第137冊，第247頁）。

④ 《大正藏》卷四八，第295頁。

⑤ 《大正藏》卷四八，第155頁。

具有超脱、無知見的意思：

韶華二月半，漏逗渾莫算。米少食無鹽，釘菜崖空飯。吞底栗棘蓬，跳底金剛圈。分外展家風，秦時䡓轢鑽。①

瞎堂之子，附馬之後。出處行藏，一向漏逗。是聖是凡莫測，掣顛掣狂稀有。一拳拳碎虚空，驚得須彌倒走。②

木落四山空，水肅潭石見。霜氣曉蕭蕭，又是十月半。堪笑衲僧家，漏逗渾不算。若也算，兩個五伯原是壹貫。③

文字習氣，生來漏逗。横口說禪，不落窠臼。④

第一例"漏逗渾莫算"和第三例"漏逗渾不算"都指糊裹糊塗地不算日子，"漏逗"指超出日常思維、算計分别的狀態。"秦時䡓轢鑽"，禪籍中就常用於比喻不涉理路分别的修行境界。第二例寫南宋濟顛和尚乃瞎堂慧遠法嗣、宋太宗駙馬李遵勖的後代，"出處行藏，一向漏逗"，是說其行爲一向瘋顛，不受拘束，"漏逗"即超出平常行爲規範的意思。末一例中，"文字習氣，生來漏逗"是憨山德清稱贊佛印了元能夠超脱於文字煩惱之外，隨口說禪，不落俗套。相比之下，禪籍中更常見"透脱"以示超脱之義。如《黄檗斷際禪師宛陵録》有："一切見解總須捨却，所以除去所有，唯置一床，寢疾而臥，秖是不起諸見，無一法可得，不被法障，透脱三界凡聖境域，始得名爲出世佛。"⑤《鎮州臨濟慧照禪師語録》有："不與物拘，透脱自在。"⑥從中古音來考察，"透"與"漏""逗"韻母相同，均爲侯母；"脱"的聲母有透母與定母兩種，而"逗"聲母是定母，皆爲舌頭音。"透脱"與"漏逗"的發音和意義皆相近，二詞亦一聲之轉。

附：文人筆下的"漏逗"

《漢語大詞典》所舉"漏逗"皆來自南宋文人，意義解釋爲"疏漏"

① 《圓悟佛果禪師語録》卷二，《大正藏》卷四七，第723頁。
② 《破庵祖先禪師語録》卷一，《卍續藏經》第121册，第849頁。
③ 《增集續傳燈録》卷六，《卍續藏經》第142册，第884頁。
④ 憨山德清《佛印禪師贊》，《憨山老人夢游集》卷三五，《卍續藏經》第127册，第721頁。
⑤ 《大正藏》卷四八，第384頁。
⑥ 《大正藏》卷四七，第499—500頁。

“疏忽”與“間闊”二種。我們將《漢語大詞典》所舉之例羅列於下：

楊萬里《明發西館晨炊藹岡》：“也知水碓妙通神，長聽舂聲不見人。若要十分無漏逗，莫將戽斗鎮隨身。”

嚴羽《滄浪詩話》：“高達夫《贈王徹》云：‘吾知十年後，季子多黄金。’金多何足道？又甚於以名位期人者？此達夫偶然漏逗處也。”

陳亮《又癸卯通書》：“春間嘗欲遣人問訊，不果，漏逗遂至今日，良可一笑。”

楊萬里詩見《誠齋集》卷三十四，意在寫江南百姓的生活習俗，詩共有四，此爲其一。文後自注：“宣歙就田水設碓，非若江溪，轉以車輻，故碓大於身，鑿以盛水，水滿則尾重而俯，杵乃起而舂。”① 水碓乃漢代發明，是以水力舂米之器械。戽斗，本爲取水灌田之農具，以竹篾、藤條等編成，此處當指引水入槽之竹器。《漢語大詞典》將“漏逗”釋爲“疏漏”是不錯的。

嚴羽《滄浪詩話》一例原文是：“古人贈答多相勉之詞。蘇子卿云：‘願君崇令德，隨時愛景光。’李少卿云：‘努力崇明德，皓首以爲期。’劉公幹云：‘勉哉修令德，北面自寵珍。’杜子美云：‘君若登臺輔，臨危莫愛身。’往往是此意。有如高達夫《贈王徹》云：‘我知十年後，季子多黄金。’金多何足道，又甚於以名位期人者。此達夫偶然漏逗處也。”② 即言高適詩竟以發財來勉勵友人，財富難道比聲名、地位還重要嗎？《漢語大詞典》將“漏逗”釋爲“疏忽”“疏漏”亦可。

陳亮此文見於《龍川集》卷二十，是陳亮寫給朱熹的信。前後文爲：“自去年七月三日得教答之後，不惟使車入丹丘，亮亦架數間潑屋。自朝至暮，更不得頭舉，況能相從於數百里之外乎？……蓋亮已爲一世所棄，只得就冷處自討個安樂道路，以故久久不得拜起居之問。……春間嘗欲遣人問訊，不果，漏逗遂至今日，良可一笑。幾番意思悶頓時，欲裹包相尋

① 辛更儒《楊萬里集箋校》卷三四，北京：中華書局，2007年，第1767頁。
② 《歷代詩話》，第700頁。

於寂寞之濱，又復牽掣而止。”① 此段文字是解釋爲何這麼久未聯繫、未問訊。《漢語大詞典》將“漏逗”釋爲“間闊”即很久未見，則顯然不妥，因前文“拜起居之問”“遣人問訊”也沒有要見面的意思。故“漏逗遂至今日”當指到今天才寫信問候，“漏逗”指一直沒有問候的疏忽、不當。

以上三種用法我們上文都曾提到。我們再利用文淵閣《四庫全書》電子版的檢索功能進行搜索，得“漏逗”二十二例，除去《五燈會元》兩例以及重複用例之外，僅有九例，其中七例都發生在南宋：

（1）北宋末南宋初張嵲《紫微集》卷三十三《禪頌》：“當時老師號令，曉到不管夜行，如今都城漏逗，髑髏冷笑三聲。”

（2）南宋姜特立《梅山續稿》卷六《贈染髭宋道人》：“道人染髭須，返老作年少。雖得陸公憐，卻被吕公笑。道人爾休癡，百年終漏逗。”

（3）《朱子語類》卷五十五：“孟子初見滕世子，想是見其資質好，遂即其本原一切，爲他啟迪了。世子若是負荷得時，便只是如此了。及其復見孟子，孟子見其領略未得，更不説了。只是發他志，但得於此勉之，亦可以至。彼若更説，便漏逗了。”

（4）《朱子語類》卷一三九：“道者，文之根本。文者，道之枝葉。惟其根本乎道，所以發之于文皆道也。三代聖賢文章，皆從此心寫出，文便是道。今東坡之言曰：吾所謂文，必與道俱。則是文自文，而道自道。待作文時，旋去討個道來，入放裏面。此是它大病處。只是它每常文字華妙，包籠將去。到此不覺漏逗説出他本根病痛。所以然處，緣他都是因作文卻漸漸説上道理來，不是先理會得道理了方作文。”

（5）南宋陳傅良《止齋集》卷三十七《與高炳如監丞》：“忽猛省前代狄公，早世至今，當以事文王見譏，王允若無晚節漏逗，即爲全人。”

（6）南宋嚴羽《滄浪詩話》：“杜集注中坡曰者皆是託名，假僞漁隱，雖嘗辨之，而人尚疑者，蓋無至當之説以指其僞也。今舉一端將不辨而自明矣。如‘楚岫八峰翠’注云：景差《蘭亭春望》：‘千峰楚岫碧，萬水郢城陰。’且五言始于李陵蘇武，或云枚乘，漢以前五言古詩尚未有之，寧有戰國時已有五言律句耶？觀此可以一笑而悟矣。雖然，亦幸而有此漏

① 陳亮《又癸卯通書》，《景印文淵閣四庫全書》第1171冊，臺北：商務印書館，1983年，第694頁。

逗也。

（7）宋末元初黄仲元《四如集》卷四《壽藏自志》：余力自韓柳歐曾文外，手抄二百四十二家，汪龍溪、洪景盧題於集後，妄意貶剝翁語。仲元曰：吾兒萬一成立，末節必不漏逗。

（8）元貢性之《南湖集》卷七《戲成白髮》：“怕見人言老，梳頭夜二更。誰知燈燭夜，漏逗愈分明。”

（9）明鎦績《霏雪錄》卷下：“或問予唐宋人詩之別，余答之曰：唐人詩純，宋人詩駁；唐人詩活，宋人詩滯；唐詩自在，宋詩費力；唐詩渾成，宋詩餖飣；唐詩縝密，宋詩漏逗；唐詩溫潤，宋詩枯燥；唐詩鏗鏘，宋詩散緩；唐人詩如貴介公子，舉止風流，宋人詩如三家村乍富人，盛服揖賓，辭容鄙俗。”

第（1）、（2）、（5）例均有破敗、不堪之義。“如今都城漏逗”當指汴京的衰敗、不復往昔。“百年終漏逗”謂人生苦短，百年之後，終究破敗。第（5）例是說狄仁傑一直以來因侍奉武則天而被譏諷，王允身爲東漢大臣，剛正不阿、兩袖清風，但在殺董卓之後卻居功自傲，連連失策，一世英名，盡喪於此，故“晚節漏逗”即是言晚節不保，令人鄙視。第（8）例，“漏逗愈分明”是說怕別人說他老，於是半夜梳頭，誰知在燈燭之下，蒼老之窘態更加明顯。第（3）、（4）例語自朱熹，有多餘、囉嗦的意思。第（6）例中，嚴羽指出在杜甫詩注中稱“坡曰”者皆爲假託，舉景差《蘭亭春望》詩爲例，詩句爲律句，景差是楚國人，與宋玉同時，學屈原之辭令，怎麼會有五言律句呢？故“漏逗”是稱“坡曰”等疏漏之處。第（7）例中，黄仲元是寄希望于後代，通過自己的記錄，瞭解前後原委，無有疏漏。第（9）例中，是講唐宋詩之優劣，純與駁、活與滯、自在與費力、渾成與餖飣、濕潤與枯燥、鏗鏘與散緩等詞，皆意義相反，故“唐詩縝密，宋詩漏逗”，“漏逗”當與“縝密”相反，是粗疏、有破綻的意思。

文人對於“漏逗”一詞的使用數量有限，主要集中在南宋，這與禪籍中“漏逗”一詞大量出現的時間接近而稍晚，其意義也多在禪籍用法的範圍之內。這說明文人用“漏逗”當是源自禪僧的影響。至於爲何禪宗語錄中保留了大量用例而在文人別集、總集中所存不多，蓋源於“漏逗”一詞乃口頭語。禪宗典籍尤其是禪宗語錄保存、記錄下來的多是禪師日常的言說，而文人別集、總集卻是士大夫精心書寫、修改、最後定稿的書面語，故少“漏逗”之詞，但在顯示其禪學修養時會有意用之。“漏逗”一詞在宋代禪宗語錄中頻繁地出現，主要是爲强調以心傳心的禪宗宗旨，反對執著形式的傳法、悟道行爲，也體現了禪宗祖師教導學人時的老婆心腸。宋代以後，“漏逗”的使用頻率大大降低，且較少用於批評參禪、傳法的行爲，這與宋以後禪林重新重視經教文字、法度儀軌的思潮有關。

李賀詩歌中的“太陽”書寫

戚　昊

四川大學中國俗文化研究所

摘　要：李賀其人，歷來皆有“鬼才”之稱；李賀之詩，迭代不乏“鬼神”之譏。故激賞者頗寄情於其瑰奇陸離，哂之者多以爲其放誕違道，故而對於其人其詩的品賞及研究，亦多爲其辭藻意象所羈絡，或言其以“牛鬼蛇神”卓然一家，或闡其卓異人格之於詩風之因果關係，或明其歌詩之先代承遠、其來之自，文牘千冊，翰墨盈山。筆者以爲，賀之詩風淒豔瑰麗、詭譎不常，自是公論，不待贅言也明矣。其風神氣貌，本於其心其身，亦不過困蹇蹭蹬、血脈瘀滯而已，而其雅奏古響者，亦不過言其驅遣神話、上緒楚騷而已，前人之述備且盡矣。故欲稍起聲華，微振雛鳴，既不能避此大木，則非愈加精詳其理，密察其心而不可得也。故今以先輩且未暇寓目之微紋小理入手，以李賀詩歌中所慣常摹寫之“太陽”爲說，探源窮究，冀以有所拾遺。

關鍵词：李賀　詩歌　太陽　其心其理

序　論

李賀在他那首驚才絕豔的《高軒過》中，曾以明暢雄壯的辭藻語言，來盛讚其伯樂韓愈的文學才華，云其“二十八宿羅心胸，元精耿耿貫當中。殿前作賦聲摩空，筆補造化天無功。”[①] 後人多留意於其最後一句，錢鍾書先生也曾在《談藝錄》中專列一章來談李賀的“筆補造化天無功”，並認爲此乃“長吉精神心眼之所在”[②]，言其浪漫主義，修飾補闕自然也。同時，“二十八宿羅心胸，元精耿耿貫當中”一句，固是以星辰天宇而喻韓之氣象包羅，才力華瞻，然通讀其歌詩，筆者認爲以之喻長吉自己，亦圓融貫通而無不可。其人作詩立異好奇，於意象之摹繪多所創獲，詩風詭豔淒婉，道前人所未道，是可謂“二十八宿羅心胸”，而“元精耿耿”，則恰可喻指其對於“太陽”的描繪，這亦是其“精神心眼之所在”。

晚唐杜牧對於李賀詩歌的評語幾近膾炙人口，幾乎爲千古李賀詩風的認知定下基調，影響頗遠，已經成爲關注李賀詩歌時難以逾越的崇山。杜牧在《李長吉歌詩敘》中云李賀之詩“雲煙綿聯，不足爲其態也。水之迢迢，不足爲其情也。春之盎盎，不足爲其和也。秋之明潔，不足爲其格也。風檣陣馬，不足爲其勇也。瓦棺篆鼎，不足爲其古也。時花美女，不足爲其色也。荒國陊殿、梗莽邱隴，不足爲其怨恨悲愁也。鯨呿鼇擲、牛鬼蛇神，不足爲其虛荒誕幻也。”[③]

這“九不足”之說，歷代詩評家或有訾議而不苟同，然其中所提及的九種類型各異的意象風貌，確爲賀之詩歌中之老友，覽卷而時現。而杜牧又皆言“不足”，蓋云李賀之詩雖着墨者爲此，而“筆補造化”、匠心獨運，其詩之整體情感傳達，早已越邁意象之物，聳入雲峰，今之所謂“格式塔”是也。

杜牧對於李賀詩歌中慣用意象的概括，可以說是較爲全面且精到的，不過在這裏，筆者倒想再補充一句，以附驥尾，曰：“日行月移、星動河轉，不足爲其心魂游離也。”

李賀詩歌中多言日月星辰等天象運轉，且尤其留意於“太陽”，其神魂游離天外，飄轉飛揚，又多以遠古神靈以喻之，若盡歸之於神話入詩，一概以爲瑰麗漫幻，而不細體其情，殊爲一失。

---

① ［清］王琦等評注《三家評注李長吉歌詩》卷四，上海：上海古籍出版社，1998年，第154頁。

② 錢鍾書《摹寫自然與潤飾自然》，載《談藝錄》，北京：三聯書店，2008年第2版，第207頁。

③ 《三家評注李長吉歌詩》卷首，第11頁。

筆者據上海古籍出版社《三家評注李長吉歌詩》統計，其四卷歌詩加一外集，文辭與内容涉及日月星辰之描繪的，約計共有近 80 首，其中大多涉及“太陽”書寫，而其詩歌流傳至今的共計也不過 240 餘首。這約占三分之一的數量的作品，值得我們揣摩細思。

一、詛咒與痛恨——太陽與生命衰頹

錢鍾書先生在《談藝錄》中專辟一章，談“長吉年命之嗟”，云：“其於光陰之速，年命之短，世變無涯，人生有盡，每感愴低徊，長言永歎。”① 此爲知言。李賀少負才名，志存展翼，初入科場便遭讒嫉，終生不過下僚，鬱鬱難伸，神骨衰頹，遂每每感懷時光流轉，年命將盡而一事無成。這些關於“年命之嗟”的詩歌，充斥著整個詩集，是長吉被壓抑、摧剪的生命意識之體現，同時又道出了全體人類所共同面對的生命之有限性與死亡之永恒性之間的恒久衝突，具有超越個體情感而上達全體的感染力。而這些具有長久魅力的詩歌，主要是通過對太陽的描繪與想象展開的。

太陽作爲地球的母星，以其亘古舒揚的輝芒撫慰山河大地、世間萬物，無論是走獸飛禽，還是百草千木，乃至於芸芸人類，皆仰承其恩澤，沐其光華。自古以來，世界上的各個民族，大多存在著太陽崇拜，對太陽的禮敬與感恩，即是對生命本身的熱忱。在文學作品中，太陽也多象徵著光明、溫暖、恩惠與尊崇。可以說，很少有人會將太陽與陰暗、死亡、迫害等聯繫起來。《尚書》中雖有倒懸黎民的“時日曷喪，予與汝偕亡”② 之句，但那只是以在上的天穹之“日”，來喻指人間的上位統治者，指桑而罵槐，只是“怨上”，而並未對喻衣的本身“太陽”有任何指斥或不滿。當然，也會有一些在災旱之年對於太陽的怨憤，但這些都只是少數。在大多數時候，太陽都是一種正面的象徵。

但在李賀這裏，卻有所不同。

---

① 錢鍾書《長吉年命之嗟》，載《談藝錄》，第 191 頁。

② ［漢］孔安國傳，［唐］孔穎達正義《尚書正義》卷八，［清］阮元校刻《十三經注疏》，北京：中華書局，1980 年，第 160 頁。

存在主義哲學家常說，“生”的本身即時刻暗示著“死”[①]，所謂“有生必有死，早終非命促”者是也。人在現實中生存的每一刻，既在享受“生”之盎然，同時隨著時光之轉瞬即去，又在隨時體驗著生命之流逝，年華之摧凋。但李賀之前的詩人文人，雖亦在感受生命的流駛時愴然淒寒，卻仍大多認爲太陽是賜予白晝的神明，而白晝則是生命所主要活動的時段，因而讚頌太陽的德行，同時惋惜它不能久駐，故有“魯陽揮戈”[②]的神話。此時，人們在深切體驗到生命的短促之時，詛咒的是黑夜，是綿綿流逝的時光本身，抑或造成生命衰朽老病的疾疫癘瘴與外界傷害。

但李賀卻因自身境遇與人格氣質的特殊性，將通常象徵著光明、生命的太陽，看作是使人年華蒼老、年壽不永的罪魁禍首，在詩歌中對其頗有怨懟，而又無可奈何。太陽既然給予了萬物生命，卻又不能永駐中天，驅盡黑夜，這本就體現了其之於生命的兩面性。在李賀這裏，太陽開啟了它的另一面。

在《日出行》中，李賀感慨萬千而又滿含愁怨地說道：

> 白日下昆侖，發光如舒絲。……奈爾鑠石，胡爲銷人。彎弓屬矢，那不中足，令久不得奔，詎教晨光夕昏。[③]

他竟然認爲太陽是“銷人”，即侵蝕人生命之物，還絕望而怨懟地暢想，後羿射日之時，爲何不在射落九日之後，再彎弓搭箭，射斷最後一只太陽之奔足，這樣它便不能馳騖在天，只能永懸蒼空，沒有夜晚，生命也便不再流逝，年華不再凋零。在這裏，太陽雖仍有萬丈華光，卻恍惚成爲令光陰老去，年命歸塵的“死神”，令人在聞睹生新之餘，生出幾分別樣的悲涼。

又如其《秦王飲酒》：

> 羲和敲日玻璃聲，劫灰飛盡古今平。[④]

清人王琦在注解中，認爲此句言唐德宗平定叛亂後，日行有常而天下太平，似有未盡通達之處。錢鍾書先生將後一句引爲詩例，來說明長吉的

---

① ［德］海德格爾（Martin Heidegger）《存在與時間》，北京：三聯書店，2014 年，第 289 頁。

② 何寧《淮南子集釋》，北京：中華書局，1998 年，第 447 頁。

③ 《三家評注李長吉歌詩》卷四，第 138 頁。

④ 《三家評注李長吉歌詩》卷一，第 56 頁。

“年命之嗟”，可見其並非作“天下太平”之解。我認爲對這句詩的理解應該是，在詩人的想象中，世界在一片羲和策日而行的“玻璃聲”中，歷經業火焚燒，而化作劫灰，“古今皆平”，這聲音已然成爲了敲響世界喪鐘的“死亡之音”。在此處我們能夠看到一種浸透骨髓的悲涼與絕望，在日常生活中以爲慣常的古今迭易、人事代謝，通過李賀想象式的形象化表現，以及揉捏“古今”之時間與“劫灰”之空間爲一體的巧妙處理，變得時空感極其闊大。而淩駕於這巨大時空之上的“羲和敲日聲”，卻一聲聲地無情屠戮著世間萬物，使人們對於“太陽”的慣性認知徹底顛覆，令人感到幾許不寒而慄——原來溫煦的陽光之本質，竟然是誅戮千秋萬代及億萬生靈的“黑洞”。此處的“太陽”，近於無情之造化、如影隨形之死亡。

再如其《古悠悠行》：

> 白景歸西山，碧華上迢迢。今古何處盡，千歲隨風飄。海沙變成石，魚沫吹秦橋。空光遠流浪，銅柱從年消。[①]

依然是從太陽之逝去西落，想到光陰的晝夜更迭，進而慨歎滄海桑田，年華將逝。海沙爲石，秦橋吹魚，詩人的眼前浮現出一幕幕古今輪轉的畫面，在一種蒙太奇式的鏡頭迅速切換中，給人以一種强烈的對照與落差感，化億萬年時光爲一瞬，直接將兩端時間點上的不同事物呈現在人眼前。客觀事物在時間的碾壓下碎爲齏粉，“銅柱從年消”，一切都在一片動盪不安中逐漸走向毁滅，只有永恒的時間、造化本身，徒然地長遠流淌。是詩以一種揮之不去的歷史及人生的荒誕感，道出了生命的本質，觸摸到了存在的本身。余光中曾評價李賀的詩歌：“他的超現實主義和意象主義的風格，和現代詩是呼吸於同一種藝術的氣候的。”[②] 而我們現在翻開象徵主義之先驅——波德萊爾的詩歌，其中對於生命之短促、對於死亡的正面書寫與思索，與李賀的諸多詩歌皆不謀而合，符契若神，可見“東海西海，心理攸同”[③]。李賀詩歌中的生命意識，通過對於“太陽”直接或間接的描繪，深刻揭示了人存在的現實荒謬性，因而擁有了超越時空的藝術

---

① 《三家評注李長吉歌詩》卷二，第67頁。

② 余光中《從象牙塔到白玉樓》，載《余光中選集》第三卷，合肥：安徽教育出版社，1999年，第61頁。

③ 錢鍾書《談藝錄序》，載《談藝錄》，第1頁。

魅力。

李賀一方面將“太陽”表現爲一種冷漠無情“生命剝奪者”，另一方面卻又不得不對其寄予諸多的期待與暢想，在一片瑰麗鮮活的幻想中，滿足自己對於“永恒”的追尋，以及對於羈絡人生之“時光牢籠”的深切厭惡。其想象之辭愈是濃厚熾烈而近於嘶吼掙扎，愈是暢快生新而令人驚豔，同時則愈是令人在出離文本、歸返現實之後，於胸臆之中汩汩而出無限悲涼，這近乎另一種形式的“黑色幽默”。

如其《後園鑿井歌》：

> 城頭日，長向城頭在，一日作千年，不須流下去。[①]

“城樓落日”，是古詩文中時常睹見的衰颯一幕。詩人眼望夕照滿山，落日西沉，時日將盡，黑夜如潮般蠢蠢欲動，在痛苦的現實中無力翻轉，惟有在幻想的世界中尋求安慰，表達深切的希冀——城頭的太陽，永恒地高懸天際，千年而不垂翅斂羽，如此則一日之光陰等同千年，世間的萬物皆不經生滅之苦。這詩人的喃喃囈語，令人動容而扼腕，使我們在回首現實，觀照日常物象之時，擁有了一種別樣的目光。這强烈的現實“無常”觀本於其人之精神氣質，而近於佛教，長吉《贈陳商》一詩中云“楞伽堆案前”[②]，可見其於佛經亦有濡染，然終未釋懷開愁，是以爲一絕代詩人，而非一代名僧，爲其“看不破”也。

又如其《拂舞歌辭》：

> 東方日不破，天光無老時。[③]

期待太陽恒升不落，輝芒永明。其希冀“天光無老時”，同時又有詩“天若有情天亦老”，可見“天光”會老而逝去，而“天不老”，即造化恒久運轉不滅，體現了李賀此類詩歌中時常出現的“天人對立”，也即人之有限與宇宙無限的終極矛盾與衝突。

至其《苦晝短》一詩，則玄想愈熾：

> 天東有若木，下置啣燭龍。吾將斬龍足，嚼龍肉，使之朝不得

---

① 《三家評注李長吉歌詩》卷三，第120頁。
② 《三家評注李長吉歌詩》卷三，第111頁。
③ 《三家評注李長吉歌詩》卷四，第139頁。

回，夜不得伏。自然老者不死，少者不哭。[①]

這首詩讀之幾乎令人淚垂。我們常言李賀之詩荒誕詭譎，想象奇特，這本於其人自身之生命境況壓抑，猶如彈簧，壓之愈沉，則彈力愈巨。詩人在長期的死亡陰影中徘徊，以至於“生魂皆染墨黧色”，其於光明與永恒之嚮盼，也同時至於登峰造極，遂在這首詩中透徹地體現出來。李賀希望自己可以斬斷驅馳太陽東升西沒的神龍之足，然後生食其肉，使得太陽永懸中天，光陰永不流轉，老者不會因爲即將死去而憂愁，少年人也不會因爲擔憂青春飛逝而飲泣。

對於時間與死亡的詛咒，在這首詩中臻於極致，乃至於歇斯底里，甚至殺氣騰騰，視時光之流轉爲仇讎，恨不得誅戮而生啖之，這已經近乎瘋狂絕望的邊緣，炙熱的情感噴薄而出，直擊人心，令人仿佛目睹一個披頭散髮的瘋魔，在一只死龍的屍體之上瘋狂地撕扯生肉，血肉横飛，涕泗縱横，場景詭譎而慘烈。其最末一句“自然老者不死，少者不哭”，道出了這是世間所有人的共同憂愁，而“不死、不哭”，則頗有“雄雞一聲天下白”之感，詩人如同救世主一般，“殘忍地”殺死了使得“萬物不永”的罪魁禍首，爲全人類帶來了無邊的幸福。然而，在這奇幻瑰麗的想象之後，卻兀然佇立著詩人近於絕望而死寂的靈魂。

二、喜愛與讚美——太陽與生機盎然

李賀的詩歌中，也有純粹對太陽的形象作生動描繪的，如《河南府試十二月樂詞》之《六月》：

炎炎紅鏡東方開，暈如車輪上徘徊，啾啾赤帝騎龍來。[②]

太陽如一面燃燒的“紅鏡”於東方的天際打開，光暈如車輪徘徊蒼穹，這是赤帝正騎乘著飛龍，驅趕著太陽奔馳而出。

及《十二月》：

日腳淡光紅灑灑，薄霜不銷桂枝下。依稀和氣排冬嚴，已就長日

---

① 《三家評注李長吉歌詩》卷三，第125頁。
② 《三家評注李長吉歌詩》卷一，第50頁。

辭長夜。[①]

太陽的光芒疏淡地灑落人間，雖然尚未使得冬日的寒霜融化，卻已然漸漸變薄，它帶來的一片“和融之氣”排開冬日的嚴寒，可以預見白晝的逐日加長，以及黑夜的逐日萎縮。

《閏月》：

王母移桃獻天子，羲氏和氏迂龍轡。[②]

因爲時年尚有閏月，故而光陰增益，詩人以愉悦的筆調，想象這一定是驅日而行的羲氏與和氏放緩了馭龍的鞍轡，遂而如此。

以上三首詩歌同爲一組詩，其時李賀尚在河南參加府試。他在府試順利通過之後，才遭到讒人的貶抑與傾軋，故而此時的“太陽”，在他的筆下還是一派融和溫煦且生氣勃勃的景象，字裹行間皆透出對於太陽的喜愛之情；不過，也已經微微透漏出其人對於光陰白日的眷戀，以及對於沉沉黑夜的反感，這爲他在之後的灰暗人生中自然而然地轉變對太陽的情感態度，埋下一個隱而不露的情感邏輯之伏筆。

三、豔羡與渴慕——太陽與華貴雍容

李賀的詩歌中，也有以“日”之光芒輝耀，來鋪陳華貴，描繪美態的。

如《洛姝真珠》：

八驄籠晃臉差移，日絲繁散曛羅洞。[③]

古人就曾評價李賀的一些詩歌“尚不脱齊梁之態”，這確爲事實。李賀之詩常以大筆墨來極力鋪陳貴族生活之華麗雍容、豪奢富庶，王琦以爲諷諫怨刺，恐是因賞愛而加意回護之。李賀在這類詩歌中所呈現出的情感，更多的是一種赤裸裸的豔羡與欽慕，故而極力鋪陳而類於齊梁。這亦是因其沉淪下僚而不得富貴的心靈壓抑，傾注渴慕，遂而爲此。這類詩歌

① 《三家評注李長吉歌詩》卷一，第52頁。
② 《三家評注李長吉歌詩》卷一，第53頁。
③ 《三家評注李長吉歌詩》卷一，第58頁。

大多色彩明豔，氣勢酣暢，描寫細緻，示人以目不暇接的琳琅珠玉、珍禽走獸、媛女妖花，所謂“時花美女”者也。而這類詩歌的整體藝術風貌，就是極其明麗的色彩及和暖的溫度，這一點與其著墨寫“日”之間，是分不開的。

如這首詩中的“日絲繁散曛羅洞”即體現這一點。言日光爲“日絲”，則其和暖溫麗也明矣；“繁”而且“散”，則更是將這種色彩、溫度及氛圍擴張到所描繪的整個空間之中。欲寫富貴之生活，而借“日”以蘊蓄基調，無疑是長吉此類詩歌的慣用手法。故其此類詩歌多有溫膩不清之態，可以看出齊梁詩風對於李賀的影響。

王安石家族世系考述

劉成國

華東師範大學古籍研究所

摘　要：本文利用若干新見史料，在前人研究基礎上，重新考證王安石的家族世系。自其曾祖父王德明，至其曾孫王珏，皆一一撮述。

關鍵詞：王安石　家族　世系

關於宋代著名政治家、文學家、學者王安石的家族世系，清人蔡上翔《王荆公年譜考略》已經有所考證。之後，陸續有學者或據族譜，或據文集、筆記、方志，進一步踵事增華，發明甚夥。不過，由於所引文獻不全，或輕率使用族譜中的記載，以上研究仍然留下若干遺憾、若干空間，甚至因誤用族譜資料，將王安石世系搞亂①。本文在以上成果基礎上，根據一些新見史料，如新出土王安石父、兄墓誌銘，王安石曾孫墓誌銘等，再對王安石的家族世系進行較爲全面的考述，以呈現出北宋臨川王氏家族由興至衰的整體面貌。

---

① 相關研究成果，可見蔡上翔等《王安石年譜三種》，北京：中華書局，1994 年；傅林輝《王安石世系傳論》，武漢：長江文藝出版社，2000 年；王育濟《宋代王安石家族及其姻親》，《東岳論叢》2001 年第 3 期；湯江浩《北宋臨川王氏家族及文學考論》，北京：人民文學出版社，2005 年；耿紀平《王安石先交世友考述》，《河南大學學報（社科版）》2005 年第 5 期；劉成國《稀見史料與王安石後裔考——兼辨宋人筆記中相關記載之訛》，《浙江大學學報（人文社科版）》2017 年第 4 期。傅著、湯著均利用撫州王氏族譜來重建王安石家族世系。

一

王安石家族出自太原，自太高祖時徙居撫州臨川，原因不詳。《臨川先生文集》（以下簡稱《文集》）卷七十一《先大夫述》："王氏其先出太原，今爲撫州臨川人，不知始所以徙。"《文集》卷九十六《主客郎中知興元王公墓誌銘》："公王氏，諱某，字某。其先著望太原，而公之曾大考諱某，考諱某，皆葬撫州之臨川縣。"此篇墓誌的墓主王貫之，爲王安石叔祖。其曾大考，即王安石之太高祖。

王安石曾祖，《先大夫述》《尚書都官員外郎王公墓誌銘》均未言其名，惟陸佃《陶山集》卷十《中大夫守尚書右丞王安禮曾祖明贈太師中書令兼尚書令可追封英國公制》："具官某曾祖明，含章在躬，克開厥後。積仁累慶，施及孫曾。後先相望，作我良輔。"據此，則王安石曾祖名"明"。《三公王氏族譜》於《王氏歷代源流譜傳》稱："五十三世：明正，改字永泰。"又於《臨川三公王氏宗譜總系圖》稱："第一世：永泰，隱君子，諱明。"湯江浩據此考訂："則以其名爲明，初字明正，後改永泰。"① 然 2009 年南京江寧區將軍山南麓新出土孫侔所撰王益墓誌銘："祖諱德明，贈職方員外郎。"② 則王安石之曾祖名"德明"，而非"明"。王德明不仕，生平未詳。蘇頌《蘇魏公文集》卷三十五《新除右諫議大夫參知政事王安石封贈三代・曾祖》："具官某曾祖某，江右之秀，德器素高；義訓之傳，世風自遠。榮名不顯於當世，慶善乃流於後昆。"《文集》卷七十一《先大夫述》："其後有隱君子某，生某，以子故贈尚書職方員外郎。職方生衛尉寺丞某，公考也。"

王德明有二子。長子王用之，其名當取自《論語・述而》："子謂顏淵曰：'用之則行，舍之則藏，唯我與爾有是夫。'"王用之即王安石祖父，拜衛尉寺丞。《曾鞏集》卷四十四《尚書都官員外郎王公墓誌銘》："公諱益，字舜良。曾祖諱某，不仕。祖諱某，以子故贈尚書職方員外郎。考諱

---

① 《北宋臨川王氏家族及文學考論》，第 20 頁。

② 馬濤、許志强《將軍山北宋王安石家族葬地及相關問題研究》，《江寧春秋》第 13 輯，南京：南京出版社，2013 年。墓誌拓片及相關資料，承鄭嘉勵兄惠賜，謹此致謝！

某，以公故，即其家拜衛尉寺丞。”後贈太師、中書令兼尚書令，追封衛國公[①]。娶妻謝氏，“宋故衛尉寺丞王公諱用之之夫人，尚書都官員外郎、贈尚書工部郎中諱益之母，姓謝氏，累封永安縣君”，“其壽至於九十，其卒於撫州之臨川，安於其寢”[②]，後追封燕國太夫人[③]。

王德明次子王貫（觀）之[④]，其名當取自《論語·里仁》：“子曰：‘參乎，吾道一以貫之。’曾子曰：‘唯。’子出門，人問曰：‘何謂也？’曾子曰：‘夫子之道，忠恕而已矣。’”王貫之生於宋太祖乾德五年（967），娶妻張氏。真宗咸平三年（1000）中進士第，授漢州軍事推官，遷大理寺丞，歷知大名府大名縣，通判忻州、真定府，知保州、深州、齊州、滁州、興元府，卒於宋仁宗天聖六年（1028），享年六十二，官至尚書主客郎中，贈官至右諫議大夫[⑤]。王貫之以進士起家，長於吏事，所涖之處課田桑、按渠陂，曾獲詔書獎諭。《主客郎中知興元王公墓誌銘》[⑥]：“已而提點刑獄淮南，兼勸農事。公於爲獄，務在寬民，而以課田桑爲急，按渠陂之故，誘民作而修之，利田至萬九十頃。天子賜書獎諭。”《續資治通鑒長編》（以下簡稱《長編》）[⑦] 卷九十“真宗天禧四年（1020）五月丁卯”：“兩浙、淮南勸農使王貫之等導海州界石闥堰水入漣水軍溉民田，知定遠縣江擇、知江陰軍崔立率部民修廢塘浚石溝以灌高仰之地，詔並獎之。”他爲官清廉，孝悌仁厚，堪稱臨川王氏家族崛起的奠基者[⑧]。

王用之有五子：“其子曰益，曰某，皆已卒。曰某，曰某，曰孟，楚州司理參軍，亦已卒。”[⑨] 長子王益，即王安石之父，“始字損之，年十

① 陸佃《中大夫守尚書右丞王安禮祖用之贈太師中書令兼尚書令可追封衛國公制》，《陶山集》卷十，《景印文淵閣四庫全書》本（以下簡稱四庫本）。

② 曾鞏《永安縣君謝氏墓誌》，《曾鞏集》卷四十五，北京：中華書局，1984 年，第 614 頁。

③ 陸佃《中大夫守尚書右丞王安禮祖母某氏可追封燕國太夫人制》，《陶山集》卷十。

④ 楊天保以爲王觀之、王貫之分別爲二人，恐非。參楊天保《從能吏到進士》，《江西社會科學》2006 年第 3 期。

⑤ 王安石《主客郎中知興元王公墓誌銘》，《臨川先生文集》（以下簡稱《文集》）卷九十六，《四部叢刊》本。

⑥ 《王文公文集》卷八十七題爲《主客郎中叔祖墓誌銘》（上海：上海人民出版社，1974 年，第 921 頁）。

⑦ 北京：中華書局，1979 年。下引均據此本。

⑧ 《北宋臨川王氏家族及文學考論》，第 15—16 頁。

⑨ 曾鞏《永安縣君謝氏墓誌》，《曾鞏集》卷四十五，第 614 頁。

七，以文干張公詠，張公奇之，改字公舜良”[①]。王益於真宗祥符八年（1015）進士及第，釋褐建安主簿，爲臨江軍判官，改大理寺丞，知廬陵縣、新繁縣、韶州，通判江寧府，寶元二年（1039）二月二十三日卒，享年四十六。後贈太師、中書令兼尚書令，追封楚國公[②]。王益胸懷大志，精於吏事，“欲大潤澤於天下，一物枯槁，以爲身羞”[③]。其爲臨江軍判官，爲治嚴明，諸豪大姓及屬吏憚之，呼爲“判官灘”。及領新淦縣，知廬陵縣、新繁縣，均以治聞。其知韶州政事，爲宋初三先生之一胡瑗掇拾入《政範》。

王益娶妻徐氏，卒，後追封爲魯國太夫人[④]。續娶吴氏，後追封爲魏國太夫人。陸佃《陶山集》卷十《中大夫守尚書右丞王安禮母某氏可追封魏國太夫人制》：“具官某母某氏，爲婦若母……均仁七子，間有俊傑。爾子安石，嘗以道相朕，贊成政法，布在四方。今更官儀，允釐庶職。維汝安禮，仍在倚毗。”吴氏出自臨川金溪望族，“好學强記，老而不倦”，通陰陽數術之學。“平生養舅姑甚孝”，撫養徐氏所生二子如己子，“嫁三從之孤女如己女，而待長子之母族如己族”。尤爲難得的是，吴氏淡泊榮利，自奉頗儉，“自奉養未嘗擇衣食。其視世俗之好，無足累心者”。她對於王安石的出處選擇，十分理解：“方其隱約窮匱之時，朝廷嘗選用其子，堅讓至於數十。或謂可强起之，夫人曰：‘此非吾所以教子也。’卒不强之。及處顯矣，其子尚有歸志，而以不足於養爲憂。夫人曰：‘吾豈不安於命哉？安於命者，非有待於外也。’”[⑤]

王貫之有子六人：“子六人，於是存者二人，曰某，爲殿中丞；曰某，爲進士。其四人皆已卒，曰某，開封士曹參軍；曰某，楚州寶應縣主簿；曰某，曰某，爲進士。”[⑥] 其一爲王師錫，娶朱氏：“余叔父諱師錫，字某……叔父娶朱氏，子男一人某，女子一人，皆尚幼。其葬也，以至和四

---

① 王安石《先大夫述》，《文集》卷七十一。

② 陸佃《中大夫守尚書右丞王安禮父益贈太師中書令兼尚書令可追封楚國公制》，《陶山集》卷十。

③ 王安石《荅韶州張殿丞書》，《文集》卷七十三。

④ 陸佃《中大夫守尚書右丞王安禮母某氏可追封魯國太夫人制》，《陶山集》卷十。

⑤ 曾鞏《仁壽縣太君吴氏墓誌銘》，《曾鞏集》卷四十五，第611頁。

⑥ 《主客郎中知興元王公墓誌銘》，《文集》卷九十六。

年，祔於真州某縣某鄉銅山之原皇考諫議公之兆。”[①] 又有二女，一適楊公適。《文集》卷九十七《朝奉郎守殿中丞前知興元府成固縣楊君墓誌銘》：“君諱某，字公適，幼詳敏，知好文學，故我叔祖興元府君嫁之以其子……夫人王氏，即興元府君、尚書主客郎中諱某之女。五男子：湜、洙、治、滌、浡。湜，宿州符離縣尉，餘皆進士。洙、治前死。四女子，其已嫁者二人，太常少卿吕璹、試將作監主簿孫綖者，君壻也。其一人未嫁而前死。諸子孫以二年十一月四日，葬君江都東興鄉之北原。以某嘗得侍君，而君知之於少時者也，故屬以銘。”楊公適有女嫁吕璹，即吕惠卿之父。《宋史》卷四百七十一《吕惠卿傳》：“字吉甫，泉州晉江人。父璹，習吏事。”《王荆文公詩箋注》（以下簡稱《詩注》）[②] 卷六《送潮州吕使君》之吕使君，卽吕璹，故詩曰：“同朝敍朋友，異姓接婚姻。恩義乃獨厚，懷哉余所陳。”王貫之另一女適周彥先，有五子、二女。《文集》卷九十六《右侍禁周君墓誌銘》：“君周氏，諱彥先，字師古。曾大父諱瓌，贈大理評事。大父諱述，秘書丞，贈尚書工部侍郎。考諱嘉正，尚書刑部郎中……君先夫人盛氏，尚書工部侍郎諱京之子。後夫人王氏，尚書主客郎中諱貫之之子，皆有賢行……五子：濤、洵、洧、渥、澥，皆爲進士。二女子，嫁如臯史堪、德安鄭汾，亦皆爲進士。”

王用之、王貫之諸子，除王益、王孟、王師錫外，其餘不詳。《文集》卷七十一《讀江南録》曰：“予諸父中，舊多爲江南官者，其言金陵事頗詳。”惜無從詳考。傅林輝、湯江浩據《三公王氏族譜》等臚列多人[③]，然僅見族譜，其他文獻無徵，茲不取。

王氏家族另有一枝，自臨川遷往吉水，其譜系爲：王景——王端禮——王鴻舉——王大臨。楊萬里《誠齋集》卷一百二十《王舜輔墓誌銘》：“君諱大臨，字舜輔，姓王氏，醉軒其自號也。系出臨川，自高祖徙吉家焉，今爲吉水人。曾祖景，視大丞相荆國文公爲從祖，教授於吉，從者傾一州。龍圖蕭公世京、太傅彭公夔、著作楊公純師，皆從之授業，著書數百卷，號《野民集》。祖端禮，幼以文名……父鴻舉，以文行再薦於

① 王安石《叔父臨川王君墓誌銘》，《文集》卷九十三。

② 上海：上海古籍出版社，2010 年。下引均據此本。

③ 《王安石世系傳論》，第 23 頁；《北宋臨川王氏家族及文學考論》，第 34—36 頁。

鄉，號非老人……娶蕭氏，故御史家也。男子四人：子仁、子俊、子偲、子信；女一人，適歐陽次周。孫男七人：少愚、少魯、少願、少忠、少慤，餘尚幼。孫女四。"

王景爲王安石從祖，或爲王用之從弟。吉水王家一枝，似無顯宦，故名績不彰，與王安石兄弟亦無交往之跡。其中王端禮登哲宗元祐三年（1088）進士，與黄庭堅等有交遊，多有著述。萬曆《吉安府志》卷二十五："王端禮字懋甫，吉水人，登元祐三年進士。時黄庭堅爲參詳官，亟稱其試論。初授連州桂陽尉，進富州令，皆行其所學。端禮平雅謹厚，不妄言笑，進退動止，皆有法度。向慕濂洛之學，慨然以斯道自任，探索究極，思以身體之，不徒爲言語文字之工。年四十，表求致仕，築別墅於南山，延四方來學之士。所著有《强仕集》《論語解》《易解》《疑獄集》《茶譜》《字譜》。"王端禮之子王鴻舉，字南賓，楊萬里有詩稱之。《誠齋集》卷四十二《送王長文赴上庠》："吾鄉前輩王南賓，讀書萬卷筆有神。屢登天府獻和璞，玉工過眼瑨奪真。祇今有孫又奇絶，踏雪攜書詣金闕。玉皇書院碧水中，賜子半窗桃玉蟲。端能健筆追乃祖，鬥藪寸心瀉千古。廣寒掇取第一枝，早爲雙親開兩眉。"

二

王益有七子、三女。《曾鞏集》卷四十五《仁壽縣太君吴氏墓誌銘》："仁壽縣太君、撫州金溪吴氏。尚書都官員外郎、贈尚書刑部侍郎、撫州臨川王公諱益之夫人，衛尉寺丞諱用之之婦……蓋侍郎七子，而少子五人，吴氏出也……七子者，曰安仁、安道、安石、安國、安世、安禮、安上……女三人：長適尚書虞部員外郎沙縣張奎，次適前衢州西安縣令天長朱明之，次適揚州沈季長。"同書卷四十四《尚書都官員外郎王公墓誌銘》："子男七人：曰安仁，曰安道，曰安石，曰安國，曰安世，曰安禮，曰安上。女一人，嫁張氏；處者二人。"其中王安仁、王安道，系王益前妻徐氏所生。王安石、王安國、王安世、王安禮、王安上系吴氏所生。

王安仁字常甫，王安石長兄，仁宗皇祐元年（1049）進士及第，皇祐三年（1051）卒。《文集》卷九十六《亡兄王常甫墓誌銘》："慶曆中，天子以書賜州縣，大置學。先生學完行高，江淮間州爭欲以爲師，所留輒以

《詩》《書》《禮》《易》《春秋》授弟子，慕聞來者往往千餘里。磨礱淬濯，成就其器，不可勝數。而先生始以進士下科，補宣州司户。至三月，轉運使以監江寧府鹽院。又三月，卒。又七月，葬，則卒之明年四月也，實皇祐四年。"

王安道字勤甫，生年、行實均不詳。湯江浩以爲，皇祐三年（1051）十月王安仁去世後，王安道相繼去世①。可從。

王安石字介甫，仁宗慶曆二年（1042）進士高第，哲宗元祐元年（1086）卒。《宋史》卷三百二十七有傳。

王安國字平甫，神宗熙寧元年（1068）賜進士及第，熙寧十年（1077）卒。《宋史》卷三百二十七有傳。

王安世，生卒、行實均不詳。《文集》中無一處涉及，難解。

王安禮，字和甫，仁宗嘉祐六年（1061）進士及第，《宋史》卷三百二十七有傳。

王安上，字純甫。

以上諸人生平行實，湯江浩考證頗詳，可參見。

王安石另有從弟王沆，或爲王孟之子。慶曆六年（1046）進士及第②，皇祐五年（1053）爲荆南府建寧縣令。《曾鞏集》卷四十五《永安縣君謝氏墓誌銘》："宋故衛尉寺丞王公諱用之之夫人，尚書都官員外郎、贈尚書工部郎中諱益之母，姓謝氏，累封永安縣君……其孫曰安仁，宣州司户參軍；曰安道，皆已卒。曰安石，殿中丞，通判舒州。曰沆，荆南府建寧縣令；曰安國，曰安禮。"

王安石有三妹，《仁壽縣太君吴氏墓誌銘》曰："女三人，長適尚書虞部員外郎沙縣張奎，次適前衢州西安縣令天長朱明之，次適揚州沈季長。"其長名文淑，適張奎，封長安縣君。《詩注》卷三十一《和文淑湓浦見寄》，李壁注："張氏女弟。"文淑有二子二女：張覬、張靚，一女不惠，一女嫁龔原。《文集》卷九十九《長安縣太君王氏墓誌》："長安縣太君臨川王氏，尚書都官員外郎、贈太師中書令兼尚書令、潭國公諱益之女；尚書左丞張公諱若谷之婦，尚書比部郎中諱奎之妻，國子博士覬、開封府雍

① 《北宋臨川王氏家族及文學考論》，第 57—59 頁。

② 《江西通志》卷四十九，四庫本。

丘尉𡘯之母……二女：長不慧，不可以適人；其季，殿中丞龔原妻也。”

次適朱明之，《詩注》卷三《寄朱昌叔》李注：“楚公有三女，皆公女弟也。次適朱明之，仕至大理少卿，昌叔，其字也。”《長編》卷二百二十六“熙寧四年八月己卯”李燾注引林希《野史·政府客篇》：“朱明之，介之妹壻。妹卒，又娶其侄，以固姻好。”由此可知王安石之仲妹早卒，朱明之再娶其侄女。湯江浩疑之：“（林希）載明之初娶安石之妹，妹卒又娶其侄，以固姻好，亦甚可疑。王安石兄弟諸文皆不載其次妹早卒。”① 然英宗治平二年（1065）冬，曾鞏致書王安石曰：“子進弟奄喪已易三時矣，悲苦何可以堪！二侄年可教者，近已隨老親到此。二尤小者，六舍弟尚且留在懷仁，視此痛割，何可以言！承介甫有女弟之悲，亦已屢更時序，竊計哀戚，何以自勝！”② 曾鞏所曰“女弟”，當即朱明之妻、公之仲妹，治平二年（1065）冬已卒，林希所言不妄。

王安石幼妹適沈季長，封德安縣君，有三子、四女。王安禮《王魏公集》卷八《故朝奉郎權發遣秀州軍州兼管内勸農事輕車都尉借紫沈公墓志銘》：“公諱季長，字道原……卒於官舍，實元祐二年十月十二日也，享年六十有一……娶王氏德安縣君。有賢行，不茹葷十年，後公百六十日無疾而終。子三人：銖，和州防禦推官，文學行義皆有可稱；錫，讀書舉進士；鏻亦孝謹，皆假承務郎。女四人，婿朝奉郎、通判宿州事章仲山，奉議郎錢青箱，陳州觀察推官熊侔，承務郎劉旦。孫一人耕郎，孫女一人。以元祐三年九月二十九日葬真州北山之原。公之配，予同産姊也，尤審公行治。”

其中，沈銖、沈錫，仕宦頗顯，《宋史》卷三百五十四有傳：“沈銖，字子平，真州揚子人。父季長，王安石妹壻也。銖少從安石學，進士高第。”“錫字子昭，以王安禮任爲鄂州司户參軍。”

王安仁有兩女，一嫁徐公翊。《文集》卷九十六《亡兄王常甫墓誌銘》：“先君姓王氏諱益……先生其長子，諱安仁，字常甫，年三十七，生兩女。”《曾鞏集》卷四十五《仁壽縣太君吴氏墓誌銘》：“孫女九人，長適

---

① 《北宋臨川王氏家族及文學考論》，第213頁。

② 曾鞏《與王介甫第三書》：“鞏啓：八月中，承大夫人大祥，於郵中寓書奉慰。十月，梅厚秀才行，又寓書，不審皆到否？昨日忽被來問。”（《曾鞏集》卷十六，第256頁。）王安石母卒於嘉祐八年（1063）八月，書曰“太夫人大祥”，故作於治平二年（1065）。

解州安邑縣主簿徐公翊，次許嫁太廟齋郎吴安持，餘尚幼。”

王安道，後裔不詳。《曾鞏集》卷四十五《仁壽縣太君吴氏墓誌銘》：“孫男九人，曰雱、旉、旁、旊、斻、防、斿、旃、放。”其中王雱、王旁爲王安石之子，王旉或爲王安道之子。

王安石有子三人。長曰雱，字元澤，《宋史》卷三百二十七有傳。王稱《東都事略》卷七十九：“雱字元澤，未冠，著書已數千百言。舉進士，爲旌德尉，作策三十餘篇，極論天下事。又作《老子訓傳》及《佛書義解》，亦數萬言。有以雱書聞者，召見，除太子中允、崇政殿說書，被旨撰《詩》《書》義，擢天章閣待制。書成，遷龍圖閣直學士。雱病疽已彌年，辭不拜，卒，年三十三，贈左諫議大夫。詔即其家上雱所著《論語》《孟子》義。雱論議刻深，常稱商君以爲豪傑之士，言不誅異議者法不行，嘗勸安石誅不用命大臣，安石曰：‘兒誤矣。’政和三年，封臨川伯，從祀文宣王廟。雱無子，以族人之子棣爲後，徽宗時爲顯謨閣待制。”王雱未冠已著述多種，洵可謂少年天才，可惜病疽而亡，英年早逝。

仲曰旁，字不詳。《曾鞏集》卷四十五《仁壽縣太君吴氏墓誌銘》：“孫男九人，曰雱、旉、旁、旊、斻、防、斿、旗、放。”杜大珪《名臣碑傳琬琰之集下》卷十四《王荆公安石傳》：“子雱、旁。”《文集》卷七十一《題旁詩》題下注曰：“仲子，正字。”

因雱、旁字形、讀音相近，各種史料記載、刊刻往往魯魚亥豕，將王旁名字、事蹟混爲王雱。甚者因反熙寧變法，對二人蓄意誣蔑，遂致北宋後期有王安石因變法禍國殃民而絕後之傳聞，王旁一枝譜系逐漸湮沒。①

王安石另有一子，夭於仁宗嘉祐二年（1057）其赴知常州途中。《文集》卷七十四《上歐陽永叔書三》：“某以五月去左右，六月至楚州，即七舍弟病，留四十日，至揚州，又與四舍弟俱，失群牧所生一子。”

王安石有三女。長適吴充之子吴安持，封蓬萊縣君，生子侔。《詩注》卷一《寄吴氏女子》李注：“介父二女，長適吴安持，寶文閣待制。”《曾

① 余嘉錫、王晉光、湯江浩等學者對此均有考辨。參余嘉錫《四庫提要辨證》卷十七，北京：中華書局，1980年，第1062—1068頁；王晉光《王安石嫁媳事辨證》，載《王安石書目與瑣探》，香港：華風書局，1983年，第71—86頁；《北宋臨川王氏家族及文學考論》，第226—246頁。惜所見史料不全，且多爲筆記小說，不足定讞。筆者曾首次利用王安石曾孫王珏墓誌銘，結合《宋會要輯稿》中史料，予以辨正，見《稀見史料與王安石後裔考——兼辨宋代筆記中相關記載之訛》。余嘉錫考辨王旁而非王雱患心疾，甚是。

鞏集》卷四十五《仁壽縣太君吴氏墓誌銘》："孫女九人，長適解州安邑縣主簿徐公翊，次許嫁太廟齋郎吴安持，餘尚幼。"此女工詩，多佳句。釋惠洪《冷齋夜話》卷五："舒王女，吴安持之妻蓬萊縣君，工詩，多佳句。"惜晚年受其子謀反牽連，送太平州羈管。《詩注》卷四十三《贈外孫》："南山新長鳳凰雛，眉目分明畫不如。年小從他愛梨栗，長成須讀五車書。"李注："乃吴侔也。其父安持，充次子，荆公壻。侔得公此詩，何止不克負荷，後乃更坐惡逆誅，累及其親。○按《國史》：'舒州人張懷素本百姓，自稱落魄野人，以幻術游公卿間。於元祐六年，説朝散郎吴儲云："公福似姚興，可爲關中一國主。"儲云："儲福弱，豈能及姚興？"懷素云："但説有志，不説福。"紹聖四年，懷素入京，又與儲結約，儲以語侔。崇寧四年，事敗，獄成，懷素、吴儲、吴侔、邵禀並陵遲處斬；楊公輔、魏當、郭秉德並特處死；吴儲父安持貸命，免真決，追毀出身以來文字，除名勒停，送潭州編管；吴侔母王氏係王安石女，特免遠竄，送太平州羈管；侔弟僎道州羈管。'公此詩蓋爲侔作也。吕惠卿子淵坐曾聞妖言不以告，削籍，竄沙門島；惠卿散官，安置宣州；蔡卞降職，奉外祠；鄧洵武妻吴侔之兄，出知随州；安惇追貶散官。"

王安石幼女適蔡卞，封福國夫人，生子仍。《宋史》卷四百七十二《蔡卞傳》："卞字元度，與京同年登科，調江陰主簿。王安石妻以女，因從之學。"《詩注》卷一《示元度》李注："蔡卞，字元度，興化軍仙游人，公以女妻之。"周煇《清波雜誌》卷三："蔡卞之妻七夫人，頗知書，能詩詞。蔡每有國事，先謀之於床笫，然後宣之於廟堂。時執政相語曰：'吾輩每日奉行者，皆其咳唾之餘也。'蔡拜右相，家宴張樂，伶人揚言曰：'右丞今日大拜，都是夫人裙帶！'譏其官職自妻而致，中外傳以爲笑。煇在金陵，見老先生言，荆公嘗謂：'元度爲千載人物，卓有宰輔之器，不因某歸以女憑藉而然。'"

蔡仍字子因，官至朝散大夫，南渡後受蔡卞牽連追官勒停。王明清《揮麈録·揮麈餘話》卷二："蔡元度娶荆公之女，封福國夫人，止一子，子因仍是也。"周必大《文忠集》卷九十九《繳駁蔡仍敘官狀十一月二十一日同金給事》："具位臣金某、具位臣周某，準中書門下省送到録黄一道，爲前左朝散大夫、賜紫金魚袋蔡仍依赦復元官事。今臣等書讀，須至奏聞者。右臣等聞孔子之言曰：'赦小過。'又曰：'周有大賚，善人是富。’若乃生則迷國不道，沒則流禍無窮，其子孫豈可下同小過，而例沾大賚之恩乎？按蔡卞陰賊險巧，遠出京右。紹聖以來，挾紹述之說，濟奸欺之寔，履霜失戒，馴致堅冰，此邦之讎、民之賊也。今若使其子得以赦原，復正郎位，則宿奸巨蠹之後，皆可復齒仕籍，失政刑矣。”

王安石另有一女生於仁宗慶曆七年（1047）四月，夭於慶曆八年（1048）六月知鄞縣任上。《文集》卷一百《鄞女墓誌銘》：“鄞女者，知鄞縣事臨川王某之女子也。慶曆七年四月壬戌前日出而生，明年六月辛巳後日入而死，壬午日出葬崇法院之西北。”

王安石長子王雱娶蕭洵之女。同治《新喻縣志》卷二：“集雅樓，在縣東清門外。宋王安石之子雱娶蕭氏女，袁州推官洵之女，嘗館於此，注老子《道德經》。”[①] 神宗熙寧九年（1076）六月，王雱卒，時爲太子中允、天章閣待制，贈左諫議大夫。《長編》卷二百七十六“熙寧九年（1076）六月己酉”：“太子中允、天章閣待制王雱卒，年三十三，贈左諫議大夫。”

王雱只有一女，適吕嘉問之子吕安中，後寡，歸宗守義。王雱卒後，王旉之子王棣過繼，嗣王雱之後。王棣字儀仲，徽宗宣和四年（1122），賜進士出身。高宗建炎年間，王棣以顯謨閣直學士、知開德府，率軍民固守澶淵，金兵陷城，死，贈資政殿學士。王棣之子王珌，珌子衍之，寓居湖州，調建康司理參軍。洪邁《夷堅支志》庚卷三：“王衍之，荆公四世孫也。寓居湖州。調建康司理參軍。”

王安石次子王旁娶龐氏，因旁患心疾，王安石爲出其妻。王旁曾爲奉議郎、秘書省正字，卒於哲宗紹聖二年（1095）十月至紹聖四年（1097）四月之間。有一女，適鄭居中之弟鄭久中[②]。有子王桐，娶妻鄭氏，爲承事郎、直龍圖閣，累贈特進。晁公遡《新刊嵩山居士文集》卷五十四《王少卿墓誌銘》：“公諱珏，字德全，姓王氏……文公諱安石，守司空、贈太師。大父諱滂，奉議郎、秘書省正字。父諱桐，承事郎、直龍圖閣，累贈

① “洵之女”，原作“洵之孫女”。按，據蕭洵與公年歲相若，“孫”字疑衍。清同治十二年刻本。

② 《長編》卷四百八十五“紹聖四年（1097）四月戊子”：“殿中侍御史陳次升言……謹按居中弟久中，故秘書省正字王旁之壻也。旁乃尚書左丞蔡卞妻之親弟也。居中與卞係婚姻之家，又聞與中書侍郎許將、知樞密院曾布之家，亦聯姻親。”（第11521頁）

特進。”

王桐早卒，其事蹟無從確考。有二子王𤩽、王珏，徽宗宣和三年(1121)，特與宫祠，管勾江州太平觀、建州武夷山冲祐觀。《宋會要輯稿》職官五四：“(宣和）三年二月二十二日，故承事郎、直龍圖閣王桐妻宜人鄭氏奏：‘二男𤩽、珏並幼失所。昨奉御筆，𤩽差管勾萬壽觀，珏差管勾江寧府崇禧觀。今宫觀並依元豐法先次放罷，竊念妾家貧，二子并幼，遽罷俸禄，見無所歸。伏望特許男𤩽、珏依舊宫觀。’詔王𤩽、王珏爲係王安石之孫，特與宫祠，不得援引爲例。承事郎王𤩽管勾江州太平觀，王珏管勾建州武夷山冲祐觀。”

王珏字德全，生於徽宗政和元年（1111)，卒於孝宗隆興二年（1164)閏十一月，享年五十三。娶妻鄭氏，有一子一女，官至右中奉大夫、直敷文閣。其事蹟詳見於晁公遡《新刊嵩山居士文集》卷五十四《王少卿墓誌銘》：“公諱珏，字德全，姓王氏……嗣子宜之錄其行事以告於某，使銘其墓碑。某因得盡觀公平生所爲，而後益知公之於文公，猶蘇氏之有威也，文公之名乃益暴白。嗚呼！可謂孝矣。文公諱安石，守司空、贈太師。大父諱滂，奉議郎、秘書省正字。父諱桐，承事郎、直龍圖閣，累贈特進。公始以文公追封舒王恩，授承事郎。紹興二年，起家鹽官縣丞……遷太府少卿。疾不能治事，遂以右中奉大夫、直敷文閣、提舉台州崇德觀……隆興二年閏十一月一日，卒於蘇州寶華山之私第，年五十三。乾道元年五月十二日，葬於湖州烏程縣霅水鄉丘墓村屏風山之下。娶鄭氏，贈令人，先公卒。男一人，宜之；女一人，未嫁。疾革，告宜之與其從子升之以事君行已者。”

按，晁公遡所撰王珏墓誌，前人從未徵引。據此，不僅王雱、王旁生平判然清晰，且王安石至王宜之前後五代血緣譜系，亦清楚呈現，即王安石——王旁——王桐——王珏——王宜之。墓誌中“滂”，當爲“旁”之訛。蓋如前所述，王旁以秘書省正字卒，而王雱卒時則爲天章閣待制，贈左諫議大夫，官職相去甚遠。此必爲版本刊刻傳抄之訛。王安國之子王斿，字元龍，宋人亦訛爲“游”。陳師道《後山詩話》：“王游，平甫之子。”曾慥《類説》卷九：“王游元龍云。”殊不知公之家族王旁一代，其名皆從“方”，如王雱、王旉、王防、王旊等，無從“氵”之理。公之孫輩名皆從“木”，如王棣、王桐、王樸、王棁等。

王珏是杭本《臨川先生文集》的刊刻者，其序曰："曾大父之文，舊所刊行，率多舛誤。政和中門下侍郎薛公，宣和中先伯父大資皆嘗被旨編定。後罹兵火，是書不傳。比年臨川、龍舒刊行，尚循舊本。珏家藏不備，復求遺稿於薛公家，是正精確，多以曾大父親筆、石刻爲據，其間參用衆本，取捨尤詳。至於斷缺，則以舊本補校足之。凡百卷，庶廣其傳云。紹興辛未孟秋旦日，右朝散大夫、提舉兩浙路常平鹽茶公事王珏謹題。"①

王燾應爲王旁嫡孫，惜事蹟不詳。熙寧六年（1072）十月，因熙、河大捷，神宗解所服玉帶賜王安石②。此玉帶自王旁傳至王燾。高宗紹興年間，王燾將此玉帶進入禁中。陸游《老學庵筆記》卷七："王荆公所賜玉帶，闊十四掐，號玉抱肚，真廟朝趙德明所貢。至紹興中，王氏猶藏之，曾孫奉議郎燾始復進入禁中。"《王少卿墓誌銘》中的王珏從子王升之，或即王燾之子。

以上關於王安石後裔的具體考證，可見拙文《稀見史料與王安石後裔考——兼辨宋人筆記中相關記載之訛》，此處僅撮述之。

必須指出，王安石家族中，王安石祖父、父親、王安石三代，及王雱一代、王桐一代，其命名取字，均有跡可尋。如用之、貫之兄弟，王安仁、安石、安國兄弟，王雱、王旁、王防兄弟，王桐、王樸、王棁兄弟，等等。傅林輝、湯江浩等學者根據臨川王氏族譜所建立之王安石家族譜系，與《王少卿墓誌銘》中所展現的王安石家族五代之命名取字，多有不合，故本文一律不取。

三

王安國娶曾鞏之妹。陳師道《後山居士文集》卷十八《曾公神道碑》："公子曄，不仕；鞏，中書舍人；牟，安仁令；宰，湘潭簿；布，龍圖閣直學士；肇，吏部郎中。女嫁承議郎關景暉、南康主簿王無咎、秘閣校理

---

① 關於王珏刻本之刊刻、流傳，可見祝尚書《宋人別集敘録》卷七，北京：中華書局，1999年，第319—323頁。

② 《長編》卷二百四十七"神宗熙寧六年（1073）十月辛巳"條，第6023頁。

王安國、江寧府教授朱景略、秘書丞李中、承議郎王幾、宣德郎周彭孺，一卒於家，一再適王無咎，凡女九人。”生二子：王旊，字元均；王斿，字元龍[①]。《文集》卷九十一《王平甫墓誌》：“妻曾氏，子旊、斿，女壻葉濤，處者四女。濤有學行，知名。旊、斿亦皆嶷嶷有立，君祉所施，庶在於此。”至大《金陵新志》卷十三下：“安國，字平甫……二子，旊字元均，任將作少監，知滑州、壽春府，贈朝議大夫。斿字元龍，知滑州、京西路提點刑獄。元豐元年，旊、斿言亡父安國冤抑，詔元祐旨揮更不施行。斿差監江寧府糧料院。旊子檏。”王旊之子王檏，王斿之子王椿。洪邁《夷堅支志》庚卷十：“臨川王椿者，平甫之孫，待制游（當爲“斿”）之子。紹興初，爲臨安幕官，能弧矢。”王檏字敦素，娶晁冲之妹。晁冲之《晁具茨詩集》卷二《送王敦素檏》：“先君有六女，所托皆高門。季也久擇壻，晚得與子婚。子家望海内，實惟謫仙孫。”謫仙，謂王安國。《蘇軾詩集》卷二十四《和王斿二首》之一“異時常怪謫仙人”句，注引劉須溪曰：“謂平甫。”[②]

王安國有曾孫王燁，高宗紹興二十四年（1154）知鄞縣。乾道《四明圖經》卷九載徐度撰《經綸閣記》：“紹興二十有四年，公之弟校理府君諱安國之曾孫、右通直郎燁（曄）來蒞茲邑，自以獲踵其先世故治爲榮，規規焉推前人之心以施於治，不敢少自怠弛。”

王安國生五女，長嫁壻葉濤。《文集》卷九十一《王平甫墓誌》：“妻曾氏，子旊、斿，女壻葉濤，處者四女。濤有學行，知名。旊、斿亦皆嶷嶷有立，君祉所施，庶在於此。”其他四女，一女嫁曾布之子曾紆，汪藻《浮溪集》卷二十八《右中大夫直寶文閣知衢州曾公（曾紆）墓誌銘》：“初，文肅公歿，窆於南徐。於是公客信者數年，不克歸葬，而葬其所，以令人王氏祔。令人，秘閣校勘安國之女，先公卒四年。子三人：曰惇，右奉議郎、通判洪州；曰忻，右從事郎、臨安府司法參軍；曰憕，右迪功郎、監潭州南嶽廟。女一人，適右承事郎、主管江州太平觀王銍。”一女嫁張競辰，《長編拾補》卷十四“哲宗紹聖四年（1097）二月壬戌”：“詔

---

① 陳師道《送王元均貶衡州兼寄元龍二首》題注：“王安國字平甫，二子：旊字元均，斿字元龍。”（任淵注，冒廣生補箋《後山詩注補箋》卷七，北京：中華書局，1995 年，第 279 頁。）

② 此承四川大學中文系周裕鍇教授賜示，謹此致謝！

罷承議郎張競辰夔州路提舉常平官，以御史蔡蹈言其險巧邪佞，元祐中諂事吕大防、蘇轍之徒故也。競辰，蜀人，王安國女壻，與曾布有連。其得提舉官，布實薦之。”一女嫁李宗，韓元吉《南澗甲乙稿》卷二十一《太恭人李氏墓誌銘》：“夫人姓李氏，其先蓋上黨人，而家開封。七世祖諱崇矩，爲皇朝開國勳臣，任樞密使，贈太師，封河東王，謚元靖……考諱宗，任奉直大夫、直徽猷閣。妣王氏，封恭人，故集賢校理安國之女。”一女嫁劉天保，《苕溪漁隱叢話前集》卷六十：“《隱居詩話》云：近世婦人多能詩，往往有臻古人者……劉天保妻，平甫女也，句有‘不緣燕子穿簾幕，春去春來可得知’。”

王安世，後裔不詳。

王安禮娶謝絳之女、謝景溫之妹。《宋史》卷二百九十五《謝景溫傳》：“景溫，字師直，中進士第，通判汝、莫二州，江東轉運判官……景溫平生未嘗仕中朝，王安石與之善，又景溫妹嫁其弟安禮，乃驟擢爲侍御史知雜事。”有子王防，字元規[①]；王枋，字元矩[②]。《曾鞏集》卷四十五《仁壽縣太君吴氏墓誌銘》：“孫男九人，曰雱、旉、旁、旗、斻、防、斿、旂、放。”《長編》卷三百十七“元豐四年（1081）九月庚申”：“詔：承事郎、大理寺丞王援，朝奉郎、集賢校理、大理少卿朱明之，承務郎王防各追一官勒停，明之落職……於是，安禮之子防以語亨甫，亨甫以語亶，亶信之以聞。援嘗爲安禮所舉，欲合明之意，故入仲端罪。”《長編》卷三百四十七“元豐七年（1084）七月甲寅”：“尚書左丞王安禮爲端明殿學士、知江寧府。初，侍御史張汝賢言：‘……又王安禮乞子枋勾當九龍廟，見任官二人有溢員，吏部言當使闕……此弊相襲，實害大政，乞賜施行。’”南渡後，王枋直徽猷閣、提舉江南路常平公事。李心傳《建炎以來係年要録》卷五“建炎元年（1127）五月己亥”：“綱次江寧……而令提舉常平公事、直徽猷閣王枋統其餘兵千人俱進……枋，安石從孫也。”

《宋會要輯稿·選舉三三》：“（宣和七年）二月八日，朝奉大夫、直徽猷閣、新差通判鄧州王枋奏：‘伏睹御筆：王安石輔相神考，建立法度，

① 米芾《畫史》：“王防，字元規，家二天王，皆是吴之人神畫。”程俱《秋夜寫懷呈常所往來諸公兼寄吴興江仲嘉八首》自注：“屬王元規防。”（《北山小集》卷二，四庫本。）

② 程俱《九月七日夜夢王元規詰旦其弟元矩適相訪感而有作詩一首》，《北山小集》卷五。

弟安國、安禮、安上亦曾被遇先帝。今其家聞頗零替，可特與推恩三房見居長人，與除初等職名。侄樸、棁各係除職名人。續奉聖旨，樸改合入官，棁止依餘人轉一官。伏望特與推恩。’詔王樸、王棁並除直秘閣。”

王安禮有二女，一女嫁劉安正。趙鼎臣《竹隱畸士集》卷十八《故朝奉郎太常丞劉中行墓誌銘》：“重和元年秋九月某甲子，有宋朝奉郎、太常丞劉中行卒……鼎臣昔舉進士，與中行同賜第於廷中，始相識。其後皆娶王氏，中行之妻，則吾姨也，故相知爲最深……諱安正，字中行。曾大父昈，贈尚書刑部侍郎。大父述，當熙寧間任御史，贈金紫光祿大夫。父握，故爲朝請大夫，贈通議大夫……中行初娶吴氏，再娶王氏，尚書左丞安禮之女，皆前卒，追封安人。三子，嶧、嶸、岐，與二女子。”一女嫁方元修。韓元吉《南澗甲乙稿》卷二十一《方公墓誌銘》：“敷文閣學士、右通議大夫致仕、桐廬縣開國伯、食邑八百户、贈右宣奉大夫方公，諱滋，字務德。其先有名儲者，顯於漢。至唐末，千以詩名江南，門人謚爲元英先生。七世而惟正業儒，以孝聞，生子楷及孫蒙，相踵登景祐、治平進士第，始大其家，今爲嚴州桐廬縣人。其諱楷者，公曾祖也，任駕部員外郎，贈中大夫。妣吴氏，贈太君於咸寧普安郡。其諱蒙者，公祖也，任屯田員外郎，贈銀青光祿大夫。妣陳氏，贈夫人於永嘉郡。考諱元修，任朝請郎，贈特進。妣王氏，尚書左丞安禮之女也，贈夫人於餘杭郡。公生十三歲，遭王夫人憂，已能盡禮。”

王安禮之孫王榕，字德林。高宗紹興初，爲東陽縣令。道光《東陽縣志》卷二十三載孝宗淳熙七年曹冠撰《東陽中興寺環翠閣記》：“東陽，婺之壯縣，以佳山水得名，而襟帶溪流，雄傑秀麗者，南山其尤也……紹興初，令尹王榕德林名之曰‘環翠’。”後爲諸暨令，因家紹興。有二子，王琰，字剛夫；王珹，字寶臣。王琰博洽墳典，由分寧尉後累遷知衡州，曾獲南宋名臣胡銓之薦。胡銓《胡澹庵先生文集》卷十《再上張丞相書》：“今縣令之政可稱者，有若前廬陵令葉行己，有若天台令王琰……琰，荆公之裔，浙東漕陳輝知之。”高宗紹興二十三年（1153），王琰知天台縣，修建臨川橋。林表民《赤城集》卷十三載陳騤《天台臨川橋記》：“臨川王公琰，紹興三十二年春，綰一銅章，以荆國文公濟天下之緒餘，濟天台。越隆興元年冬十月甲戌，新作橋於邑西之溪，從民欲也。”

王珹曾知通州，與王琰齊名。萬曆《紹興府志》卷四十《人物志六》：

“王琰字剛夫，其先臨川人。父榕，來爲諸暨令，遂家焉。琰敏悟絕人，博洽墳典，由分寧尉累遷知衡州，所至有聲。胡銓嘗薦之，有曰：‘治經有行，亞西漢之名儒；悃愊無華，實東都之循吏。’識者以爲確論。兄珹，字寶臣，知通州，行業與琰齊名。珹子厚之，在《儒林傳》。”

王瓘字瑩夫，亦爲王安禮曾孫，居越州諸暨縣，文筆甚高，晚學禪釋。洪邁《夷堅支志》景卷三：“臨川王瓘瑩夫，和甫左丞曾孫也。平生不以仕宦屑意，於文筆甚高。晚學禪釋，灑然有所悟解，嘗作入定、水月、觀音三贊……皆爲人士所傳諷。年至六十，晏無病苦，趺足而化。時居於越之諸暨。”

王珹有子王厚之，爲南宋名儒。有一女嫁陸九齡。寶慶《會稽續志》卷五：“王厚之，字順伯，世本臨川人，左丞安禮四世孫也，祖榕始徙居於諸暨。紹興二十六年，厚之以越鄉薦爲舉首，尋入太學，登乾道二年進士第……嘉泰四年卒，年七十四。”陸九淵《象山集》卷二十七《全州教授陸先生行狀》：“先生名九齡……娶王氏，魏公曾孫通州使君珹之長女也。”《宋元學案》卷五十八：“寶文王復齋先生厚之：王厚之，字順伯，其先本臨川人，魏公安禮之後也。梓材案：象山先生爲復齋行狀云：娶王魏公曾孫、通州使君珹之長女。先生蓋通州子，行爲魏公玄孫。”[①]

王安上娶妻段氏，封德安縣君[②]。其長女適陶寔。《詩注》卷二十二《送陶氏婦兼寄純甫》李注：“純甫長女，適宣德郎陶寔，此言陶氏婦，公之侄女也。”另有二子：王旗、王旟。王旗有子王棁。至大《金陵新志》卷十三下：“安上，字純甫，由太子右贊大夫、三司度支判官召對，有提點刑獄之命。歷知和、湖二州，管勾江寧府崇禧觀，卒。子旗（據下文補）、旟。旗子棁，宣和樸（據上下文補）、棁並除直秘閣。楚國以下，並葬建康。今闕州、蕪湖及平江、寶華皆有三氏族云。”

王安上子嗣中，似乎未出顯宦。然而他的八世孫王雲起，入元後與名儒吴澄等頗有交遊。其侄王垕，居守金陵王氏家族墳庵，所集王氏家譜，爲王氏家族世系保存了珍貴史料。至大《金陵新志》卷十三下之上：“王

① 湯江浩據撫州王安石紀念館藏民國修《三公王氏族譜》等考證公之世系，與傳世文獻多有扞格，如以王安禮之子爲王舫字元詰，王防字元溥，王防字元濟；又以其有一女適汪珏。兹不取。可見《北宋臨川王氏家族及文學考論》，第 192 頁。

② 《王荊文公詩箋注》卷三十六《送純甫如江南》李壁注：“純甫娶段氏，封德安縣君。”

雲起，字霖仲，號友山，荆國王文公弟安上八世孫。治《春秋》學，任澧州路儒學教授，嘗爲湖廣行省考試官，士論服其鑒裁。翰林學士草廬吴公澄、石塘胡長孺，皆嘗序其詩文……侄垕今居蔣山墳庵，集王氏家譜甚詳核云。”據筆者考證，至大《金陵新志》卷十三下之上所述王氏家族世系傳承，相當準確，很可能是編纂時，吸取了王垕所集的王氏家譜。

此外，其他王氏婿尚有：

張文剛，公從父之婿。《文集》卷九十七《張常勝墓誌銘》：“君湖州烏程縣人，姓張氏，名文剛，字常勝……熙寧五年九月九日卒，以六年二月十日葬於鳳凰山。曾祖任祖維贈刑部侍郎，父先尚書都官郎中致仕，女三人。君妻，予從父妹也，故君從予學。”

林氏某。《文集》卷八十一《謝林中舍啟》：“鄉風有年，修問無所。維家伯氏，得婚高門，顧惟幸會之多，曾是趨承之晚。比聞州邸，云改縣章，治所相望，私誠甚喜。”

毛滂，字澤民，號東堂，衢州江山（今浙江江山）人，《宋史翼》卷二十七有傳。王明清《揮麈後録》卷七：“毛澤民受知曾文肅，擢寘館閣。文肅南遷，坐黨與得罪，流落久之。蔡元度鎮潤州，與澤民俱臨川王氏壻。”

黎珣，字東美。景定《建康志》卷四十八：“安石使其侄婿黎東美訪公。”莊綽《雞肋編》卷上：“有揚州人黎珣，字東美，崇寧中作郎官監司。”嘉靖《贛州府志》卷九：“黎珣東美，治平丁未許安世榜。歷官有能名，升右文殿修撰，贈少師。”

程師孟之子，公侄婿。《文集》卷八十《荅程公辟議親書》：“伏承賢郎推官蘭砌傳芳，鯉庭稟訓。辱好逑之首逮，見久要之彌敦。鴻儀之復問敢稽，鵲喜之葉占既吉。眷惟侄女，未習婦功。交秦晉之歡，仰從嘉命；望金張之館，俯愧衰宗。榮幸所兼，敷陳疇悉。謹奉狀謝，伏惟照察。謹狀。”

按，程師孟，字公辟，《宋史》卷三百三十一有傳，公之故人，有子十有一人，“賢郎推官”或爲程宏。陸佃《陶山集》卷十五《長樂郡君賀氏墓誌銘》：“夫人，蘇州吴縣居士賀仿之子……以歸今正議大夫程公師孟……子十有一人。寬少登科，十年不仕，有大志，明當世之務。上即位，詔求直言，獻書辭數萬，考在第一。未及用，與其弟七人皆早卒，惟三子在。容，開封府陽武縣丞；宏，真州軍事推官，視貴高意氣不少貶，稱其家兒也；純叟，承務郎，尚幼。女二人，長適郊社齋郎郭鈞，次適潁昌府長社縣令陳廓。”

徐度，字敦立。王明清《玉照新志》卷六：“徐敦立守滁陽，有郡博士葛鎮者，欲上書於朝，大詆王荆公，有云：‘乞将王安石親黨盡行竄謫，使天下後世以爲邪說之勸。’以副本呈似。敦立笑云：‘度之斥謫不足道，然公却有利害。’鎮詢其說，敦立笑云：‘度乃王氏壻，倘從公言，折了一紙舉狀矣。’鎮赧然。”

沈肇，字彦述[①]，儀真人，大觀丁亥趙倫榜進士[②]，王斿之婿。周紫芝《竹坡詩話》：“大梁羅叔共爲余言：‘頃在建康士人家，見王荆公親寫小詞一紙，其家藏之甚珍。其詞云：“留春不住，費盡鶯兒語。滿地殘紅宫錦污，昨夜南園風雨。小憐初上琵琶，曉來思繞天涯。不肯畫堂朱户，東風自在楊花。”荆公平生不作是語，而有此，何也？’儀真沈彦述爲余言：荆公詩如‘濃緑萬枝紅一點，動人春色不須多’‘春色惱人眠不得，月移花影上闌干’等篇，皆平甫詩，非公詩也。沈乃元龍家婿，故嘗見之耳。叔共所見，未必非平甫詞也。”

趙鼎臣，字承之，號竹隱老人[③]。《竹隱畸士集》卷十八《故朝奉郎太常丞劉中行墓誌銘》：“重和元年秋九月某甲子，有宋朝奉郎、太常丞劉中行卒……鼎臣昔舉進士，與中行同賜第於廷中，始相識。其後皆娶王氏，中行之妻，則吾姨也，故相知爲最深……中行初娶吴氏，再娶王氏，尚書左丞安禮之女，皆前卒，追封安人。三子，嶧、嶸、岐，與二女子。”

南渡後王安石家族後裔情况，宋人筆記頗有涉及，如洪邁《夷堅支志》庚卷五：“臨川王宜之文林，德全（王珏）少卿之子也，居于吴門寶華山。乾道八年六月，其妻陳氏夢外間傳呼，云李淑人來。肩輿就廳事而下，陳出迎之，乃方務德侍郎之妻也。延入中堂，坐定，起言曰：‘我家與宅上累世親姻，適有薄幹至此，願假我東邊一小室暫泊，更數日，當挈囊橐來，幸勿見阻。’陳謝曰：‘淑人肯見臨，何不可之有？’遂辭去，復

① 周紫芝《沈貴池挽詞》題注：“沈肇，字彦述。”《太倉稊米集》卷四十，四庫本。

② 《嘉靖維扬志》卷十九，《天一閣藏明代方志選刊》，上海：上海古籍書店，1963 年。

③ 關於趙鼎臣生平，可見彭國忠《趙鼎臣傳》，載張劍《宋才子傳箋證·北宋後期卷》，瀋陽：遼海出版社，2011 年，第 469—488 頁。

乘車而出，時陳已懷妊及月矣。未幾，生男，旋聞李下世。男幼而俊秀，長而好學，有才藝。兩家往還，到今甚密。李表弟俞正臣說此。”

《夷堅支志》戊卷十：“臨川王氏支派有散居蕪湖者，生計贍足。其一無嗣而亡，有女，及嫁，而心識不惠，不可外適。訪得族姑嫁劉知縣者，嫠寓鄱陽，子未娶，年時相侔，且故爲中表。其母遣媒幣往來平章之，既成婚，贅劉子於家……病逾月，竟不起。王順伯視其母爲姑，爲區處其後事，且捐俸濟之，僅苟活而已。”文中所謂“劉知縣”，或即劉天保。

（附圖：荊公家族世系）

分期、成因與功用：《南嶽倡酬集》版本流傳述論[①]

林陽華

福建三明學院文化傳播學院

摘　要：《南嶽倡酬集》在宋元、明清兩個時期的版本流傳，呈現出較大差異。由於持有作詩爲小道、是餘事的觀念，生怕黨爭的禍害，以及朱熹、張栻、林用中三人皆有文集刊刻流傳等原因，《南嶽倡酬集》在宋元時期當僅有抄本在小範圍内流傳，而無刻本流傳，是爲冷落期；爲了提升南嶽的知名度與宣揚朱熹、張栻的詩歌、學術與德行，爲了提高林用中的地位和影響力，爲了使林用中的詩歌能夠得以保存流傳，《南嶽倡酬集》在明清時期既有抄本流傳，又有刻本流傳，且傳播範圍較廣，是爲興盛期。在現存的版本中，崇禎五年(1632)的刻本是《南嶽倡酬集》版本流傳中甚爲關鍵的一個轉折點。從此版本開始，《南嶽倡酬集》各版本皆加入了一卷附錄，採用詩意化表達和語錄化表達方式，傳播了朱熹、林用中同中有異的理學思想，在心性理欲論、修養功夫論上，較之前的版本更爲豐富多樣。

關鍵詞：《南嶽倡酬集》　理學　朱熹　林用中

《南嶽倡酬集》（《南嶽唱酬集》），乃朱熹、張栻、林用中（爲朱熹徒

① ［基金項目］福建省社科規劃項目“宋代福建士人詩歌傳播諸問題考論研究”(FJ2016X014)、三明市社科規劃項目“《南嶽倡酬集》版本流傳與朱熹師徒理學思想傳播”(M1603)。

弟）三人所作，約成書於南宋乾道三年（1167）冬，共收錄唱和詩一百四十九首。目前學界對其版本流傳的研究，束景南、祝尚書先生可爲代表；而對其中的理學思想的研究，王利民先生可爲代表。以上諸位先生的研究頗有成效，筆者深受啟發，受益匪淺。

但由於束景南、祝尚書先生對《南嶽倡酬集》在宋元明清時期的版本流傳分期及其成因沒有做專門探討，故留下了一些遺憾。而王利民先生未將朱熹、張栻、林用中的理學思想研究，建立在版本流傳考證的基礎上，以致於忽略了《南嶽倡酬集》所存一卷附錄的價值所在，且未將其同唱和詩歌作爲一個整體，用於考察《南嶽倡酬集》的版本流傳對於朱熹、張栻、林用中理學思想傳播的功用。鑒於此，本文將就以上諸位先生未加以解決的問題做進一步述論，不足之處懇請專家學者批評指正。

一、宋元版本流傳：冷落時期及其成因

查閱相關資料，發現《南嶽倡酬集》未被宋人著錄，在宋元時期也未被刊刻流傳，“此集不見宋人著錄，亦未聞有宋元舊槧”[①]。爲何如此？束景南先生指出：因爲以作詩爲小道，作詩爲餘事，所以朱熹在生前並未將《南嶽倡酬集》單獨刻板印行，當時頂多只將三人之詩合抄一帙，各人一本家藏，故此集原本不可見[②]。不僅朱熹未將《南嶽倡酬集》單獨刊行，而且宋元時期亦然，所以才會出現祝尚書先生所說的“未聞有宋元舊槧”的狀況。造成這種狀況的原因是多方面的，其中之一當是束景南先生所說的“作詩爲小道，作詩爲餘事”的觀念。而這點，在朱熹《南嶽倡酬集原序》、張栻《南嶽倡酬集原序》中有所提及。

朱熹《南嶽倡酬集原序》云：“熹諗於衆曰：‘詩之作本非有不善也，而吾人之所以深懲而痛絕之者，懼其流而生患耳……’”[③] 認爲作詩本非壞事，擔心的是“流而生患”。張栻《南嶽倡酬集原序》對其有所呼應，認爲：“中夜凜然撥殘火相對，念吾三人是數日間，亦荒於詩矣。大抵事

---

① 祝尚書《宋人總集敘錄》，北京：中華書局，2004 年，第 99 頁。

② 束景南《朱熹佚文輯考》，南京：江蘇古籍出版社，1991 年，第 704 頁。

③ 朱熹、張栻、林用中《南嶽倡酬集》卷首，《欽定四庫全書（綫裝本）：（清）文淵閣藏本》（以下簡稱《綫裝本文淵閣四庫全書》）第 1061 冊，厦門：鷺江出版社，2004 年，第 30 頁。

無大小美惡，流而不返皆足以喪志。於是始定約束，異日當止。蓋是後事雖有可歌者，亦不復見於詩矣。嗟乎！覽是篇者，其亦以吾三人自儆乎哉?”① 朱熹所說的“懼其流而生患”與張栻的“流而不返皆足以喪志”當是同義。由此觀之，束景南先生的觀點不無道理。除此之外，黨爭當是另一個重要因素。

北宋以新舊黨爭爲政治的主要表現形態，南宋黨爭則以宋金和戰之爭與道學反道學之爭爲主要表現形態，而後者即有朱熹、張栻等道學人士的身影。在對待宋金和戰的問題上，朱熹、張栻等道學人士首先表現出了積極的主戰態度，但隨著“隆興和議”的簽訂，道學人士再次失敗。進入乾道年間，朱熹、張栻雖然對宋金和議仍持有不滿態度，但將批判的重點轉向了反佞幸擅權之士上，出現了道學反道學之爭。“在乾道年間，道學集團與近幸、宰執交互一體的功利勢力之間就出現了嚴重的對立和激烈的較量”②，“乾、淳年間，朝野上下形成了道學與反道學的兩大勢力……在這個替代過程中，朱熹雖然位卑職微，但隨著在學術界的道學領袖地位的日益顯著，其抨擊反道學的‘近幸黨’的力度較其他道學人士更猛烈，成了這兩大勢力相互抗爭時的一個焦點或關鍵人物，因而也時常遭到對立勢力的衝擊與排斥”③。爲了避免在反道學的過程中受到對方的迫害，朱熹從紹興三十二年（1162）至淳熙四年（1177）屢召不起，原因之一即爲進絕議和、抑佞幸之戒不爲朝廷所用，怕“觸事妄發”④。《南嶽倡酬集》作於乾道三年，正是以朱熹爲首的道學人士與反道學人士之爭的劇烈時期，如果在此時期刊印此集流行，或許會被反道學人士當成製造“文字獄”的材料，北宋新舊黨爭中的“烏臺詩案”“車蓋亭詩案”可能再次重演，直接威脅到朱熹等人的生命安全。或許出於此，三人並沒有將其單獨刊刻印行。爲了不使詩稿丢失，朱熹、張栻、林用中在臨行之前合抄了詩稿，各自保存一份，只在以三人爲中心的小範圍内傳播。

有研究者可能會問：三人未將詩稿刊行，難道不擔心失傳嗎？答案是肯定的。但詩稿的流傳未必由作者自行刊印。較爲常見的刊印主體有作

---

① 《南嶽倡酬集》卷首，《綫裝本文淵閣四庫全書》第1061册，第30頁。
② 沈松勤《南宋文人與党爭》，北京：人民出版社，2005年，第93頁。
③ 《南宋文人與党爭》，第97頁。
④ 陳正夫、何植靖《朱熹評傳》，南昌：江西人民出版社，1984年，第22頁。

者、親屬、他人等多種。《南嶽唱酬集》所收錄的朱熹、張栻的詩歌之所以能夠在後世流傳，正是由於親屬和他人對三人各自文集的刊印。因此，宋元時期沒有必要再對《南嶽唱酬集》單獨刊印。

朱熹、張栻的文集在南宋就被廣泛刊行。據文獻資料所載，朱熹文集在南宋已有多種刊刻本，有三十卷、八十八卷、一百卷、一百一十卷等多種不同卷數的刊刻本①。張栻亡故後，其文集的編刊由朱熹親自參與，在南宋有三十卷、四十四卷等多種不同卷數的刊刻本②。這些不同卷數的刊刻本，收錄了《南嶽倡酬集》中朱熹、張栻的詩歌。

不僅在南宋，而且在元、明、清時期，朱熹和張栻的文集也被大量刊行。朱熹的文集，僅閩本，就有元代遞修本、明代天順重刊本、明代嘉靖重刊本、明代萬曆重刊本等數種；浙本，則有宋刊元、明遞修本等多種。此外，尚有清代雍正刊本、乾隆刊本、道光刊本等版本。而張栻的文集，由朱熹親自參與刊刻的淳熙本曾傳至近代；元代著錄三十卷本；明代有弘治刊本、嘉靖刊本；清代有康熙刊本。如此之多的刊刻本，對朱熹、張栻南嶽唱和詩歌的流傳顯然起到了不可忽視的作用。

而即便是文集已經亡佚的林用中，在相關的資料中，也可以看到他的文集在明清的流傳情況。明代李賢等撰《明一統志》卷七十四載林用中著有《草堂集》，真德秀爲之作序。清代李清馥《閩中理學淵源考》卷十七載林用中著有《草堂集》。清代郝玉麟等監修《福建通志》卷六十八則著錄林用中《草堂集》十五卷，除此之外，卷四十三尚言真德秀爲之作序。林用中《草堂集》在以上書籍中被多次記載，說明在明清兩代，《草堂集》尚在流傳中，宋元兩代亦當如此。

據上可知，朱熹、張栻、林用中由於當時身處道學反道學之爭中，生怕招引反道學人士的迫害；也生怕作詩喪志，不利於踐行道學；另外又因爲三人在宋元時期皆有文集流傳，故未將《南嶽倡酬集》詩稿加以單獨刊行，導致了宋元時期《南嶽倡酬集》沒有刻本流傳，只有抄本（已亡佚）在較狹窄的範圍内（主要是朱熹、張栻、林用中及其親屬之間）傳播。是

① 祝尚書《中國古代詩文名著提要（宋代卷）》，石家莊：河北教育出版社，2009 年，第 415—417 頁。

② 《中國古代詩文名著提要（宋代卷）》，第 424—425 頁。

以可將宋元時期稱爲《南嶽倡酬集》版本流傳的冷落時期。

二、明清版本流傳：興盛時期及其成因

《南嶽倡酬集》版本流傳的冷落狀況，在明清時期得到了扭轉，呈現出了興盛狀況。據筆者所知，明清版本主要有以下幾種：明代天順刻本、明代弘治刻本、明代崇禎刻本、清代《四庫全書》本、清代嘉慶抄本等數種。其中，天順刻本被祝尚書先生考證爲僞作，而崇禎刻本已亡佚，嘉慶抄本則出自崇禎刻本。

研究者可能會問：爲何明清時期會出現版本流傳的興盛狀況呢？原因大體有三：一是借此書爲南嶽山川草木增色，提高知名度，亦爲朱熹、張栻揚名；二是由於各種原因，《南嶽唱酬集》出現了殘壞現象，通過刊行可以提高林用中的地位和影響力；三是林用中文集亡佚，唯有借助此書，纔能使其詩歌得以保存流傳。

梳理《南嶽倡酬集》現存的明代序跋，不難發現：鄧淮《南嶽唱酬集後敘》（弘治本）與其他版本序跋的寫作主旨有明顯的不同。其云："今二先生之詩之文殆與南山爭雄，山川草木光彩猶存，而可使吾衡終於不聞哉？""睹斯集也，南山殆亦若增而高也。""使吾衡人誦其詩、讀其文，如見二先生焉，亦千古之一快也。"[①] 一方面認爲朱熹、張栻二先生的南嶽唱和詩歌歌詠了南嶽山川草木，使其得到後世的關注，提高了知名度；另一方面認爲世人通過誦讀二先生的南嶽唱和詩歌，亦可見他們的道德品行，如見其人。因爲南嶽的山川草木和二先生的唱和詩歌相得益彰，是故鄧淮從朱熹、張栻的文集中，輯錄了二者的南嶽唱和詩歌，並將其與林用中的詩歌合輯，以便刊刻流傳。

雖然祝尚書考證出天順本爲僞作，其序跋爲編刊崇禎本時方才補上，但兩者實際上有共同的價值取向，即天順本、崇禎本側重于推崇林用中，與弘治本宣扬朱熹、張栻明顯不同。首先，序跋都言及由於時代久遠等原因，當時流傳版本出現了書頁的掉落和殘壞現象，爲了使後世可以見識林用中其行其學其詩，所以準備再次刊刻流傳。如鄧淮《南嶽倡酬集序》

① 《南嶽唱酬集》卷末，明代弘治刻本。

（天順本）説道："惜乎曆歲既久，而字畫爲蠹，所殘壞者尤多。不有賢子孫搜求考正於數世之下而表章之，則先生（林用中）平日之所用心，所授受，不因是而遂泯乎！乃補其闕略，始克成編，圖鋟諸梓，以廣其傳。上以續斯文於不墜，下以承休德於無窮。"① 又如余文龍《南嶽唱酬集序》（崇禎本）云："然言爲心聲，蘊必有洩，其一種靈睿之氣，陰爲鬼神所呵護，故今數百歲，而琰琬猶燦然星芒，膾炙人口也。行篤而文益燦，跡秘而名益彰，先生（林用中）之謂耶？""廣石之刻，實先生（林用中）之功臣，九原有知，嘗不以予言爲盲瞽者。"② 其他序跋與之大體相似。其次，序跋多次强調《南嶽倡酬集》的作者是林用中。如鄧淮《南嶽倡酬集序》曰："有宋大儒林擇之《倡酬集》行於世。"③ 林用中後裔林果《南嶽倡酬集跋》（天順本）則言："此吾先祖東屏公之遺錄也。"④ 而余文龍《南嶽唱酬集序》則言林用中"所著唱酬詩百四十餘首"⑤。再次，序跋與林用中的明代後裔皆有關係。除了林果《南嶽倡酬集跋》自述了作跋的緣由之外，鄧淮《南嶽倡酬集序》則言作序的原因乃是林果拿著家藏的《南嶽倡酬集》請其作序，而楊德周《鐫南嶽唱酬集小引》（崇禎本）指出林用中九世孫林劍溪示人以《南嶽倡酬集》，以彰顯林用中的"道學忠節"⑥。祝尚書先生對爲何崇禎本要僞造天順本序跋，給出的解釋是爲了"標榜崇禎刻本淵源有緒，給集子平添一些傳自朱熹之手的神聖光環，以便銷售"⑦。能夠憑藉朱熹這樣的大儒之名提高銷售量固然是好事，但是通過以上三方面的解釋，我們認爲造僞的原因是爲了促使崇禎本與天順本在推許林用中的道德、學術、詩歌的取向保持延續性，當更爲合理。否則，天順本、崇禎本序跋爲何不如同弘治本的後敘一樣，直截了當地讚頌朱熹、張栻，何必通過四篇序跋頗費周折地闡述以上三方面的共同價值取向？

儘管林用中的後裔，以及楊德周、余文龍極力地推許林用中及其詩歌，並將《南嶽倡酬集》刊行流傳，但仍免不了亡佚的命運，後來只能依

---

① 《南嶽倡酬集》卷首，清代嘉慶抄本。
② 《南嶽倡酬集》卷首，清代嘉慶抄本。
③ 《南嶽倡酬集》卷首，清代嘉慶抄本。
④ 《南嶽倡酬集》卷首，清代嘉慶抄本。
⑤ 《南嶽倡酬集》卷首，清代嘉慶抄本。
⑥ 《南嶽倡酬集》卷首，清代嘉慶抄本。
⑦ 祝尚書《〈南嶽唱酬集〉"天順本"質疑》，《中國典籍與文化》2005年第2期，第16頁。

賴嘉慶抄本，方可得知崇禎刻本的大致面貌。嘉慶抄本對於保存林用中的詩歌意義甚大。實際上在較之更早的乾隆年間，四庫館臣在編纂《四庫全書》時，林用中的文集已不見世。四庫館臣指出："用中爲紫陽高弟，著作多就湮沒，惟此本尚可考見，其遺詩錄而存之，庶不致無傳於後。"[①] 對此集保存林用中詩歌的重要性給予了肯定。

要之，明清時期是《南嶽倡酬集》版本流傳的關鍵時期，也是興盛時期。如果沒有鄧淮、余文龍、楊德周以及林用中後裔等人的共同參與，《南嶽倡酬集》在後世很可能會被湮沒，其流傳版本也將無從面世。雖然現存的弘治刻本、四庫抄本、嘉慶抄本等流傳版本並非南宋乾道三年創作的原本，但在朱熹、張栻、林用中理學思想的傳播中，特別是林用中理學思想的傳播中，起著不容忽視的作用，這與林用中文集已亡佚，其詩歌只有依靠此集得以存留並傳播關係密切。

三、版本流傳功用：以崇禎刻本爲界限的朱熹師徒理學思想傳播

《南嶽倡酬集》中的理學思想傳播當始於南宋乾道三年冬，此時的傳播屬於小範圍傳播，集中于朱熹、張栻、林用中等人之間，且並非刻本傳播，而是抄本傳播。之後，朱熹、張栻、林用中各持一抄帙藏於家中，其傳播範圍當有所擴大，但亦有限，且仍爲抄本傳播。可惜的是，這些抄本已不存世。

刻本傳播最早當在明代弘治四年（1460），當時鄧淮重輯《南嶽唱酬集》，並爲其作序刊行。到了崇禎五年（1632），楊德周、余文龍補輯《南嶽唱酬集》，並爲其作序刊行。隨後，乾隆年間，《四庫全書》收録《南嶽倡酬集》。之後，又有了源自崇禎刻本的嘉慶抄本。梳理這些本子，可以發現弘治本是現存最古的刻本，它與崇禎刻本、四庫抄本、嘉慶抄本除了所收錄的詩歌的數量、品質、編排順序等有所差異之外，並沒有一卷附錄，而其他三個版本皆有。後三種版本都附有《答林擇之書》三十二篇、《林擇之遺事十條》、《林用中字序》、《林允中字序》等文章，這些文章均與林用中（擇之爲其字）有關，且最早當出現於崇禎刻本中，四庫本很可

① 《南嶽倡酬集提要》，《綫裝本文淵閣四庫全書》第1061冊，第30頁。

能仿照了崇禎刻本，在唱酬詩之後也加入了一卷附錄。四庫館臣在著錄《南嶽倡酬集》一卷、附錄一卷時，認爲："末附朱子與林用中書二十二篇（笔者按：應爲三十二篇），用中遺事十則，皆非此書之舊文，疑爲林氏子孫所編，欲藉以爲榮也。"[①] 四庫館臣指出除了以上所涉及的書信、遺事之外，"朱子所作字序二首，皆非此集所應有。或林氏後人所附益歟"[②]。崇禎本和四庫本在附錄由誰所編和哪些篇目附入上，並不一致。事實上，不管附錄由誰所編和哪些篇目附入，附錄中的三十二篇書信、十條遺事、兩篇字序等都較好地傳播了朱熹、林用中師徒的理學思想。其傳播起點當在崇禎五年，崇禎刻本也成爲朱熹、林用中師徒理學思想傳播中的一個拐角，較之前的版本僅依靠唱和詩歌所傳播的理學思想更爲豐富多樣。

崇禎刻本之前，《南嶽倡酬集》中的唱和詩歌通過"詩意化表達"，較好地傳播了朱熹、林用中的理學思想。

心性理欲論是朱子學派的一個重要論題，主要圍繞"存天理滅人欲"等問題展開探討。

經過之前的反復探索，朱熹在乾道三年已經對理學表現出了極力推崇的意向，並堅決對之進行學習和踐行。朱熹《崖邊積雪取食清甚次敬夫韻》談道："平生願學程夫子，怳憶當年洗俗腸。"[③] 表達了願意追隨二程理學，並杜絕情欲的堅定決心。正是因爲有了如此決心，朱熹在此次的南嶽唱和詩歌中，屢次表達對追名逐利之徒的負面態度，如《敬夫用熹定王臺韻賦詩因復次韻》言："回首狂馳子，紛紛政可哀。"[④] 又如《大雪馬上次敬夫韻》說道："回首謝世人，千載空相思。"[⑤] 與朱熹的堅定決心有所不同，林用中雖然陪同師父經歷了一場探索理欲之辯的征程，但他對學習和踐行"存天理滅人欲"之說還存在著猶豫，其所作的《胡廣文仲與范伯崇自岳市來同登絕頂舉酒極談得聞比日講論之樂》曰："飄然塵世隔，談論轉堪哀。"[⑥]《十六日下山各賦二篇以紀時事云》云："無窮身外事，難

① 永瑢《四庫全書簡明目錄》卷十九，上海：上海古籍出版社，1985年，第836頁。
② 《南嶽倡酬集提要》，《綫裝本文淵閣四庫全書》第1061冊，第30頁。
③ 《南嶽倡酬集》卷首，《綫裝本文淵閣四庫全書》第1061冊，第30頁。
④ 《南嶽倡酬集》卷首，《綫裝本文淵閣四庫全書》第1061冊，第30頁。
⑤ 《南嶽倡酬集》卷首，《綫裝本文淵閣四庫全書》第1061冊，第31頁。
⑥ 《南嶽倡酬集》卷首，《綫裝本文淵閣四庫全書》第1061冊，第31頁。

了世間情。”[①] 無不說明儘管他身處南嶽之旅，卻難忘世間情的苦楚。

修養功夫論是朱子學派的另一個重要議題，主要談論踐行理學的方法。對此，朱熹和林用中也表現出較大的差異。

朱熹以二程理學爲榜樣，其踐行理學的方法，主要是依靠涵養功夫和窮探力索加以完成。如果將其放置於南嶽之旅，則其詩歌中表現出的是依靠窮探力索來踐行理學。而林用中由於對“存天理滅人欲”之說並未完全贊同，因此他的追隨對象，則不如朱熹專一。這點在其詩歌中不難看出。他在《蓮花峰次敬夫韻》中指出：“分明會得濂溪趣，强作新詩續古篇。”[②] 雖然領悟了周敦頤之趣，但也只是勉强自己寫詩以表達一時體會。與這種勉强爲之的舉動不同，林用中對佛道情有獨鍾，且反復歌詠之。如《晚霞》云：“願學陵陽修煉術，朝餐一片趁天風。”[③] 又如《同游嶽麓道遇大雪馬上次敬夫韻》曰：“談玄問老子，鳴珮邀神妃。”[④] 再如《自方廣過高臺賦此》說道：“禪境風偏好，空門眼倍明。逢僧敍舊話，對客結新盟。”[⑤] 此外，《登山回和擇之韻》（按：應爲《登山回》）道：“東林期擬結，臥石夢忘回。”[⑥] 等等，正可見林用中此行更加感興趣的是在遊山中，拉近與佛道之間的距離，向他們學習“修道”之術。而朱熹則與之相反，其《馬上舉韓退之話口占》言：“此心元自通天地，可笑靈宮枉炷香。”[⑦] 對寺觀的行爲表現出鄙視的態度。王利民先生認爲：“南嶽倡酬作爲理學的交流和對話的一種表現形式，不盡是心心相映的精神融合，其中也有對立觀點的爭辯。這是一次思想上求同存異的旅程。”[⑧] 可謂獨具慧眼，論述精闢。但王利民先生以上的觀點，主要是就朱熹、林用中對待佛道的態度而言的，實際上他們思想上的“求同存異”，應當也包括以上所說的心性理欲論的“求同存異”。或許是因爲林用中對理學還存在著距離感，他在南嶽之行即將結束之時，深感迷茫，其《又和敬夫韻》說道：“青山不

---

① 《南嶽倡酬集》卷首，《綫裝本文淵閣四庫全書》第1061冊，第32頁。

② 《南嶽倡酬集》卷首，《綫裝本文淵閣四庫全書》第1061冊，第31頁。

③ 《南嶽倡酬集》卷首，《綫裝本文淵閣四庫全書》第1061冊，第31頁。

④ 《南嶽倡酬集》卷首，《綫裝本文淵閣四庫全書》第1061冊，第31頁。

⑤ 《南嶽倡酬集》卷首，《綫裝本文淵閣四庫全書》第1061冊，第31頁。

⑥ 《南嶽倡酬集》卷首，《綫裝本文淵閣四庫全書》第1061冊，第32頁。

⑦ 《南嶽倡酬集》卷首，《綫裝本文淵閣四庫全書》第1061冊，第30頁。

⑧ 王利民《流水高山萬古心——〈南嶽倡酬集〉論析》，《文學遺產》2003年第1期，第61頁。

老千年在，白髪如絲兩鬢新。歷盡高山數萬里，未知何路是爲真。”① 雖然經過了不斷探尋，但卻“未知何路是爲真”，與朱熹下山時呈現出的愉快輕鬆的面貌截然相反。

崇禎刻本之後，除了使用了以上所言及的詩意化表達之外，尚有語録化表達。所謂“語録化表達”，是指現存的一卷附録中所包含的三十二封書信、十條遺事等文章，幾乎是採用對答的方式闡述朱熹、林用中的理學思想，類似於語録體。同時，筆者發現雖然文體不同，但都涉及上面言及的心性理欲論、修養功夫論，且可以將語録化表達看成對詩意化表達的擴展和延續。

對於心性理欲論，一卷附録中朱熹言及了對天理幾滅和人欲横流的恐慌，强調應當尋找合適的方式踐行，使“存天理滅人欲”之説得到倡導。朱熹提出了“理一分殊”之説，《答林擇之書》其十六認爲“天命散在萬物，而各爲其物之天”②；且提出了“天命之性”與“率性之道”之説，《答林擇之書》其十七認爲：“天命之性者，天理之全體也；率性之道者，人性之當然也。”③ 所謂的“天命之性”當是與朱熹所言及的“氣質之性”相對立的概念，而“率性之道”當指“氣質之性”。正是因爲人有著不善之情欲，所以需要加以杜絕。在心性理欲論上，朱熹和林用中並沒有歧見。他們的歧見主要體現在修養功夫論上。

朱熹的修養功夫論涉及原則、方法、步驟、境界諸多方面，且都有自己獨到的見解。

在修養原則上，林用中擺出了“精一之説”，對此朱熹認爲光有精一還不夠，應當唯精唯一，即專心於精一之意，需要專心于區分道心與人心的界限，也需要專心於守住道心，這是真正需要下功夫之處，也是最基本的原則。因爲精一可以用於對佛道的精一，容易誤導他人，而唯精唯一在朱熹那裏則是特指對理學的精一。朱熹對曾學于二程的吕本中等人的“不主一門”“不私一説”就頗有微詞。他在《答林擇之書》其十一中指出：“《吕公家傳》深有警悟人處，前輩涵養深厚乃如此。但其論學殊有病，如

① 《南嶽倡酬集》卷首，《綫裝本文淵閣四庫全書》第1061冊，第32頁。
② 《南嶽倡酬集》附録，《綫裝本文淵閣四庫全書》第1061冊，第33頁。
③ 《南嶽倡酬集》附録，《綫裝本文淵閣四庫全書》第1061冊，第33頁。

云‘不主一門、不私一説’，則博而雜矣；如云：‘直截勁捷，以造聖人’，則約而陋矣。舉此二端，可見其本末之皆病，此所以流於異學，而不自知其非耶?”又認爲：“程氏之門，千言萬語只要見儒者與釋氏不同處。而吕公學于程氏，意欲直造聖人，盡其平生之力，乃反見得佛與聖人合，豈不背戾之甚哉？夫以其資質之粹美、涵養之深厚如此，疑若不叛於道而窮理不精，錯謬如此，流傳於世，使有志於道而未知所擇者，坐爲所誤。蓋非特莠之亂苗，紫之亂朱而已也。”[①] 吕氏持有“意欲直造聖人，盡其平生之力，乃反見得佛與聖人合”的行爲，如果其學説流傳於世，將誤導學道之人，故需要將其行爲向世人言明。

對林用中深陷佛教之行，朱熹也有所批判。朱熹在《答林擇之書》其十三中指出近世之人往往好空談，對學術的追求過於急功近利，朱熹對此甚爲不滿，而林用中對於這批人“當有以開之，使決然無惑於彼，乃爲不負其相向之意。然擇之向來亦頗有好奇，自是之弊。今更當虚心下意，向平實處加潛玩浸灌之功，不令小有自主張之意，則自益益人之功，庶乎其兩進矣”[②]。朱熹希望林用中能夠勸導他人“向平實處加潛玩浸灌之功”，達到“自益益人之功”。

修養原則的確立，爲修養方法的選擇奠定了基礎。前面提到，林用中對佛道表現出了認可的態度，這種態度也直接影響到他的修養功夫論。在《答林擇之書》其五中，朱熹談到林用中告訴何晉叔所謂仁乃是“肖天地之機要，須就發見處看得通神，自然識得”[③]。所謂“發見處”與佛道的悟道之術相近。朱熹認爲林用中此説是在迷惑他人，並認爲要成仁需要涵養本根，需要下苦功夫。在接受了朱熹的教導之後，林用中覺得只要涵養本根就能夠悟道，《遺事十條》其十談道：“擇之問：‘且涵養去，久之自明。’先生曰：‘亦須窮理。涵養、窮探二者，不可偏廢。’”[④] 朱熹則認爲涵養、窮探都需要具備。

明瞭了修養方法後，還需要知曉修養步驟。朱熹認爲修養需要遵守循序漸進的過程。《答林擇之書》其十九説道：“疑古人直自小學中涵養成

① 《南嶽倡酬集》附録，《綫裝本文淵閣四庫全書》第1061册，第32頁。
② 《南嶽倡酬集》附録，《綫裝本文淵閣四庫全書》第1061册，第32頁。
③ 《南嶽倡酬集》附録，《綫裝本文淵閣四庫全書》第1061册，第32頁。
④ 《南嶽倡酬集》附録，《綫裝本文淵閣四庫全書》第1061册，第34頁。

就，所以大學之道，只從格物做起。今人從前無此工夫，但見大學以格物爲先，便欲只以思慮知識求之，更不於操存之處用力。縱使窺測得十分，亦無實地可據。大抵‘敬’字是徹上徹下之意，格物致知乃其間節次進步處耳。”① 認爲古人學道能夠遵循先經歷小學時的涵養本根，再進入大學時的格物致知的過程。而今人往往忽略涵養環節，而直接進入大學時的格物致知，在缺乏涵養的前提下學道，往往不深入。林用中與今人相近，他認爲應當先察識後涵養。對此，朱熹持不同態度。《答林擇之書》其二十一談道："古人只從幼子常視無誑以上，灑掃應對進退之間，便是做涵養底工夫了。此豈待先識端倪，而後加涵養哉？但從此涵養中，漸漸體出這端倪來，則一一便爲己物。又只如平常地涵養，將去自然純熟。今曰：‘即日所學，便當察此端倪，而加涵養之功’，似非古人爲學之序也。”認爲應當先涵養而後再察識。而林用中則"謂不先察識端倪，則涵養個甚底"，被朱熹指出太過於急迫。朱熹還借用"持敬"分動靜之說，用於解釋涵養和察識的順序。"敬字通貫動靜。但未發時，則渾然是敬之體。非是，知其未發，方下敬底工夫也。既發，則隨事省察，而敬之用行焉。然非其體素立，則省察之功亦無自而施也。"② 涵養是持敬的未發階段，而察識則是已發階段，一個靜一個動，有靜才有動。

雖然通過涵養、察識等一系列努力之後，要達到聖人的境界並非易事，但朱熹也爲士人闡述了對"天命流行"的認識。《答林擇之書》其七曰："泰山爲高矣，然泰山頂上已不屬泰山，此喻道體之無窮，而事業雖大，終有限量耳。故下文云云，意可見也。又既得後須放開，此亦非謂須要放開，但謂既有所得，自然意思廣大，規模開廓。"然而謝良佐則言周敦頤"放開忒早"，朱熹指出其所說有毛病。因爲即便"入堯舜氣象，亦只是見得天理自然，不煩思勉處耳"，但這需要付出不少功夫。但一旦入此境界，則"自然意思廣大，規模開廓"③。《答林擇之書》其二十四談道："既不爲老子之無爲，又非有所作爲，此便是天命流行、鳶飛魚躍之全體。感而遂通天下之故，未嘗離此。"④ 即是對精微無窮之道踐行之後，

---

① 《南嶽倡酬集》附錄，《綫裝本文淵閣四庫全書》第 1061 冊，第 33 頁。
② 《南嶽倡酬集》附錄，《綫裝本文淵閣四庫全書》第 1061 冊，第 33 頁。
③ 《南嶽倡酬集》附錄，《綫裝本文淵閣四庫全書》第 1061 冊，第 33 頁。
④ 《南嶽倡酬集》附錄，《綫裝本文淵閣四庫全書》第 1061 冊，第 32 頁。

所獲得的愉悦心情的真實體現。此時的盡己（體上功夫）與推己（用上功夫）已全然不分，因爲“若聖人之忠恕，則流行不息，萬物散殊而已，又何嘗盡己、推己之云哉？”①

綜上所述，自崇禎刻本起的《南嶽倡酬集》流傳版本，由於一卷附錄的加入，其對無論是心性理欲論，還是修養功夫論的表達，都要比之前更爲豐富多樣。這些流傳版本通過詩意化表達與語錄化表達，帶動了朱熹、林用中理學思想在後世的傳播，功不可沒。從中也可以看到，朱熹、林用中師徒存在同異的理學思想。

本文就《南嶽倡酬集》在宋元、明清時期的版本流傳分期及其成因做了研究，並抓住了在《南嶽倡酬集》版本流傳中具有轉折意義的崇禎刻本，以其爲界限，闡述了之前與之後的版本所傳播的朱熹、林用中理學思想的同異，對推進《南嶽倡酬集》研究和閩學研究當有一定的價值。

---

① 《南嶽倡酬集》附錄，《綫裝本文淵閣四庫全書》第 1061 冊，第 33 頁。

林正大檃括詞初探

翟曉楠

四川大學文學與新聞學院

摘　要：宋人多喜歡以遊戲心態創作些許檃括詞。到了南宋，出現了一位專職創作檃括詞的詞人——林正大。其人創作檃括詞不僅數目高居榜首，而且他的創作方法、文辭語言和章法佈局也與前輩詞人有所不同。在林正大之後，檃括詞亦走向沒落，本文從音樂性角度探討其原因。

關鍵詞：林正大　檃括詞　《風雅遺音》　音樂性

"檃括"（亦作"檃栝"）一詞的原義是矯正曲木的工具，而詞的檃括則是將其他詩文剪裁改寫爲詞的形式[①]。本文所研究的詞人林正大，非是矗立潮頭、一呼百應的名家巨匠，亦無法憑藉佳篇絕唱享譽詞壇，可謂是一位名不見經傳的小詞人，但是他也是一位奇特的詞人。相比于柳、蘇、周、辛等大詞人層次多樣、豐富繁雜的詞作而言，他的詞作就顯得單純甚至是單調。他存世所有的詞作共計 41 首，盡皆爲檃括詞，所以他應該稱得上是專職的檃括詞人。從統計來看，有宋一代，所有創作檃括詞的詞人都是偶然創作幾首，存世作品一般都寥寥無幾。是以林正大全力創作檃括詞的現象在詞人之中實屬罕有。林氏的檃括詞所檃括詩文來源相當廣泛，既有辭賦，也有古文，既有樂府，也有古詩，涵蓋了由魏晉至南宋十八位名家的作品。

林正大生平材料極少，僅有《續文獻通考》、《四庫全書總目提要》、唐圭璋編《全宋詞》有其小傳，所記載內容大體相同。如《續文獻通考》：

① 吴承學《論宋代檃括詞》，《文學遺産》2000 年第 4 期，第 74 頁。

“正大，字敬之，號隨庵。開禧中，爲嚴州學官，里貫無考。”[①]《四庫全書總目提要》：“正大，字敬之，號隨庵，據卷首易嘉猷序，蓋開禧中爲嚴州學官，其里貫則不可考。”[②] 唐圭璋編《全宋詞》：“正大，字敬之，號隨庵，永嘉人。開禧中，爲嚴州學官。著有《風雅遺音》。”[③] 這三條材料除了對林氏里貫記載有差異，其他基本一致。從這寥若晨星的記載之中，很難從“知人論世”的角度去探究林正大的創作。學者宋敏曾從各地林氏家譜、出現“林正大”或者其字號的宋代及其之後的文獻資料挖掘林氏生平履歷，雖然考證甚是詳細，但是作者最終否定了所有的猜測，其結論又回歸到了《全宋詞》林正大的小傳[④]。

據内山精也《兩宋檃括詞考》，近人唐圭璋編的《詞話叢編》中，收錄了北宋至民國計 85 種詞話、詞評，作爲檃括詞作者的林正大完全未被提及。近年的南宋詞研究專著，如王偉勇《南宋詞研究》，陶爾夫、劉敬圻《南宋詞史》中，也同樣一字未及[⑤]。

徐煒的《宋代檃括詞研究》提出“宋代的檃括詞創作以林正大專集《風雅遺音》的出現爲標誌，達到了一個發展的巔峰”[⑥]，但是其文章全篇沒有研究林正大的一篇詞作，幾乎把全部筆墨著力於蘇軾、黄庭堅這樣的名家。宋敏的《林正大〈風雅遺音〉與南宋詞壇雅化觀念》也是如此，林正大只是作者透視南宋詞壇雅化的一個符號，作者也沒有對林正大的任何一篇作品進行分析。所以，對於林正大這樣一位特殊的詞作者的研究還有待深入。

一、獨特的創作心態探尋[⑦]

檃括詞不是一種完全原創性的藝術創作，只是對名作或多或少的改

---

① ［明］王圻《續文獻通考》卷一百九十八《經籍考》，濟南：齊魯書社，1995 年，第 4 冊，第 174 頁。

② ［清］紀昀等《四庫全書總目提要》卷二百，海口：海南出版社，1999 年，第 1098 頁。

③ 唐圭璋編《全宋詞》，北京：中華書局，1965 年，第 2440 頁。

④ 宋敏《林正大〈風雅遺音〉與南宋詞壇雅化觀念》，浙江大學碩士學位論文，2009 年。

⑤ ［日本］内山精也《兩宋檃括詞考》，朱剛譯，《學術研究》2005 年第 1 期，第 134 頁。

⑥ 徐煒《宋代檃括詞研究》，陝西師範大學碩士學位論文，2009 年，第 15 頁。

⑦ 參孔建華《宋人檃括詞創作心態蠡測》，《江蘇社會科學》2014 年第 2 期。

編。關於其起源時間與原因，爭論頗多，在此不作研究。林正大作爲一位專業創作檃括詞的詞人，其別具一格的創作心態倒是值得一探究竟。

吴承學教授《論宋代檃括詞》一文提到："學術界都認爲蘇軾開創了檃括詞體，就自覺的文體而言，確是如此。"① "真正明確使用檃括這個術語的是蘇軾，所以歷來都把蘇軾視爲開宋代檃括詞風氣之先者。"② 宋代，創作檃括詞的詞人很多都以蘇軾爲標杆。換言之，他們創作檃括詞的行爲是對蘇軾的一種模仿。蘇軾的《水調歌頭》檃括韓愈《聽穎師琴詩》，其序説："歐陽文忠公嘗問余：琴詩何者最善？答以退之《聽穎師琴詩》最善。公曰：此詩最奇麗，然非聽琴，乃聽琵琶也。余深然之。建安章質夫家善琵琶者，乞爲歌詞。余久不作，特取退之詞，稍加檃括，使就聲律，以遺之云。"③ 蘇軾《哨遍》檃括陶淵明《歸去來兮辭》，其序云："陶淵明賦《歸去來》，有其詞而無其聲。余治東坡，築雪堂於上，人俱笑其陋。獨鄱陽董毅夫過而悦之，有卜鄰之意。乃取《歸去來》詞，稍加檃括，使就聲律，以遺毅夫，使家僮歌之，時相從於東坡，釋耒而和之，扣牛角而爲之節，不亦樂乎。"④ 從這兩篇序言來看，賦予原作以音樂性是蘇軾創作檃括詞的主要目的。許多檃括詞的序文都標明其創作的動機是將經典的詩文傑作變成可以配樂以供歌唱的詞作。比如，方岳《沁園春》檃括王羲之《蘭亭序》和曹冠《哨遍》檃括蘇軾《前赤壁賦》就有類似的序言。由此可知，檃括詞的創作初衷是爲原作配樂，使其可供歌唱。因此，檃括詞與原作相比而言，不僅僅是增刪或者改換幾字等一些外在形態的變化，而是增添了一些原作之中並不具備的藝術審美内涵，最顯著的就是音樂性。

許多詞人所選取檃括的原作多是自己極端欣賞的作品。檃括的過程，恰恰就是一個欣賞把玩的過程。檃括詞作者通過對名作改編裁寫獲得與原創者情志的共鳴，或者因爲前人作品早獲"我"心，故用這種形式借他人之酒杯，澆"我"胸中之塊壘，以之寄託自己的思想情志。曹冠檃括東坡《赤壁賦》的《哨遍》詞序言云："雙溪居士檃括《赤壁賦》，被之聲歌，

① 吴承學《論宋代檃括詞》,《文學遺産》2000年第4期，第75頁。
② 吴承學《論宋代檃括詞》,《文學遺産》2000年第4期，第76頁。
③ 《全宋詞》，第307頁。
④ 《全宋詞》，第307頁。

聊寫達觀之懷，寓超然之興云。”[①] 汪莘檃括王維的《山中與裴迪書》的《哨遍》序云：“余酷喜王摩詰《山中與裴迪書》，因檃括其語爲《哨遍》歌之。”[②] 劉將孫《沁園春》檃括蘇軾前後《赤壁賦》，其序說自己“姑就本語，捃拾排比，粗以自遣”[③]。友人周生置疑劉將孫此舉是“綴輯古人之詞章”[④]，劉則認爲“寓意於言之所樂”[⑤]，“取其言之足以寄吾意者，而爲之歌，知所以自樂耳”[⑥]。劉將孫爲自己創作檃括詞的辯言揭示了檃括詞作者將創作檃括詞作爲一種精神寄託，以達到與古人神志相合，從中得到樂趣，而且這種樂趣又是自己創作所難以替代的。

回歸到林正大本人，單看他的詞集名《風雅遺音》，便不難發現林正大這樣一個無籍籍名的小詞人創作檃括詞的心志何其雄壯。源自儒家經典《詩經》的“風雅”二字基本代表著文人對文學最神聖的崇敬之情。隨著文學的演變發展，“風雅”精神泛化昇華，在古代文學創作中佔據主導地位，逐漸成爲對文學創作的崇高意義和嚴肅性的審美追求。“遺音”更飽含驕傲狂妄的味道，簡直自視爲風雅精髓的當世再現。這種自詡的做法，在詞人大家之中，也極其罕見。即使詞至南宋，地位有所提高，亦有“雅詞”之說，比如曾慥輯錄的《樂府雅詞》、張孝祥《紫微雅詞》、宋謙父《壺山雅詞》就是其例，但是，冠名“風雅”，自稱“遺音”的做法，著實是狂妄之舉。

不過，林氏還爲自己的詞集創作了序言，可作釋疑之用。序言云：“古者燕饗則歌詩章。今之歌曲，於賓主酬獻之際，蓋其遺意。”[⑦] 這一見解已經把詞拔高。“然風雅寥邈，鄭衛紛綸，所謂聲存而操變者，尤愈於聲操俱亡矣。”[⑧] 此言又陷入了道學先生的套路中去。他認爲此前蘇軾等人以陶靖節之《歸去來》、杜工部之《醉時歌》、李謫仙之《將進酒》、歐陽公之《醉翁記》檃括成詞就是在“尊俎之間，一洗淫哇之習”，弘揚風

---

① 《全宋詞》，第 1540 頁。
② 《全宋詞》，第 2202 頁。
③ 《全宋詞》，第 3528 頁。
④ 吴熊和主編《唐宋詞彙評·兩宋卷》，杭州：浙江教育出版社，2004 年，第 2997 頁。
⑤ 《唐宋詞彙評·兩宋卷》，第 2997 頁。
⑥ 《唐宋詞彙評·兩宋卷》，第 2997 頁。
⑦ 《四庫全書總目提要》卷二百，第 1098 頁。
⑧ 《四庫全書總目提要》卷二百，第 1098 頁。

雅，以詞載道的做法。同時，他也認爲前輩創作的檃括詞“使人心開神怡，信可樂也”①。因此，林氏效仿蘇軾等人創作檃括詞。可見，林正大創作檃括詞的心態已經跟其他詞家賦予自己欣賞的其他文體的經典作品以音樂性，達到配樂演唱的目的大大不同。他希望通過以大家名篇的檃括詞一洗席間詞曲淫哇之習，最終達到弘雅的目的。檃括詞创作在林正大這裡從完全審美意義的“純粹美”和“自由美”，走向了包含倫理功用的功利化的“依附美”，但是這種“依附美”的檃括詞的審美意義也沒有被完全隱沒。

林正大以檃括詞來弘揚風雅之精神，這種做法似乎又有其高明之處。在以復古爲雅正的文學話語體系之下，詞體這一後出文體很難獲得一席之地。加之詞體在起源之初，與雅正的精神就相距甚遠，而且，在很長的創作歷程之中，文人將詞置於一種相對低層次的位置，若單純以詞的創作作爲弘揚風雅的方式，其策略就稍遜一籌，而且，還可能得到“要非本色”的批評與質疑。而林正大所選取的文本多是經過歷史沉澱下來經典文本，其原作本來就已經具備較高的認可度與典範性，故而以之爲檃括文本來源，就能夠克服詞這一文體原來的俚俗與輕浮的特點，直接達到與先賢對話，與具備風雅精神的詩文溝通的目的。他作品檃括的對象如下：劉伶《大人先生傳》，王羲之《蘭亭序》，陶淵明《歸去來辭》，王績《醉鄉記》，李白《將進酒》、《採蓮曲》、《襄陽歌》、《蜀道難》、《送張承祖之東都序》、《春夜宴諸從弟桃李園序》、《清平調辭》組詩，杜甫《醉時歌》（三首）、《飲中八仙歌》、《麗人行》，韓愈《送李愿歸盤谷序》，白居易《廬山草堂記》，劉禹錫《武昌老人說笛歌》，李賀《高軒過》，盧仝《有所思》，王禹偁《黄州竹樓記》，范仲淹《聽真上人琴歌》《岳陽樓記》《嚴先生詞堂記》，葉清臣《松江秋泛賦》，歐陽修《醉翁亭記》《廬山高》《晝錦堂記》《明妃曲》，蘇軾《前赤壁賦》《後赤壁賦》《書林和靖詩後》《海棠》《月夜與客飲杏花下》，黄庭堅的《送王郎》《水仙花》《煎茶賦》《題杜子美浣花醉歸圖》《聽宋宗儒摘阮歌》，韓駒《題伯時畫太一真人》詩。

詞之“雅”在南宋是一個經常被討論的問題。詞論家張炎也有“雅詞”觀念，即所謂的“騷雅”。不過，這與林正大所言之“風雅”並不相

① 《四庫全書總目提要》卷二百，第 1098 頁。

同。張氏之“雅”是一種作爲藝術家的追求的“雅”，既有風人之旨，又有騷人之辭，崇尚文辭與樂調等方面的溫雅，要求詞旨上高遠，詞藝上精雅，是深合乎詞體特點的一個藝術標準。林氏的“雅”觀則是以詩教來推尊詞體。也許，他根本沒有意識到，這種轉換反而意味著詞從之前的獨立自由，隨意歡唱，轉向了向對詩言志、文載道正統體系的歸順。歸順之後，詞本身具備的審美特性也被埋沒。這不得不說又是詞的不幸。

二、林正大檃括詞文本藝術構思

檃括之作，因詞人所選皆是名篇佳作，而且多出於對原篇的欣賞與認同，所以檃括之時，大多遵照作品原意，間或有所增減，也大體保持了原來文本的意蘊。而且，一般詞人檃括之時，多只選用一個詞牌檃括一篇詩文。

林正大似乎有意出新，打破這種傳統。他檃括杜甫的《醉時歌》，用了“酹江月”“水調歌”“滿江紅”三個詞牌檃括，而且中間一首極其特別，用翻案之法改寫杜甫其詩，將杜甫原詩的意義完全顛倒，其他兩首則基本遵從原詩。

杜甫《醉時歌》原詩如下：

諸公袞袞登臺省，廣文先生官獨冷。甲第紛紛厭粱肉，廣文先生飯不足。先生有道出羲皇，先生有才過屈宋。德尊一代常坎軻，名垂萬古知何用。杜陵野客人更嗤，被褐短窄鬢如絲。日糴太倉五升米，時赴鄭老同襟期。得錢即相覓，沽酒不復疑。忘形到爾汝，痛飲真吾師。清夜沉沉動春酌，燈前細雨檐花落。但覺高歌有鬼神，焉知餓死填溝壑。相如逸才親滌器，子雲識字終投閣。先生早賦歸去來，石田茅屋荒蒼苔。儒術于我何有哉，孔丘盜跖俱塵埃。不須聞此意慘愴，生前相遇且銜杯。

林正大的三首詞如下：

括酹江月

諸公臺省，問先生何事，冷官如許。甲第紛紛粱肉厭，應怪先生無此。道出羲皇，才過屈宋，空有名垂古。得錢沽酒，忘形欲到爾汝。

好是清夜沈沈，共開春酌，細聽檐花雨。茅屋石田荒已久，總待先生歸去。司馬子雲，孔丘盜跖，到了俱塵土。不須聞此，生前杯酒相遇。①

括水調歌·送敬則赴袁州教官

人笑杜陵客，短褐鬢如絲。得錢沽酒，時赴鄭老同襟期。清夜沉沉春酌，歌語燈前細雨，相覓不相疑。忘形到爾汝，痛飲真吾師。

問先生，今去也，早歸來。先生去後，石田茅屋恐蒼苔。休怪相如滌器，莫學子雲投閣，儒術亦佳哉。誰道官獨冷，袞袞上蘭臺。②

滿江紅

袞袞諸公，嗟獨冷、先生宦薄。誇甲第、紛紛梁肉，謾甘寥寞。道出羲皇知有用，才過屈宋人誰若。賸得錢、沽酒兩忘形，更酬酢。

清夜永，開春酌。聽細雨，檐花落。但高歌不管，餓填溝壑。司馬逸才親滌器，子雲識字終投閣。且生前、相遇共相歡，銜杯樂。③

《括酹江月》和《滿江紅》兩首極其相似，蓋因兩首詞牌字數相近，上下闋結構也基本一致。所以，林氏櫽括杜甫《醉時歌》的這兩首作品也非常接近，所用文字詞句、章法佈局形同一首。當然，局部細節也有差異。《括酹江月》一首中有"茅屋石田荒已久，總待先生歸去"，改寫自杜詩"先生早賦歸去來，石田茅屋荒蒼苔"，保留杜詩這句勸勉歸隱之詞，《滿江紅》則無此。《括酹江月》的"司馬子雲，孔丘盜跖，到了俱塵土"比《滿江紅》"司馬逸才親滌器，子雲識字終投閣"悲慨憤激之情更加深切，主觀意識更加强烈。

《括水調歌》是林正大櫽括詞中比較獨特的一首，也是所有櫽括詞裡面別出心裁的一首。開篇就去掉了杜甫的"諸公袞袞登臺省，廣文先生官獨冷。甲第紛紛厭梁肉，廣文先生飯不足。先生有道出羲皇，先生有才過屈宋。德尊一代常坎軻，名垂萬古知何用"八句，此八句蘊含著以"諸公"的顯達地位和奢靡生活來和鄭虔的位卑窮窘對比襯托的不平與憤慨之

① 《全宋詞》，第 2440 頁。
② 《全宋詞》，第 2440 頁。
③ 《全宋詞》，第 2440 頁。

氣，和爲廣文先生道出羲皇、才過屈宋卻仕途坎坷的無限惋惜之情。上闋以及下闋“石田茅屋恐蒼苔”之前和杜詩差別不大，但是到了下闋中間部分則筆鋒一轉，將杜甫所用司馬相如一代逸才，卻曾親自賣酒、洗滌食器，和揚雄才氣横溢卻因劉棻獲罪而被株連，逼得跳樓自殺的兩個才士薄命的典故改成了“休怪相如滌器，莫學子雲投閣”；將杜甫“儒術于我何有哉，孔丘盜跖俱塵埃”逆寫其意，改成了“儒術亦佳哉”。杜詩開篇的“諸公”之顯貴與鄭虔的困窘之語則變成了“誰道官獨冷，袞袞上蘭臺”的結句。這種改寫完全將杜甫原詩中儒生的落魄憤激和無可奈何變成了勉勵儒術亦佳、儒生也可以飛黄騰達之意。如果用這首詞和其他兩首對比，林氏的想法極端對立。不過，這首詞還有一個特别之處，即這首詞是林氏檃括詞裡面唯一有題目的，其題目是“送敬則赴袁州教官”。由此可知，林氏賦予檃括詞社交功能。其他詞人作檃括，自得其樂，純粹是爲了欣賞把玩，林氏則將檃括詞作爲與朋友送别之作。當然，題目也解決了林氏檃括之作爲何與杜甫原詩意味完全相反的問題。林氏寫此詞是爲名爲敬則之人赴袁州擔任教官送别所作，激勸敬則“儒術亦佳哉”，以勸慰之言爲人送行是人之常情，這與杜甫寫作《醉時歌》，私下與朋友痛飲談心，抒發牢騷憤怨是兩種完全不同的情形，故此所用之意也必然大相徑庭。

詞作創作還涉及章法的安排問題。林氏絶大多數詞作都沿用名篇原作的結構佈局，基本沒有對原作作過多改寫。但是，他的幾首詞並沒有將原文的意藴保留。比如，杜甫的《麗人行》，極力鋪排楊貴妃一家富貴場面，雖然全篇寫楊家“麗人”們的生活情形，最後卻能達到“無一刺譏語，描摹處語語刺譏；無一慨歎聲，點逗處聲聲慨歎”[①] 的藝術效果。杜甫這首詩的意義是在場面和情節中自然而然地流露出來的，幾乎沒有直接陳述其事，其意旨相對隱蔽。原詩如下：

> 三月三日天氣新，長安水邊多麗人。態濃意遠淑且真，肌理細膩骨肉勻。繡羅衣裳照暮春。蹙金孔雀銀麒麟。頭上何所有？翠微盍葉垂鬢脣。背後何所見？珠壓腰衱穩稱身。就中雲幕椒房親，賜名大國虢與秦。紫駝之峯出翠釜，水精之盤行素鱗。犀筋厭飫久未下，鑾刀縷切空紛綸。黄門飛鞚不動塵，御廚絲絡送八珍。簫鼓哀吟感鬼神，

① ［清］浦起龍《讀杜心解》，北京：中華書局，1978年，第229頁。

賓從雜遝實要津。後來鞍馬何逡巡。當軒下馬入錦茵。楊花落雪覆白蘋，青鳥飛去銜紅巾。炙手可熱勢絕倫，慎莫近前丞相嗔。①

林正大檃括此詩的詞則如下：

括聲聲慢

暮春天氣，爭看長安，水邊多麗人人。意遠態濃，肌理骨肉輕勻。繡羅衣裳照映，盡蹙金、孔雀麒麟。夸榮貴，是椒房雲幕，恩寵無倫。

簇簇紫駝翠釜，間水精盤裏，繡膾紛綸。御送珍羞，夾道簫鼓橫陳。後來賓從雜遝，認青鸞、飛舞紅巾。扶下馬，似楊花、翻入錦茵。②

似乎只保留了杜甫鋪陳的宏大鮮麗、金碧輝煌的場面，大大減弱了杜甫歌行體敘事的流動性，即使全篇所用之詞幾乎全部來自杜甫原詩，沒有太多變化，但是所有的語詞最後淪落成了純粹的語碼組合，把杜甫《麗人行》的格調降得所剩無幾，也使得全篇沒有了興寄。檃括之作與杜甫原作差異的原因固然有兩種文體風格不同的成分，但是也與作者駕馭作品的能力有關。檃括詞，尤其所用的“聲聲慢”這個長調詞牌，固然免不了鋪陳場景，但是如果最後能有些許語言直陳其旨，或許就可以保留杜甫原詩的意味。不僅如此，林正大自稱其詞是“風雅遺韻”，一篇只有諛誇富貴的場面描寫，而沒有任何興寄的詞作，又怎能擔當得起“風雅”二字？

林氏《括一叢花》檃括杜甫《飲中八仙歌》，也破壞了杜甫原文的結構。杜甫原本將各位嗜酒之人以人物速寫的筆法，逐個描繪出來，而且，爲八位人物所選取的典故都能突出人物本身最具代表性的特點。如杜甫的“銜杯樂聖避世賢”指的是左丞相李適之，此句化用李適之本人的“避賢初罷相，樂聖且銜杯”之句；“酒中仙”本來是李白所特有的稱謂，來自“自稱臣是酒中仙”。但是，林正大卻把“銜杯樂聖”“飲中仙”兩句作爲整首詞的結句，總括全詞，失去了杜甫原詩爲每一位飲中仙人速寫的風貌，取消了各個飲者各自的特點，其精彩程度自不及杜甫原詩。

① 《全宋詞》，第 2444 頁。
② 《全宋詞》，第 2445 頁。

林正大在創作檃括詞時，亦繼承模仿前人的檃括手法。比如，檃括《醉翁亭記》，模仿黃庭堅檃括此文而成的《瑞鶴仙》使用的“獨木橋體”（又稱“福唐體”），全詞用同一個字押韻，所用之韻還是語氣助詞“也”。當然，使用獨木橋體並不是純粹形式上的追求，而是因爲歐陽修《醉翁亭記》原文全篇多用“也”字，這種押韻方式又有一種搖曳生姿的風神，使用獨木橋體正是忠實傳神之筆。魏慶之記錄林正大評黃山谷對歐陽修《醉翁亭記》檃括之作之語爲“一記凡數百言，此詞備之矣。山谷其善檃括如此”①，所謂“山谷其善檃括如此”可能指的是黃庭堅所用的獨木橋體。故林正大以獨木橋體之法檃括《醉翁亭記》，蓋是致敬山谷。

黃庭堅《瑞鶴仙》：

> 環滁皆山也。望蔚然深秀，琅琊山也。山行六七里，有翼然泉上，醉翁亭也。翁之樂也。得之心、寓之酒也。更野芳佳木，風高日出，景無窮也。
>
> 游也。山肴野蔌，酒冽泉香，沸籌觥也。太守醉也。諠譁眾賓歡也。況宴酣之樂、非絲非竹，太守樂其樂也。問當時、太守爲誰，醉翁是也。②

林正大《賀新涼》（檃括王羲之《蘭亭序》）：

> 蘭亭當日事。有崇山、茂林修竹，群賢畢至。湍急清流相映帶，旁引流觴曲水。但暢敘、幽情而已。一詠一觴真足樂，厭管弦絲竹紛塵耳。春正暮，共修禊。
>
> 惠風和暢新天氣。騁高懷、仰觀宇宙，俯察品類。俯仰之間因所寄，放浪形骸之外。曾不知、老之將至。感慨舊遊成陳跡，念人生、行樂都能幾。後視今，猶昔爾。③

二人檃括此文時，亦有許多不同之處。黃庭堅《瑞鶴仙》的檃括雖然保留了“也”這個比較獨特的韻尾，但是將一部分敘述完全刪除，也將許多諸如“而”“者”“於”“之”等虛詞、代詞極力省略，使語句縮短。林

---

① ［南宋］魏慶之《詩人玉屑》卷二十，載唐圭璋編《詞話叢編》，北京：中華書局，1986年，第205頁。

② 《全宋詞》，第415頁。

③ 《全宋詞》，第2441頁。

正大檃括的《賀新涼》除了和黄庭堅使用相同的“也”字韻尾，比黄庭堅使用了更多的“而”“者”“於”“之”等虛詞和代詞，使得全詞的語詞更像散文，詞體的風格特徵相對弱化。檃括詞是將一種文體轉换成另一種文體，在改編過程中可以反映出作者再創作的藝術才能，尤其是語言表現能力。

林正大將王羲之《蘭亭序》檃括成《賀新涼》，方岳也曾檃括此文，所用詞牌是“沁園春”。兩首檃括詞選取的對象一樣，字數也比較接近，大致也都保持了原文的格調和意境，但是兩者的風格卻明顯不同。方岳之檃括比較“忠實”於原作，最大限度地採用原作的詞語，幾乎沒有使用超出原作的詞語。而林正大的檃括較多地運用自己的語言來表現原作的意境。可見林正大檃括之時，即使受制于原作本來的語言，他也儘可能凸顯自己個性化的語言風格。

方岳《沁園春》（檃括王羲之《蘭亭序》）如下：

歲在永和，癸丑暮春，修禊蘭亭。有崇山峻嶺，茂林修竹；清流湍激，映帶山陰。曲水流觴，群賢畢至，是日風和天氣清。亦足以，供一觴一詠，暢敘幽情。

悲夫一世之人，或放浪形骸遇所欣。雖快然自足，終期於盡，老之將至，後視猶今。隨事情遷，所之既倦，俯仰之間跡已陳。興懷也，將後之覽者，有感斯文。①

林正大《賀新涼》（檃括王羲之《蘭亭序》）：

蘭亭當日事。有崇山、茂林修竹，群賢畢至。湍急清流相映帶，旁引流觴曲水。但暢敘、幽情而已。一詠一觴真足樂，厭管弦絲竹紛塵耳。春正暮，共修禊。

惠風和暢新天氣。騁高懷、仰觀宇宙，俯察品類。俯仰之間因所寄，放浪形骸之外。曾不知、老之將至。感慨舊遊成陳跡，念人生、行樂都能幾。後視今，猶昔爾。②

綜合比較黄庭堅和林正大檃括《醉翁亭記》以及方岳和林正大檃括

① 《全宋詞》，第2837頁。
② 《全宋詞》，第2441頁。

《蘭亭序》的四首詞，林正大這種語言風格突出表現爲：句首喜用領字，句中多加入一些虚詞，間或插入一些原作沒有的具有抒情感慨特徵的短句或者詞語。比如，《賀新涼》（檃括《醉翁亭》）一詞中，出現了“望”“試問”“看”“自”“知”，《賀新涼》（檃括《蘭亭序》）出現了“但”“有”“厭”“共”“感慨”領字。這種字的使用頻率比其他檃括詞人更高。這些檃括詞檃括的原文都是遊記性質的散文，行雲流水，流暢明快，而且相當一部分文字都是景色的描繪。檃括成詞之後，加入了許多領字，就變得跌宕起伏，轉折跳躍之感更加强烈，反而破壞了原來文本的暢快之美。王若虚《滹南詩話》卷二批評蘇軾檃括做法時説：“東坡酷愛《歸去來辭》，既次其韻，又衍爲長短句，又裂爲集字詩，破碎甚矣。陶文信美，亦何必爾，是亦未免近俗。”① 林正大的這種大量使用領字的做法的效果正如王若虚所言“破碎甚矣”，甚至是破碎更甚。詞中加入原作沒有的帶有明確情感傾向的短句或詞語，則如《賀新涼》（檃括《蘭亭序》）裡面，“一觴一詠真足樂”中的“真足樂”、“厭管弦絲竹紛塵耳”中的“厭”、“惠風和暢新天氣”中“新”、“感慨舊遊成陳跡”中的“感慨”等詞語，還有直接增加的“行樂都能幾”的短句，這些文辭比起原文相對平和的語氣來説，明顯提示出主觀化情緒，這種做法似乎更加符合詞體的抒情渲染特質。

相比蘇軾等前輩的檃括詞徹底以詩文的歌詞化爲首要目標，始終以相對收斂的態度微作調整，林氏的檃括則將自己的感慨也交織其中，改寫原作力度更大。姑且不論林氏改寫添加部分的好壞，他把自己的實況寫入改編作品的做法，也是一個創造。

林正大檃括詩文範圍極其廣闊，對原文裁剪、壓縮、選擇的方法並沒有表現出某種傾向性與規律性，所以很難渾言其創作方法，僅能對其文本作具體分析。而且，在原作的桎梏之下，要呈現作者的個性實屬不易。原作的制約性與規定性在林正大檃括王績《醉鄉記》的《摸魚兒》和檃括玉川子《有所思》的《滿江紅》兩詞中鮮明呈現。兩詞如下：

括摸魚兒（檃括王績《醉鄉記》）

醉之鄉、其去中國，不知其幾千里。其土平曠無涯際。其氣和平一揆。無寒暑，無聚落居城，無怒而無喜。昔黄帝氏。僅獲造其都，

① ［金］王若虚著，霍松林選編《滹南詩話》，北京：人民文學出版社，1962年，第67頁。

歸而遂悟，結繩已非矣。

及堯舜，蓋亦至其邊鄙。終身太平而治。武王得志于周世。命立酒人之氏。從此後，獨阮籍淵明，往往逃而至。何其淳寂。豈古華胥，將遊是境，余故爲之記。[①]

括滿江紅（檃括玉川子《有所思》）

爲憶當時，沉醉裏、青樓弄月。閑想像、繡幃珠箔，魂飛心折。羞向姮娥談舊事，幾經三五盈還缺。望翠眉、蟬鬢一天涯，傷離别。

尋作夢，巫雲結。流别淚，湘江咽。對花深兩岸，忽添悲切。試與含愁彈緑綺，知音不遇弦空絶。忽窗前、一夜寄相思，梅花發。[②]

《摸魚兒》一詞，如果略去詞牌與韻脚，則完全是古文的章法、句式以及議論，是典型的"以文爲詞"手法。恣意縱横的散文化語言、歷史性的敘事相摩相蕩，與古文相差無幾。《滿江紅》若細細品味，則稱得上本色當行的詞。這兩首的詞的差異並非源於詞人本身的創作風格，而是源於兩首詞所檃括的文本。王績《醉鄉記》本是一篇以超現實的手法寫就的散文，文中醉鄉是與現實相對立的"淳寂"無比的大同世界。在敘述醉鄉歷史的過程中，附會了黄帝、堯、舜、武王、阮籍、淵明等眾多歷史人物。敘述與議論的寫法本非詞所有，要檃括成詞，難度可想而知。林正大所作不過是把王績原文作簡單裁切羅列。相反，《満江红》來源於《有所思》，其本爲一首古體樂府，语言精美，婉轉清麗，興味雋永，富於情思，雖然數次用典，但是都能信手拈來，融化無跡，達到了以意取事，一片神行的境地。原詩詩意豐富，語言明快曉暢，情思也與詞體低婉纏綿的特色极其接近。所用的文辭，如"弄月""繡幃珠箔""翠眉""蟬鬢""傷離别""夢""巫雲""流别淚""湘江咽""悲切""緑綺"都是詞中常見之語。林正大檃括成詞主要改變的是原作裡面重複出現的字、詞和蟬聯的結體方式，將復沓的語句省略，改换成詞的句法。余陛曰："此詞檃括《有所思》詩意，筆頗清老，而少駘蕩夷猶之致。"[③] 此言對這首《満江红》的評價極高。這種"本色當行"與"要非本色"的差異，可能並非林正大創作之

① 《全宋詞》，第2444頁。

② 《全宋詞》，第2453頁。

③ 《唐宋詞彙評·兩宋卷》，第3001頁。

時有意爲之，而是原作與詞體的距離遠近所致。林正大的檃括，不過是帶著鐐銬跳舞。

三、林正大檃括詞音樂性探析與檃括詞的式微

張炎《詞源》云："詞以協音爲先。"[①] 詞的音樂性亦是衡量詞作藝術性的一個重要維度。尤其是對於將其他詩文剪裁改寫爲詞以協樂的檃括詞，音樂性是其存在的重要意義。但是，因爲詞的樂譜亡佚殆盡，加之音樂符號辨識解讀之難，現代學者對詞樂的研究頗感棘手。

吴熊和教授《唐宋詞通論》對這一困境表述如下："千載之下，文獻無徵，現在要讀通唐宋遺譜，一一識其譜字，弄清唐宋兩代樂譜調格的不同，自然而然就更困難了。"[②] 即使是面對姜夔傳世的有譜（樂譜，協律之用）有詞（詞譜，製詞之用，涵蓋句法、字數、平仄、押韻等）的十七譜，也是"其中表音節拍眼的符號，認識不一。工尺全明，而節奏未備，因此現在仍不能據譜按歌"[③]。所以，從詞的樂譜角度考量詞的音樂藝術性，目前而言，操作之可能性微乎其微。

對於詞作音樂藝術性的認知，也必須建立詞人深諳音樂、知譜識曲的基礎之上。但是，這樣的詞人畢竟有限。《詞源·雜論》："今詞人纔說音律，便以爲難。"[④]《樂府指迷》："腔律豈必人人皆能按簫填譜。"[⑤] 又說："近世作詞者不曉音律。"[⑥] 不通曉音律，不免要捨棄音譜，僅取詞譜，依照前人所創詞調的文字聲律作詞。元虞集《道園學古録》有《葉宋英自度曲譜序》一文云："近世士大夫號稱能樂府者，皆依約舊譜，仿其平仄，綴輯成章。"[⑦] 清方成培《香研居詞麈》卷三云："宋人多先製腔而後填詞，觀其工尺，當用何字協律，方始填入，故謂之填詞。及其調盛傳，作

---

① ［南宋］張炎《詞源》卷下，載《詞話叢編》，第 255 頁。

② 吴熊和《唐宋詞通論》，北京：商務印書館，2003 年，第 41 頁。

③ 《唐宋詞通論》，第 41 頁。

④ 《詞源》卷下，載《詞話叢編》，第 265 頁。

⑤ ［南宋］沈義父《樂府指迷》，载《詞話叢編》，第 280 頁。

⑥ 《樂府指迷》，载《詞話叢編》，第 282 頁。

⑦ ［元］虞集《道園學古録》卷三十二，《四部叢刊》本。

者不過照前人詞句填之。”[1] 其實按照前人之詞譜，忽略樂譜而填詞的詞人在宋代已經非常普遍。比如，宋代許多人喜歡張志和的《漁歌子》，其樂譜作於唐肅宗之時，到了宋代就已經“曲度不傳”[2]，李彭、陸游等人的《漁歌子》就僅僅是照前人詞句所填，而無樂譜作爲依託。辛棄疾《唐河傳》（春水，千里）也與之類似，自注“效《花間集》”，而《花間集》之中，此調有溫庭筠、韋莊、顧敻等多人使用，而且每人使用的體調不一。實則辛棄疾作詞是依照顧敻一體而作，也就是把顧敻當作詞譜而作。

林正大其人，是否精通樂音，具備以樂譜填詞之能，難以查考。但是以詞譜，也就是僅僅以句法、字數、平仄、押韻考量，林正大的詞作大部分符合詞牌的平仄和韻律要求，但是卻有十餘首破律作品。他的破律之作不是個別字句出律，而是出律之處甚多，有幾首甚至不成韻語。綜合《欽定詞譜》和《唐宋詞格律》（部分詞格過於冷僻，詞譜未收錄，則儘可能選取同一詞牌之下相同詞作比較），對林正大所有詞作分析統計，忽略一個韻字出韻或者二三字平仄出律的篇目，多處破律或者用韻不成章法的有：《水調歌·送敬則赴袁州教官》[3]（檃括杜工部《醉時歌》）前五個韻字出自《詞林正韻》第三部，後三個韻字來自第五部，七個字平仄有誤；《賀新涼》（檃括《蘭亭序》）[4] 全都押韻，但是有十餘字出律；《聲聲慢》（檃括杜工部《麗人行》）[5] 近二十字平仄不合規範；《賀新涼》（檃括歐陽修《醉翁亭記》）[6] 近十字出律；《酹江月》（檃括蘇軾《前赤壁賦》）[7] 近十字出韻；《朝中措》（檃括山谷《水仙花》）[8]，短短一篇僅有四十八字，五個韻字，竟然出現兩個韻字出自第六部，其餘出自第十一部的現象；《賀新涼》（檃括《東坡書林和靖詩後》）[9] 大約十個字出韻；《沁園春》（括《白樂天廬山草堂記》）[10] 所用韻字出自第二部、第三部、第七部、第

---

① ［清］江順詒《詞學集成》卷二，清光緒刻本。
② ［宋］曾慥《樂府雅詞》卷中，《四部叢刊》本。
③ 《全宋詞》，第 2440 頁。
④ 《全宋詞》，第 2441 頁。
⑤ 《全宋詞》，第 2444 頁。
⑥ 《全宋詞》，第 2445 頁。
⑦ 《全宋詞》，第 2447 頁。
⑧ 《全宋詞》，第 2450 頁。
⑨ 《全宋詞》，第 2451 頁。
⑩ 《全宋詞》，第 2456 頁。

十二部，平仄也問題重重，全篇幾乎不押韻；《江神子》（櫽括《山谷題杜子美浣花醉歸圖》）[1] 韻字在第六部和第十一部隨意切換。不僅如此，林正大詞中還數次出現同一個韻字在一首詞出現兩次的狀況。比如，《賀新涼》（櫽括《蘭亭序》）中“至”作爲韻字出現兩次；《水調歌》（櫽括《送李愿歸盤谷序》）中，“藏”也出現兩次；還有《摸魚兒》（櫽括《醉鄉記》）中的“氏”字，《賀新涼》（櫽括《東坡書林和靖詩後》）中的“曲”字，都是作爲韻字出現兩次。

若說林正大完全不依照前人詞作爲譜，就難以解釋其他完全符合規範的作品。據《全宋詞》林正大的小傳，林氏是永嘉人。關於破律這一問題，夏承燾從其鄉音角度研究，但是最後的結論卻是林正大的創作破律之處“用韻頗雜，又非永嘉鄉音”[2]。亦沒有證據表明林正大創作是有意打破原來詞格平仄交替，以期獲得一種新的音樂美感。

櫽括詞創作的一個重要目的就是賦予作品以音樂性。如果從平仄與用韻來說，林正大的許多作品能否用於演唱就是問題。前輩詞人創作櫽括詞將自己喜歡的作品“使就聲律”，林氏在具體文本創作時，是否在意這一點著實令人懷疑。而且，他的創作能力也極其不穩定：中規中矩的詞作也有；改竄原作，將原作格調大打折扣也有不少；大部分作品合律，而出律以至於面目全非、不堪卒讀的也有。狀況相當矛盾。

《四庫全書》并未收錄林正大的著作，僅僅作了“存目”，收入《四庫全書總目提要》。《四庫全書總目提要》此條存目提要云：“蓋仿蘇軾櫽括《歸去來詞》之例，然語意蹇拙，殊無可采。”[3]“蹇拙”意爲“文詞拙劣，不通暢”，評林正大之詞是文辭拙劣，詞句不通，又無甚文采可取。這一評價或許稍顯嚴苛，但是尚屬恰切。而且，從這一評價，亦可看出四庫編纂者也僅僅能從文辭角度評價其作，對音樂性卻難言一語。雖然林正大自名“風雅”，但是他的創作水準與他的理想中的“風雅”二字的標準還相去甚遠。他似乎只是一位有心無力的創作者。

在林正大這樣一個創作櫽括詞的高峰過去之後，詞人們創作櫽括詞的

---

① 《全宋詞》，第 2460 頁。
② 《唐宋詞彙評·兩宋卷》，第 3001 頁。
③ 《四庫全書總目提要》卷二百，第 1098 頁。

熱情就陡然下降。不僅再沒有像林氏這樣專職大力創作檃括詞的詞人，甚至像之前蘇軾等人以賞玩遊戲心態創作的人也少了許多。宋末元初，張炎的《詞源》和沈義父的《樂府指迷》總括兩宋詞史，後世對詞的研究多受此影響。二人共同推崇的周邦彥、姜夔、吴文英三人現存的詞裡沒有一首是檃括詞。《全元詞》所收錄的只有白樸的兩首檃括作品，再無其他。

檃括詞畢竟不是完全意義上的“創作”，從其創作技巧的屬性而言，被冷落拋棄的結局可想而知。音樂性是檃括詞存在的意義。只有被賦予音樂性，隨著音樂被歌唱，它存在的意義才能顯現出來。所以，一旦樂曲亡佚，檃括詞就只能憑藉視覺所見之文辭來鑒賞，在這個時候，原先預設的音樂藝術效果就消失不見。當然，這種狀況是所有詞作共同面臨的問題。但是，其他的詞作僅從文辭而言，也能反映作者的個性，後來的接受者亦可從中感受到多樣的審美趣味。因此，詞樂曲的消亡，對詞的打擊深重，檃括詞更是首當其衝。

南宋“選體詩”的發生機制及創作分析

胡楠芳

中國電子科技網絡信息安全有限公司

摘　要：南宋時《文選》詩歌衍生出亞文類“選體詩”，呈現出新變性。本文兹呈現這一詩歌流行現象，將視角延伸到文人的創作中，重點分析朱熹和嚴羽此類詩歌的特色。除此之外，對“選體詩”的發生機制進行觀照，認爲這一實質性變化乃話語體式、焦慮意識和厚古薄今的文學觀使然。與此同時，“選體詩”創作在元明清三朝繼續發展，體現出該類詩歌的延續性。

關鍵詞：選體詩　南宋　文人創作　發生機制　發展概況

北宋以後，印刷術打破傳統手抄本格局，作爲先唐文學總集的《文選》也得以印刷傳播，成爲宋代“文選學”研究的重要參考。無論是對《文選》基本情況的辨析，還是傳播的影響，前輩先達的考察已經十分深入①。儘管如此，在如此全面的研究視域中，我們仍能看到研究的增長空間。這就是郭寶軍所説的“《文選》對宋人影響表現的維度絕非僅只改編、續書、仿照新編一途。它的影響還有非常重要的一個考察路徑，即對宋人

① 這些考察或全面觀之，或斷代研之。宏觀者有駱鴻凱《文選學》（北京：中華書局，2015 年）、黄侃《文選平點》（上海：上海古籍出版社，1985 年）、穆克宏《昭明文選研究》（北京：人民文學出版社，1998 年）、傅剛《文選版本研究》（北京：北京大學出版社，2000 年）、王立羣《現代文選學史》（北京：中國社會科學出版社，2003 年）、王書才《文選評點述略》（上海：上海古籍出版社，2012 年），其中宋代“文選學”常作爲其研究衆多環節的一部分。斷代者則集中於趙宋一朝或與唐共言之，有汪習波《隋唐文選學研究》附錄部分（上海：上海古籍出版社，2005 年）、汪超、俞學華《論北宋文人對文選的評價與接受》（《上饒師範學院學報》2006 年第 5 期，第 51—54 頁）、郭寶軍《宋代文選學》（北京：中國社會科學出版社，2010 年）、丁紅旗《唐宋文選學史論》（上海：上海人民出版社，2015 年）等。

詩文創作的影響”①。《文選》對宋人創作的影響是多方面的，近年來汪超等②致力於此方面的探討。隨著研究的深入，我們注意到《文選》詩歌在南宋時期產生一定的新變，表現爲“選體詩”大量出現。

《文選》詩狹義上指《文選》卷十九至卷三十一的詩歌，收錄漢詩 36 首、魏詩 82 首、晉詩 141 首、宋詩 105 首、齊詩 23 首、梁詩 54 首③，總共分二十三類。廣義上，因其影響，文人學習、模擬《文選》詩歌而創作的具有“選味”的詩都是《文選》詩。本文所言“選體詩”由狹義的《文選》詩演化而來，屬於廣義《文選》詩的範疇。但“選體詩”絕不等同於《文選》詩，其具有新的時代特色。首先，“選體詩”體裁爲五言古詩，詩題、句式和語詞相犯，整體上又遵循著“三部式”的結構；其次，其具有抒情言志、風調高古、重視意興、直寫直思的風格特征；最後，南宋“選體詩”具有明顯的時代分期特征，漢魏詩得到盛讚，晉以下詩多含批評④。

在深入論述之前，我們有必要對“選體詩”“選詩”“選體”三者之間的關係作些許補充。南宋時，“選詩”指代《文選》詩且廣爲通行⑤，中後期時又稱爲“選體”，文珦則創“選體詩”之名。雖然南宋一朝，時人

---

① 郭寶軍《宋代文選學》，第 539 頁。

② 如汪超、俞學華《論北宋文人對文選的評價與接受》，馮莉《文選賦研究》（北京語言大學博士學位論文，2008 年），艾紅紅《文選書信體作品研究》（陝西師範大學博士學位論文，2009 年），汪俊《文選賦與詩在唐宋時代的接受》（《華南師範大學學報（社會科學版）》2011 年第 6 期，第 39—43 頁），劉乃琳《文選與宋初詩歌》（遼寧師範大學碩士學位論文，2013 年）等從詩、賦、文著眼點展現了《文選》在後世傳播的魅力。

③ 楊淑華《文選選詩研究》，臺北：花木蘭文化出版社，2010 年，第 75—76 頁。

④ 參看胡楠芳《南宋“選體詩”研究》第二章，四川大學碩士學位論文，2017 年，第 28—47 頁。

⑤ 據本人考察，杜公瞻“《文選》詩曰：‘餘霞散成綺’”爲目前見到最早稱呼“《文選》詩”之例。張彥遠“選詩云：‘伎能既寡薄，支葉復單貧……’”則爲首見“選詩”稱呼之例，遺憾地是，“伎能”句出蕭巡，非自《文選》。宋朝時，“選詩”之名才開始真正繁榮，卻非一蹴而就。繼張彥遠後，無獨有偶，阮閱《詩話總龜》再次用“選詩”指代非《文選》詩。其記載，袁夏過永，見何仙姑曰：“吾鄉有故人亭，全亦有故人亭，何是非也?”仙曰：“此亭名因選詩有‘洞庭值歸客，瀟湘逢故人’而得之。”“洞庭”一句取自柳惲《江南曲·汀洲采白蘋》，不屬《文選》。《墨池編》照搬張彥遠記錄。但此時“選詩”一名不再與《文選》無關。文同就說“常念文選詩，最愛顔光禄”，沈與求提到“（黄）追和梁昭明所選詩，持見眉山蘇公”，皆涉及《文選》。此期“選詩”一名用例較少，時至南宋，“選詩”指代《文選》詩的現象方爲大盛。如《砦溪詩話》說：“古人作詩有用經傳全句。選詩云：‘小人計其功，君子道其常。’樂天：‘疾惡若巷伯，好賢如緇衣。’乃兩句渾用之。”《聞見後録》也有：“選詩云：‘流波戀舊浦，行雲思故山。’太白云：‘水忽戀前浦，雲猶歸舊山。’”

稱呼“選詩”“選體”更多，但“選體詩”之名既强調“體”又注重“詩”，較前二者更爲準確。與“選體詩”相近的稱呼有“《文選》體”，後者最早出現於王儔補註韓愈《秋懷》一詩，他處用例分見於《竹莊詩話》“韓退之”條、《文山集·新淦曾季輔杜詩句外序》和《淳熙稿·寄謝新安豐守胡達孝見遺近詩一軸》，皆代指《文選》詩，然“《文選》體”僅注重“體”而已。

一、南宋“選體詩”概況

根據王立羣的研究，蕭統完成《文選》編選的時間在梁普通三年（522）至普通七年（526）十一月之間①。梁以後直至唐朝以前，文人學習《文選》詩較少創見，主要表現爲題目、陳詞乃至構思的沿襲。比如沈迥、周弘正、孔奂同題詩《名都一何綺》便與陸機《擬青青陵上柏》中的句子結構、語詞相仿；隋朝時，楊廣及其大臣盛行摘句嗟賞的《文選》詩風；初盛唐詩人學習《文選》詩的對象、類型、廣深度等方面發生明顯變化，襲用詩題的情況開始減少。《文選》詩借科舉之力在開元以後得到更大發展，就連韓愈也在時代影響下寫了極具《文選》詩痕跡的《秋懷》組詩。中晚唐时期詩格作品對《文選》詩的詩法、詩史等有所探索；北宋時《文選》刻本風行，伴隨著杜詩典範地位的確立，熟精《文選》者不在少數，王安石、黄庭堅等都是典型。

南宋時，《文選》詩呈現全面繁榮的景象。最直接的體現是“選體”之名廣泛活躍於詩壇，成爲常見術語。除此之外，《文選》詩的發展至少還有以下方面的成果值得一提。

一方面，圍繞“選詩”的專著得到編輯、刊行。《直齋書録解題》記載，當時有《選詩》七卷，高似孫《選詩句圖》一卷②。《選詩》是分時代彙集《文選》詩人作品，爲學習專書，用心可見，惜其未傳。高似孫由杜甫教子《文選》理受啟發，以時代爲序摘取《文選》詩及李善注而成

---

① 王立羣《文選成書研究》，鄭州：大象出版社，2015年，第141頁。

② 陳振孫《直齋書録解題》卷十五、卷二十二，徐小蠻、顧美華點校，上海：上海古籍出版社，1987年，第451頁、第650頁。

《選詩句圖》，力求以詩句間的聯繫爲綱來組織詩歌。另外一書《選詩演義》如今尚存朝鮮活字版孤本。據芳村弘道介紹，此書乃自《文選》選錄詩作，參用李善、五臣注及編者、詩友的見解串講而成①。三書以《文選》詩爲參照點，乃時人重“選詩”之體現。

另一方面，文人墨客對“選詩”表現出自覺的體認。

首先，他們會創作有《文選》詩味道的詩歌。因爲許多人都有學“選詩”的經歷，所以他們的詩“選味”痕跡明顯。第一，詩題是其中一端。此類模仿多採自《文選》詩原題，而非截取原句。鄧允端《涉江采芙蓉》，楊冠卿《西北有高樓》，鄒登龍《從軍行》《結客少年場行》，嚴羽《遊仙六首》等都屬於“選詩”同題之作。第二，擬詩頻繁出現。或直接題名爲《擬古》，或以“擬”字加上所擬詩歌、所擬作者。朱熹《擬古八首》，吴泳《擬行行重行行》《擬西北有高樓》，汪元量《居擬蘇武》等都是此類；或以和韻、依韻等來效“選詩”，比如韓淲《和江文通擬休上人韻》等。第三，自擬詩歌追求與“選詩”一致，這是南宋“選詩”發展的鮮明特點。比如陳鬱《空谷有幽蘭》《昔人貴松柏》，嚴羽《我友遠行邁》《朝日照高臺》，趙崇嶓《美人貌如花》《憶昔》《故人》等。

然後，時人尤其注意到詩歌與“選詩”的聯繫。這種聯繫體現爲以下兩端。第一，注意到詩歌句法、典故、語詞等出自《文選》的情況。李壁注王安石詩，任淵、史容等注黄庭堅詩，任淵注陳師道詩時，都注意到三人引用“選詩”的情況。《艇齋詩話》亦不吝舉出老杜、黄庭堅、蘇軾等詩句用“選詩”的例子，還交代徐俯喜好《文選》詩和學詩論詩多取“選詩”的情況②。第二，留意到詩歌整體意蘊與“選詩”相似。曾季貍說：“東湖《送謝無逸》二詩，全似選詩。”③ 方回稱朱熹“‘選體’卓絕”④，趙蕃說胡孝達“詩作《文選》體，字有眉山蹤”⑤，真德秀稱趙崇度“自

---

① 芳村弘道《關於孤本朝鮮活字版〈選詩演義〉及其作者曾原一》，金程宇譯，《古典文獻研究》第12輯，南京：鳳凰出版社，2009年，第222頁。

② 曾季貍《艇齋詩話》，丁福保輯《歷代詩話續編》，北京：中華書局，1983年，第299、314、315頁。

③ 《艇齋詩話》，《歷代詩話續編》，第285頁。

④ 方回《劉元輝詩評》，《桐江集》卷五，南京：江蘇古籍出版社，1988年，第323頁。

⑤ 趙蕃《淳熙稿》卷一，北京：中華書局，1985年，第16—17頁。

少爲文，率根本義理，其詩於‘選體’尤得趣”[①]。

最後，“選詩”進入詩學評論體系中。要點有三。第一，地位提升，與唐律相頡頏。徐俯以“大車無輗、小車無軏”來譬喻“若學詩而不知有‘選詩’”[②]的情況。“選詩”地位提升，具體表現在古詩領域。趙汝回“近世論詩，有選體，有唐體”[③]，劉克莊“嗜古者宗選，縛律者宗唐”[④]都反映了“選詩”與“唐詩”對峙的局面。第二，體裁、内容等特徵得到進一步指認。劉克莊將“選詩”體裁定爲五言古詩；吕本中則說“‘選詩’有高古氣味”[⑤]；葛立方意識到“‘選詩’駢句甚多”[⑥]。第三，“選詩”成爲評價標杆。傅伯壽爲曾協《雲莊集》作序稱“其古詩則興寄淵邈，詞旨超邁，多效‘選體’爲之”[⑦]，將曾氏古詩成就歸功於效“選詩”。

二、“選體詩”創作舉隅

從上一節中我們可以了解到南宋“選體詩”發展的多個方面。史偉以文論爲線，交代了南宋“選體詩”被重新發現的過程，認爲江西詩派、“四靈”及後學、理學家發揮了重要作用[⑧]。結合南宋詩壇狀況，“選體詩”創作大抵沿此主線發展。只是，創作與理論之間多少有些不平衡——江西詩派雖援“選體詩”以反思詩學，即使趙蕃被劉克莊認定“五言有陶、阮意”[⑨]，韓淲有梁昆“五古有陶韋之風”[⑩]的肯定，但畢竟難成體系；嚴羽在詩論和創作中都表現出對“選體詩”的極度關注，與之緊緊貼合。當然，不可否認的是，理學家和“四靈”及其後學仍然是寫作“選體詩”的能手。此節兹選取朱熹、嚴羽兩位“選體詩”作者作一番考察。

---

① 真德秀《提舉吏部趙公墓誌銘》，《西山文集》卷第四十三，《四部叢刊》本。

② 《艇齋詩話》，《歷代詩話續編》，第297頁。

③ 趙汝回《雲泉詩序》，《江湖小集》卷五十五，《文淵閣四庫全書》本。

④ 劉克莊《宋希仁詩》，辛德儒箋校《劉克莊集箋校》卷九十七，北京：中華書局，2011年，第4092頁。

⑤ 張鎡《仕學規范》卷三十五，《文淵閣四庫全書》本。

⑥ 葛立方《韻語陽秋》卷一，上海：上海古籍出版社，1984年，第10頁。

⑦ 傅伯壽《云莊集序》，陸心源《皕宋樓藏書志》卷八十四集部，清光緒萬卷本。

⑧ 史偉《南宋“選體詩”的重新發現及其詩學意義》，《中國文學研究》2010年第3期，第47—52頁。

⑨ 劉克莊《瓜圃集》，《劉克莊集箋校》，第3975頁。

⑩ 梁昆《宋詩派別論》，臺北：東昇出版事業有限公司，1980年，第128頁。

（一）機械模仿到運用自如：朱熹創作磨煉

朱熹創作"選體詩"的時間可追溯到學詩入門之時，正如其自白："向來初見擬古詩，將謂只是學古人之詩。元來卻是如……'磊磊澗中石'，自家也做一句如此；'人生天地間'，自家也做一句如此。"[①]《擬古八首》正是其取徑《古詩十九首》的作品。莫礪鋒認爲《擬古八首》分別模擬了《古詩十九首》其二、五、六、七、八、十二、十八、十九[②]，當無異議。

縱觀全詩，我們隨時都可以看出《古詩十九首》的痕跡。爲了達到語脈和意思上的重合，朱子真是步步規摹《十九首》，暫以《離離原上樹》爲例：

> 離離原上樹，戢戢澗中蒲。娟娟東家子，鬱鬱方幽居。濯濯明月姿，靡靡朝華敷。昔爲春蘭芳，今爲秋蘼蕪。寸心未銷歇，託體思同車。[③]

原詩爲：

> 青青河畔草，鬱鬱園中柳。盈盈樓上女，皎皎當窗牖。娥娥紅粉粧，纖纖出素手。昔爲娼家女，今爲蕩子婦。蕩子行不歸，空牀難獨守。[④]

起六句連用六個疊詞；樹、蒲，草、柳皆爲植物，以此起興；原上與河畔是遠景，澗中、園中地點變換，視野由遠及近；三、四句引出主人公，五、六句則描寫妝容；七、八句以今昔對比凸顯主人公的變化；九、十兩句緊承而下，抒情結尾：兩詩模式相當。

除卻上文交代的形式模仿外，朱子《擬古八首》的内涵和風格也形成一道風景線，構成完整而獨立的系統。葛曉音將以蘇李詩、《十九首》爲代表的漢詩内涵歸納如下：一是感慨光陰苦短，百年難料；二是悲歎人生遠別，聚短離長；三是怨嗟人情冷漠，世態炎涼[⑤]。朱子所作古詩正是如

---

① 朱熹《作文》，黄士毅編，徐時儀、楊艷彙校《朱子語類彙校》卷第一百三十九，上海：上海古籍出版社，2014年，第3247页。

② 莫礪鋒《朱熹文學研究》，南京：南京大學出版社，2000年，第62頁。

③ 朱熹《擬古八首》其一，郭齊箋注《朱熹詩詞編年箋注》，成都：巴蜀書社，2000年，第12頁。

④ 蕭統編、李善注《文選》，北京：中華書局，1977年，第9頁。

⑤ 葛曉音《論漢魏五言的"古意"》，《北京大學學報（哲學社會科學版）》2009年第2期，第12頁。

此，《離離原上樹》以悲歎離别爲主線，《高樓一何高》强調時光蹉跎，《佳月朗秋夜》譴責“同心子”的背棄，等等，都完整地體現了三項内涵。重觀《離離原上樹》一詩，我們發現從第七句開始，朱子並非機械地遵循原詩風格。雖然套用“昔爲”“今爲”陳語，賓語卻做了調整。“娼家女”“蕩子婦”造語直白，“春蘭芳”“秋蘼蕪”卻含蓄比興，“蘼蕪”這個意象又關聯到《上山采蘼蕪》中的棄婦形象。較之於原詩“空床難獨守”式的申訴，朱子詩反而有一種怨而不傷的不捨不棄。其他七首詩亦如此，比如《古詩十九首》其六結句爲“同心而離居，憂傷以終老”，朱子詩則爲“芳馨坐銷歇，徘徊以悲歎”，表達了兩地分隔、年華輕負的無奈，但又沒有像原詩那樣完全失去希望，將一切予以否定，從而也就保留了自我，豐富和提升了詩味。

朱子後期“選體詩”不像《擬古八首》那麼系統、完整。總結來說，這主要有兩個原因。第一是模擬對象擴大，走出《古詩十九首》，向《文選》中的更多詩家學習。從其詩歌中，我們至少還能窺探到曹植、阮籍、陶淵明、謝靈運等詩人的影子。第二是模擬手法更爲高超，從以前的“意思語脈皆要似他底，只換卻字”式的機械模仿變爲如鹽著水式的化用，從而造成似而非似的效果。如《古意》一詩仍以《冉冉孤生竹》爲法，但模擬痕跡就不再那麼明顯，非僅僅“換卻字”能爲者。《感事有嘆》最有阮籍《詠懷詩》風味：

> 榮華難久恃，代謝安可量？宿昔堂上飲，今歸荒草鄉。高臺一以傾，繐帳施空房。繁絃既闕奏，緩舞亦輟行。桃李自妍華，春風自飄揚。戀幄靡遺思，更衣有餘芳。身徂名亦滅，事往恨空長。寄語繁華子，古今同一傷。①

此詩雖不免與阮詩在詞彙上偶合，但真正貼合阮詩的卻是詩歌手法、思想等方面。該詩以今朝荒蕪之境爲視角，高臺、繐帳、繁絃、緩舞分别綴以傾、空、闕、輟這樣的動詞，反復言説現狀，讓讀者想見昔日輝煌，形成今昔對比的效果。桃李妍華、春風飄揚則用兩個“自”字來修飾，彰顯二者不隨今昔更改的獨立狀態，與前舉高臺等事物構成第二重張力，更加凸

① 朱熹《感事有嘆》，《朱熹詩詞編年箋注》，第101頁。

顯今昔之變。情感至此停留於傷今層面，尾句“古今同一傷”情感翻轉而擴大，達成否定之否定的效果，同時呼應起句“榮華難久恃，代謝安可量?”，終促就“层层深入地追求‘象’的变化与进化，进而追求‘意’的深化”[①]。詩境不再停留於某一層面，而是引向更深廣的世界；情感非一味地悲古傷今，而是擴展到整個時空維度。從分析中，我們能感受到朱子此詩與阮籍詩歌的相似性，比如對比、否定之否定等慣用手法，又如全詩那種深廣而悠邈的情思。但是，顯然這完全不同於往昔“換卻字”式的模擬了。其他詩句如“故人海邊郡，妙語寄遠翼。咏歎不得聞，超然見胸臆”仍規摹《古詩十九首》；“眷焉撫流光，中夜歎以驚”則分別取自曹植“流光正徘徊”和“中夜起長歎”；“孟夏氣淑清”與陶詩“孟夏草木長”異曲同工，“静有山水樂，而無車馬喧”襲用“結廬在人境，而無車馬喧”；“夏木已云暗，時禽變新聲”分明有謝靈運“池塘生春草，園柳變鳴禽”的意味，“從渠媚幽獨”後三字來自謝詩“潛虬媚幽姿”“幽獨賴鳴琴”。如此等等，不勝枚舉，都是朱子後期“選體詩”變換的證據。

（二）嚴羽十九篇五古創作解讀

嚴羽的詩論與創作具有不平衡性。方回就說：“然嚴滄浪、姜白石評詩雖辨，所自爲詩不甚佳。”[②] 詩論的光芒掩蓋了創作，但並不意味著無人注視嚴詩。戴復古曾說嚴羽：“長歌激古風，自立一門户。”[③] 嚴氏自己也以詩爲傲，曰：“幾代詩名不乏人。”周裕鍇分析了嚴羽創作詩歌與前代詩歌的聯繫[④]，啟發了筆者從此方面來關照嚴羽詩。

嚴羽五言古詩現存19篇，數量次於五律（34篇）[⑤]，“選味”甚濃。

第一，文本形式步步規摹“選詩”。首先，文本中出現很多“選詩”高頻詞句，二字者有“安得”“中野”“凝思”“朔風”“白日”“殘暑”“貞姿”等；三字者有“攜手歡”“何足論”等；單句則有“丈夫志四海”“願

---

① 胡大雷《文選詩研究》，西安：世界圖書出版西安有限公司，2014年，第205頁。

② 方回《詩人玉屑考》，《桐江集》卷七，第439頁。

③ 戴復古《祝二嚴》，金芝山校點《戴復古集》，杭州：浙江古籍出版社，1992年，第18頁。

④ 周裕鍇《興趣與音節——略探嚴羽復古的真諦與影響》，《江西師範大學學報（哲學社會科學版）》2010年第5期，第75—81頁。

⑤ 據《嚴羽集》詩歌分類統計。按原詩分類，《送趙立道赴闕仍試春官即事感興因成五十韻》在古詩類，陳定玉注釋此爲律詩，故將其從古詩剔除。嚴羽著、陳定玉輯校《嚴羽集》，鄭州：中州古籍出版社，1997年。全文所引嚴羽詩歌皆出此書。

言寫懷抱”“主人敬愛客”等。其次，詩的句式含有“選詩”味，尤爲突出的是謝靈運式時空觀[①]，如“經過徐孺宅，出入洪喬門”（《豫章留別諸公》）、“來過許仙宅，復窺洪崖井”（《過逍遙山》），以地點爲轉移；“昔看秋葉落，今見荷花繁”（《豫章留別諸公》）、“朝別簡寂觀，夜行石徑溪”（《遊仙》其四），以時間爲限；“稍欣入林深，已覺煩慮屏”（《山居即事》）則彰顯情感波動。然後，嚴氏選取的意象，如朔風、白日、秋夜、共棲鳥、猿、松、桂，從大處著眼，採用白描手法，直陳其事；在具體手法上，嚴羽詩還有一些特徵與“選體詩”相關。比如疊詞的使用，“凜凜秋風來，茫茫落日晚”（《登豫章城感懷》）、“秋間夜瑟瑟，月露明團團”（《遊仙》其一）。比如上下句之間近乎機械的對仗，《文選》詩如“巖石無結構，丘中有鳴琴”，“有”“無”相對；“初景革緒風，新陽改故陰”，“革”“改”意重。機械式對仗能看出古人追求對仗美的努力，後人故作此態就有模仿的嫌疑了。嚴詩如“煙起多近郭，鴉歸無遠村”（《遊臨江慧力寺》）、“高論極興亡，歷覽窮川渚”（《夢中作》），“多”與“無”、“極”與“窮”可見用心。再如起興手法，“朝日臨高臺，睠彼芳樹間。上有共棲鳥，和鳴亦關關”（《朝日臨高臺》）、“朔風卷秋樹，白日寒無光。是時鴻雁來，中野何蒼茫”（《我友遠言邁》）中，“鴻雁”“共棲鳥”皆爲起興，與曹植“中有孤鴛鴦，哀鳴求匹儔”、阮籍“孤鴻號外野，朔鳥鳴北林”相當。值得一提的是，嚴羽五古詩類與“選詩”也有一致性。下表可參：

<table>
<tr><th>詩題</th><th>詩類</th></tr>
<tr><td>贈吕仲祥</td><td>贈答[②]</td></tr>
<tr><td>送嚴次山</td><td rowspan="2">祖餞</td></tr>
<tr><td>豫章留別諸公</td></tr>
<tr><td>登豫章城感懷</td><td rowspan="2">詠懷</td></tr>
<tr><td>廬陵客館雨霽登樓言懷寄友</td></tr>
<tr><td>遊臨江慧力寺</td><td>行旅</td></tr>
<tr><td>過逍遙山</td><td>遊覽</td></tr>
<tr><td>遊仙六首</td><td>遊仙</td></tr>
</table>

① 受啟發於謝瑞琳《論謝靈運山水詩的時空關係與精神意蘊》，四川大學學士學位論文，2016年。特此感謝。

② 《贈吕仲祥》從内容上看，亦可歸爲招隱一類。

續表

詩題	詩類
我友遠言邁	雜詩
悠悠我行邁	
朝日臨高臺	
昔遊東海上	
秋風入我户	

由詩題觀之，以上詩皆可歸入“選詩”。嚴羽贈答類詩題多以“贈”“答”起頭，祖餞詩則冠之“送”“别”，詠懷詩重在因時因地抒一己之懷，遊覽與行旅詩取“過”“經”“遊”加地名爲詩題，《我友遠言邁》等五詩即事名篇，遠紹《古詩十九首》，莫不是對《文選》詩題的回歸。最後，在文本的結構安排上，嚴羽也以“選詩”爲宗，詩歌層次簡單，轉折不多，多平鋪直敘。起句如“少小尚奇節”“憂來不自得”“朔風卷秋樹”“秋間夜瑟瑟”往往言情或狀景，中間句子常常順承而下，不作過多勾陳，尾句總是照應全詩，順勢結句，與《文選》詩“三部式”結構一致。

第二，文本風格成就了嚴羽詩與“選詩”的貼合。許學夷曾説“漢魏五言本乎情”[①]，從情感角度審視嚴羽詩，其情真，其意切。姑以《悠悠我行邁》一詩爲例：

> 悠悠我行邁，邈在天一方。道路無終極，時節異炎涼。路逢故里親，揮泣問我鄉。妻子别離久，不知今存亡。中原多白骨，城邑聚豹狼。遠去無僮僕，思還絶餱糧。寄語家中人，遠行良可傷。[②]

此詩圍繞遠行人展開。“悠悠”二字起句，意藴古老而悠長，既表明由古至今遠行人共有的悲涼之情，又烘托“我”距家鄉之遠，奠定悠揚而悲傷的基調。“道路”兩句交代遠行之況，“異”不僅是“異常，十分”的意思，同樣有將家鄉與“異地”對比的深意。前四句寫出了客居之悲涼，接下來幾句筆鋒一轉，悲涼轉深。他鄉遇故親，欣喜之情不可言狀，但别離之久、不知存亡的無奈卻襲上心頭，無法消散。展望未來，前途渺茫，困

① 許學夷《詩源辨體》，北京：人民文學出版社，1987年，第44頁。
② 嚴羽《悠悠我行邁》，《嚴羽集》，第92頁。

難重重，“我”起還家之念，又礙於基本衣食都無保障而不能實現。尾句“寄語家中人，遠行良可傷”含有多少辛酸和無奈，與其說是“寄語家中人”，不如說是遠行人的總結陳詞，從而將個人之悲上升爲一類人的情感。詩歌選取的片段不多但典型，將遠行他鄉的艱難和思家無法還家的無奈融會貫通，以“傷”統領全詩，形成《古詩十九首》“一唱三歎”“含不盡之意”的效果。嚴羽其他詩歌也不乏此類句子，如“獨酌還獨酌，哀歌還寂寞”“奈何我心悲”“惆悵滿松雲”，等等。

從主題歸納，嚴羽選體詩不離求仙與入世、相聚與離别兩類。《贈吕仲祥》《遊仙六首》遠紹郭璞詩，表現出求仙與入世的矛盾。《贈吕仲祥》中吕仲祥是忠烈之後，係方外道人，嚴羽表達的就是見夫子而開心、“終欲從夫子”的志願。《遊仙》詩則更多反映矛盾。胡大雷指出“郭璞的《游仙詩》之貢獻在於：真正體現文人作爲詩歌主人公的特點。極少寫到詩歌主人公與神一起的比翼遨游，是一個外在者的身份”①，洵爲的見。在嚴羽《遊仙六首》中，這種外在者形象得到繼承，方式爲不乏與仙會面的描寫，但不斷凸顯個體“我”，如“贈我”“邀我”“棄我”等用語，從而拉開“我”與仙的距離，保持“我”之意識獨立。另外嚴詩還體現了郭璞詩的内涵。何焯認爲“景純《遊仙》當與屈子《遠遊》同旨。蓋自傷坎懔，不成匡濟，寓旨懷生，用以寫鬱”②。嚴氏六首遊仙詩以仙境爲焦點，結尾總會繞回“城郭”“塵埃”“人間”，表達出對塵世的戀戀不捨。縱使發“恍惚在蓬瀛”“了若出寰瀛”之慨，用詞也特别微妙，“恍惚”與“了若”暗含不可能性，反向寫出“自傷坎懔，不成匡濟”之情。另一主題相聚與離别也基本貫徹於嚴羽“選詩”。《夢中作》《劉荆州答》《廬陵客館雨霽登樓言懷寄友》《送嚴次山》《豫章留别諸公》《我友遠言邁》《朝日臨高臺》等屬聚與離的糾纏。情感是矛盾的，主題是鮮明的。或壯志滿滿，揚言“丈夫志四海，别離何足論”；或珍惜短暫相聚，不敢期許别離，“勿言此歡易，樂罷歸無何”。更多的是别離的憂傷和孤獨的悲情——送嚴仁時，他殷切地告訴兄弟及時歸來，“毋令久凝思”；在友人遠行時，他沮喪地借酒澆心中塊壘，只因“未知會面日”；獨處之時，他“傷哉無知己”，又謹

① 胡大雷《文選詩研究》，第144頁。

② 梁章鉅《文選旁證》卷二十，穆克宏點校，福建：福州人民出版社，2000年，第539頁。

慎地選擇知己，“未必無他人，要非心所歡”即是自白。圍繞著聚與離的主題，嚴氏表達了多樣的感情，與《西北有高樓》《庭中有奇樹》等“選體詩”遙相呼應。

除了以上兩位創作“選體詩”的作者具有代表性外，我們還能列舉出南宋時期寫作這類詩歌的其他作者。比如江西詩人韓淲、趙蕃等，又如“四靈”之一翁卷，江湖詩人李濤、鄒登龍、趙崇嶓等。他們的這類詩歌與朱熹、嚴羽一起構成了南宋文人“選體詩”創作的體系，都佔有重要的地位。周霆震曰：“‘選體’跋涉上下有情……‘選體’當令語近意遠，涵泳優遊，自然有得。”[①] “跋涉”本意爲水陸行，在此與“上下”意思相當，“有情”爲句眼，即“選體”以情爲追求，這是對“選體詩”的總體說明。“語近”即“選體詩”留意於“感物”“體物”，注重對客觀世界的反映，是周裕鍇所謂“物感型詩歌”[②]。“意遠”即吕本中所說“思深遠而有餘意，言有近而意無窮”，强調“選體詩”含不盡之意的内涵。“涵泳優遊，自然有得”落實到作詩之法，講究創作時把握詩脈，沉潛委心，自然爲工。朱熹和嚴羽的相關詩歌整體上是體現出了以上要素的，這大抵是南宋“選體詩”的整體特色。

三、南宋“選體詩”發生機制

“選體詩”產生於南宋，究竟是什麼原因促使其發生，有待深入考察。此前，學者們注意到“選體詩”產生的應時性，借用俄國形式主義與英美新批評的理論來說，此等分析關注的是文本的讀者接受，缺乏與之相關的文本内部分析及社會文化接受。本節茲欲就“選體詩”的“内”“外”文學活動進行梳理，以弄清其發生機制。

（一）立内核與重表達：話語體式的優勢

陶東風認爲：“作爲一種文本的結構方式或文學的話語體式，文體演變的基本存在方式表現爲結構與結構之間以及結構内部的轉化、興替、交

---

① 周霆震《晏彥文詩序》，《石初集》卷六，《文淵閣四庫全書》本。

② 周裕鍇《中國古典詩歌的三種審美范型》，《學術月刊》1989年第9期，第40—46頁。

叉、變易等等。也就是說，表現爲建構與解構的雙向動態活動。”[1] 於“選體詩”而言，這涉及歷時地梳理《文選》詩的發展脈絡和共時地比較其他詩類兩方面。唯有如此，我們方能理解“選體詩”這一結構與其他結構及其内部的演變和轉換。

首先，正如之前所述，由南北朝至唐朝，文人對《文選》詩的把握停留於學習、分析的地步。直到宋朝，新的嘗試才開始進行。北宋時，宋祁、王安石、黄庭堅都有學《文選》詩的經歷，同時也有學者對《文選》詩進行了較唐朝更爲細緻的分析。更爲重要的是，北宋乃有“選詩”之名，但用例較少，時人對“選體詩”的全面把握仍待發展。時至南宋，“選詩”指代《文選》詩的現象大盛，有立體之勢，衍生出“選體”之名。從南北朝至南宋，《文選》詩經歷了分娩式的成長，變依附於《文選》的地位到分離爲單一的亞文類格局。而且，借印刷術之力，“選詩”進入全新的流通通道，《選詩句圖》《選詩演義》等著作在《文選》印刷之外得到編輯、刊行。不止於此，相對於之前文人對《文選》詩的學習、創獲來説，南宋時的文人墨客對《文選》詩的共性有了更多的體認。比如，他們以五古爲其體裁，注意到《文選》詩詩題相襲、句法同軌等特徵和意興自然兼具的風格，並表現出對不同時期詩歌的不同評價。如此一來，南宋一朝“選詩”的發展，遠遠超過之前發展的總和。經過整合、分離，《文選》詩成爲“選詩”，更加系統化。

如果將《文選》詩比作結構，“選體詩”無疑是這個結構的重大演變之一。歷時性地看待《文選》詩，我們發現時人對於形式、風格等的全面性認識打破了以往純粹地將《文選》詩作爲學習腳本的舊格局，轉而進入詩學層面的深入體認。蒂尼亞諾夫（Берта таня панов）認爲：“文學作品是一個包含諸多要素在内的系統，……由於系統不是全部要素的平等的相互作用，而是把一組因素——主導因素——推到前台，……這樣，文學作品就通過這一主導因素而進入文學并發揮其功能。”[2] 反觀《文選》詩的發展，我們發現正是在南宋，“選體詩”才真正確立“主導因素”，擁有了詩體的系列内核，故而得到了新的發展。從這個層面來説，《文選》詩新

① 陶東風《文體演變及其文化意味》，昆明：雲南人民出版社，1999 年，第 29 頁。
② 轉引自《文體演變及其文化意味》，第 58 頁。

的生命力始於此。

相較於歷時性地梳理《文選》詩的發展脈絡，我們發現從共時的角度看待“選體詩”的發生語境也很重要。在流行江西體、晚唐體和理學詩的南宋詩壇，“選體詩”總能成爲時人糾偏的工具，取得一席之地。這啟發我們將“選體詩”與其他三者進行比較，從而解釋其發生之可能。

葛兆光在《從宋詩到白話詩》一文中從語言形式與語言功能之間的關係將詩歌語言分爲兩類，即以唐詩爲代表的“表現型”詩歌和以宋詩爲代表的“表達型”詩歌。其認爲唐詩語言功能聚焦集中在“我”與“它（内容或事物）”之間，說話人只關心表現内心的感覺，構成了一種感覺的“表現”功能。“欲人人知其意”的宋詩卻要掃清“我”與“你（聽話者）”之間的溝通障礙，定意、明志是宋詩的首要任務[①]。此說頗有見地，想要理解“選體詩”的發生，離不開這樣的大背景。

這表現爲，一方面，“選體詩”與宋詩一樣，同屬於“表達型”詩歌。以宋詩表達特性相較，二者具有很多共同點。首先，“選體詩”很明顯地表達其意，讀罷詩歌，讀者總能從中找出表達作者内心情感的中心詞或句。張戒就認爲“選體詩”中“建安、陶、阮以前詩，專以言志……其情真，其味長，其氣勝，視《三百篇》幾於無愧，凡以得詩人本意也”[②]。然後，除了明確地表達情感外，“選體詩”常有明顯的“我”“你”觀，注重贏得聽話者的共鳴。比如，詩中出現“我”“吾”“余”等自稱和“君”“子”“汝”等代稱。又如，詩中上下句之間還以問答形式，來構成“我”與“你”的對話，像“誰能爲此曲？無乃杞梁妻”。最後，“選體詩”敘事詳細有序，讀者很容易把握其脈絡。謝靈運詩中朝夕處所的變換當爲例證。凡此種種，皆促成了“選體詩”與宋詩的天然同一性。

另一方面，其他三類詩歌的確有違於“表達型”詩歌的要求，且作一一分析。江西詩派詩歌以老杜爲學習對象，用古文語言破壞詩律規範，看似符合宋詩表達的要求，但從黄庭堅開始，詩歌就開始走向瘦硬崛奇的極端。吕本中等雖以“活法”救詩弊，但終究無力回天。生澀的語彙和斷裂

---

① 葛兆光《從宋詩到白話詩》，載《漢字的魔方》，上海：復旦大學出版社，1999年，第199—202頁。

② 張戒撰、陳應鸞校箋《歲寒堂詩話校箋》，成都：巴蜀書社，2000年，第1頁。

的句式阻撓了“我”與“你”的溝通，讓聽話者不明所以，背離了“表達”的要求。如果說江西詩派詩歌仍在追求“表達”，那麼唱反調的晚唐體無疑是偏離了宋詩發展線路，走向了“表現型”詩歌。這類詩歌强調“浮聲切響單字只句”，幾於自吟自詠，詩境狹隘。如翁卷《落花詩》：“才看艷蕾破春晴，又是飛花點點輕。縱是閒花自開落，東風畢竟亦無情。”描寫花開至落的過程，抒發落花之憐，或寄託身世之感。全詩以花爲焦點，注重表現它的狀態，關心個人感覺，惟適己意。理學之詩仍屬宋詩範疇，其對“意義”的追求尤爲突出。“理明義精，則肆筆脱口之餘，文從字順，不煩繩削而合”[①] 的觀點層出不窮。因此，他們追求達理，有著强烈的詩教目的。正基於此，詩歌常貫以說教的因素，從而失去了詩味，所以劉克莊對其有“率是語錄講義之押韻者”[②] 的批評，嚴格意義上也算不上“表達型”詩歌。這就是“選體詩”面臨的詩學語境，也是其與其他三類詩歌的區别。

從歷時和共時兩個方向梳理，我們會發現“選體詩”在南宋時興起的確具有得天獨厚的優勢，一方面是内核即詩體“主導因素”的確立，另一方面是重表達的特性，共同促進了它的流行。

（二）焦慮與抗衡：南宋文人的選擇

前一小節體現出“選體詩”强大的自我生命力，文學活動同樣離不開受衆的努力。“選體詩”接受的背後體現出詩壇尊古與崇律的鬥爭，“選體詩”正是尊古的產物。張健説：“南宋詩學中既有唐、宋詩之辨，亦有漢魏晉與唐詩之辨；前者上升至理論層面上乃是詩文之辨，後者則爲古體與律體之辨。”[③] 此説辨析了唐詩與唐律的關係，最終確定唐詩即爲唐律的代名詞，卻缺乏對古體詩名稱的考察。其實縱觀南宋詩壇，我們可以確定古體詩即爲“選體詩”之代言，尊古與崇律的矛盾實際上就是“選體詩”與唐律的衝突。劉克莊“近世詩學有二，嗜古者宗《選》，縛律者宗唐”[④]，趙汝回“近世論詩有《選》體，有唐體”[⑤] 和方岳“高者曰：

---

① 魏了翁《跋康節詩》，《鶴山全集》卷六十二，《四部叢刊》本。

② 劉克莊《恕齋詩存稿》，《劉克莊集箋校》卷一百十一，第 4596 頁。

③ 張健《尊古與崇律：對南宋後期兩種詩學取向的歷史考察》，《北京大學學報（哲學社會科學版）》2009 年第 6 期，第 75 頁。

④ 劉克莊《宋希仁詩》，《劉克莊集箋校》卷九十七，第 4092 頁。

⑤ 趙汝回《雲泉詩序》，《江湖小集》卷五十五，《文淵閣四庫全書》本。

‘《選》詩吾師也。’下者曰：‘唐詩吾師也。’”[①] 的言論都體現出這方面的糾纏。該矛盾遍及南宋中晚期詩壇，包含了兩個階段：第一階段是朱熹鮮明尊古、葉適以律爲宗；第二階段是真德秀揚朱子意見，劉克莊、包恢、嚴羽調和古律矛盾。

“選體詩”與唐律屬於體裁的對立，相對唐律來說，其終究是力量較弱的一方。反觀南宋詩壇，此點再明不過。何以“選體詩”能建立起與唐律的對立關係，何以眾人要將其與唐律並提？我們推測，這種糾纏背後暗含著時人對“選體詩”的期許。“普希金的不朽‘詩體小說’或果戈理的‘散文體長詩’的產生并不是由於對體裁的某些規律的絕對否定，也並非產生於作家的一意孤行，而正產生於揭示一種體裁對另一種體裁的影響中所蘊含的潛在力量的渴望。”[②] 這段話揭橥兩種體裁的並立暗含一種體裁對取得與另一體裁同樣力量的渴望。若以此看待“選體詩”與唐律的對立，那麼我們能確定其對唐律地位的覬覦——渴望獲得唐律一般强大的力量并打破唐律佔上風的格局。

文學終究是人的文學，因此與其說“選體詩”覬覦唐律，還不如說賦予其目的的主謀——南宋時人對唐律有所忌憚，這歸根到底又源於唐詩對宋人的影響。這種影響借用心理學的分析就體現爲宋人一方面感受到唐詩的强大，另一方面又感受到自己的無能爲力，因而產生深深的焦慮感。“當代詩人就像一個具有俄狄浦斯情結的兒子，面對著‘詩的傳統’這一父親意象，心中焦慮不安，憂心如焚。專斷而强大的‘父親’企圖以自己無邊的‘軀體’壓抑和毀滅兒子，而兒子則以各種誤讀、修正的方式貶低、曲解父親，樹立自己的詩人形象。”[③] 是故，基於對唐詩傳統這一“父親意象”的忌憚，宋人需要以誤讀、修正的方式來創建自己的功業。

誤讀的案例比較豐富，比如張耒言：“唐人作詩，用思甚苦而所得無多。”[④] 以中晚唐詩混淆唐詩概念，片面强調唐詩用思之深。葉適則曰：“取成於心，寄妍於物，融合一法，涵受萬象，此唐人之精也。然厭之者，

---

① 方岳《跋徐衡伯詩》，《秋崖集》卷三十八，《文淵閣四庫全書》本。
② 莫·卡岡《藝術形態學》，凌繼堯、金亞娜譯，北京：三聯書店，1986 年，第 174 頁。
③ 哈羅德·布魯姆《影響的焦慮》，徐文博譯，北京：三聯書店，1989 年，第 3 頁。
④ 張耒《答李援惠詩書》，《張右史文集》卷五十八，《四部叢刊》本，第 455 頁。

謂其纖碎而害道。”[①] 承認唐詩包羅萬象的特點，卻厭倦唐詩涵道之不足。誤讀之外，修正也是他們採用的策略之一，“選體詩”正是他們的選擇。葉夢得認爲：“‘池塘生春草，園柳變鳴禽’，世多不解此語爲工，蓋欲以奇求之耳。此語之工，正在無所用意，猝然與景相遇，借以成章，不假繩削，故非常情所能到，詩家妙處，當須以此爲根本，而思苦言難者，往往不悟。”[②] 肯定了謝靈運詩的自然而成。吕本中“古詩十九首……皆思深遠而有餘意，言有盡而意無窮”[③] 的表述點明古詩意蘊無窮的特點，與前之批評相較，用心卒見。宋人焦慮的源頭雖在唐律，但“選體詩”給予了他們自立的支援。

“選體詩”除了支援了宋人對唐詩的修正之外，還提供給宋人辨體上的優勢。郭紹虞曾說：“論詩辨體是宋人風氣。”[④] 辨體的表現之一在辨源流。無論是朱熹“詩分三等”的說法，還是劉克莊“古詩蓋有等級”的言論，抑或是嚴羽“漢魏尚矣”的評價，“選體詩”都佔據了極其重要的地位，成爲接續《詩》《騷》的古詩傳統。同時，辨體還表現爲辨高下優劣。古人十分講究“體”的辨析，强調“體制爲先”。正如吴承學所說：“‘先’不僅是時間和邏輯上的，也是價值觀上的。”[⑤] 自命名以來，“選體”就被賦予“劃界限”“比高下”的特性，具有價值觀上的優越性。因此，從《文選》中衍生出的亞文類“選體詩”，能在南宋取得詩體的地位，早已蘊含“劃界限”“比高下”的文人期待。

（三）復古取向與思維模式：厚古薄今的文學觀

之前的分析中，我們著重從文學活動的文本及其讀者出發，考察了“選體詩”的文體價值和宋人的焦慮意識。此處兹以文學活動的大背景即文學觀爲主線來回顧“選體詩”的發生。

雖然“選體詩”是在南宋時期得以正名、取得詩體地位的，但無法否認其基本内容由《文選》確立。承認此點即意味著，南宋時人選擇“選體詩”來達到其目的，體現出他們向先宋文集的看齊，具有濃厚的復古意

---

① 葉適《徐道暉墓誌銘》，《葉適集》卷十七，北京：中華書局，第322頁。
② 葉夢得《石林詩話》，何文煥輯《歷代詩話》，北京：中華書局，1982年，第426頁。
③ 魏慶之《詩人玉屑》卷十三，王仲聞點校，北京：中華書局，2007年，第289頁。
④ 嚴羽著，郭紹虞校釋《滄浪詩話校釋》，北京：人民文學出版社，1983年，第98頁。
⑤ 吴承學《中國古代文體學研究》，北京：人民出版社，2011年，第14頁。

味。復古的根源在厚古薄今的文學退化觀。朱熹曾說：“漢不如周，魏晉不如漢，唐不如魏晉，本朝又不如唐。”① 劉克莊聲稱：“漢魏以前猶古雅，宋齊而下稍淫哇。”② 不止於此，劉勰早就說過：“榷而論之，則黄唐淳而質，虞夏質而辨，商周麗而雅，楚漢侈而艷，魏晉淺而綺，宋初訛而新。從質及訛，彌近彌淡。何則？競今疏古，風味氣衰也。”③

古是今非的想法影響著南宋時人的選擇，使其以復古爲方法去處理詩學的困境。同時，厚古薄今的思想又讓我們窺見南宋時人的復古思維模式。劉紹瑾分析中國復古文學時，認爲其具有以道家爲代表的復元古主義和以儒家爲代表的復古主義兩種思維模式，誠爲創見。根據劉紹瑾的分析，“主張復古的儒家文化有一特征，就是對文化一方面極力重視，力求文化興隆，但另一方面卻更主張對文化進行規範、管制，樹立正統的價值觀念……”④ 南宋中晚期時理學氣息濃厚，滲透并影響著文學。於是，他們重舊法、反新變。朱子“天下萬事，皆有一定之法，學之者須循序而漸進。如學詩，則且當以此等爲法，庶幾不失古人本分體制。……不幸一失其正，卻似反不若守古本舊法，以終其身之爲穩也”⑤ 將守古本舊法當作求終身穩定的法寶。因此，詩歌格律、用韻屬對、比事遣辭之類的技法得到的關注很有限。同時，他們講究修行鳴世。朱子“大意主乎學問以明理，則自然發爲好文章，詩亦然”⑥ 將明理的需求貫通於文章、詩歌；劉克莊“勉旃鳴盛世，切勿效寒蛩”⑦“本盛則末華，原澄則流清”⑧ 體現出鳴世的思想和重本的態度。

朱熹、劉克莊澆灌“選體詩”，多半由於其體現儒家之規。不同於朱、劉，嚴羽算是儒家復古主義一派的變異。一方面，我們看到他的復古離不

---

① 朱熹《毛詩綱領》，《朱子語類彙校》卷第八十，第 2111 頁。

② 劉克莊《訓蒙二首》，《劉克莊集箋校》卷三十一，第 3649 頁。

③ 《文心雕龍·通變》，劉勰著，黄叔琳注，李詳補註，楊明照校注拾遺《增訂文心雕龍校注》，北京：中華書局，2012 年，第 400 頁。

④ 劉紹瑾《復古與復元古：中國復古文學理論的美學探源》，北京：中國社會科學出版社，2001 年，第 49 頁。

⑤ 朱熹《跋病翁先生詩》，《晦庵先生朱文公文集》卷八十四，朱傑人等編《朱子全書》，上海：上海古籍出版社，2002 年，第 3968 頁。

⑥ 《作文》，《朱子語類彙校》卷第一百三十九，第 3261 頁。

⑦ 劉克莊《答陳珍》，《劉克莊集箋校》卷七，第 436 頁。

⑧ 劉克莊《水木清華詩》，《劉克莊集箋校》卷九十四，第 3987 頁。

開儒家的特色。同朱熹一樣，嚴羽十分强調詩歌的等級性和階段性。“工夫須從上做下，不可從下做上。先須熟讀《楚詞》……及讀古詩十九首、樂府四篇、李陵蘇武、漢魏五言皆須讀熟，即以李杜二集枕籍觀之……然後博取盛唐名家……雖學之不至，亦不失正路。”[①] 此段文字中“工夫由上而下”“不失正路”的表述都是嚴羽對詩歌規則的强調。“先……及……即……然後”的順序揭櫫其十分注重漸進式的修行。很明顯，“選體詩”正在他的等級安排中。周裕鍇曾經指出，嚴羽具有“追求高古句式而相對鄙視精工對偶的傾向”[②]，聯繫到“黄初之后，惟阮籍《詠懷》之作，極爲高古，有建安風骨”[③] 和“靈運之詩，已是徹首尾成對句矣，是以不及建安也”[④] 的評價，我們仿佛看到孔子雅樂新聲之說再現。另一方面，嚴羽詩學還含有道學復元古主義的色彩，其受道家美學觀影響頗深，這種表現即爲劉紹瑾所說：“（嚴羽）追慕的是詩的概念、體制、格套形成之前的那種原初的狀態。”[⑤] 所以嚴氏才有“漢魏之詩，詞理意興，無跡可求”[⑥]，或是“漢魏古詩，氣象混沌，難以句摘”[⑦]，抑或是“淵明之詩質而自然”[⑧] 之類的論述。我們稱其爲儒家復古主義的變異，其實還基於這樣的理解。對比嚴羽與朱熹、劉克莊的詩學體系，我們認爲嚴羽詩學更爲純粹，其在乎的是詩學領域的内部革新，注重文學活動的“内”分析，這更符合道家美學的思維。

也就是說，退化的文學觀導致了古是今非的思想，從而讓詩人們有文學回歸的衝動，在這一點上，《文選》詩契合了他們的需求。

餘　論

南宋以後，“選體詩”創作不絕如縷。元人揭傒斯就被黄溍、歐陽玄

---

① 《滄浪詩話校釋》，第 1 頁。

② 周裕鍇《興趣與音節——略論嚴羽詩學中復古傾向的真諦及其影響》，《江西師範大學學報（哲學社會科學版）》2010 年第 5 期，第 78 頁。

③ 《滄浪詩話校釋》，第 155 頁。

④ 《滄浪詩話校釋》，第 158 頁。

⑤ 劉紹瑾《復古與復元古：中國復古文學理論的美學探源》，第 292 頁。

⑥ 《滄浪詩話校釋》，第 158 頁。

⑦ 《滄浪詩話校釋》，第 151 頁。

⑧ 《滄浪詩話校釋》，第 151 頁。

目爲詩長於“選體”[①]，張之翰則稱讚趙孟頫作“選體”[②]。宋緒編《元詩體要》專列“選體”一目，下列吴敬庭、盧摯、趙孟頫、黄清老、張翥、楊維楨等近40人詩作[③]，數量可觀。明朝可謂“選體”創作的高峰，持續時間長，創作數量多，作者不勝枚舉。熊明遇《文直行書詩文》一書專列五言古選體一章，羅列詩作30多首。韓國申象村赴明後，也有《效選體十九首》[④]。根據序跋等資料，其他創作“選體”的人有劉基、王伯允、沈伯含、徐禎卿、趙鶴、李夢陽、皇浦涍等[⑤]。清人同樣創作“選體詩”。在他們的詩歌中，“效選”“仿選體”“用選體”的作品層出不窮。徐枋有《送遠詩十一首擬選體》《別詩六首擬選體》[⑥]，魏燮均有《效選體寄王蕉園六章》《擬涉江采芙蓉》《擬明月何皎皎》《擬去者日以疎》《擬生年不滿百》《效選體送裘少尉移任寧遠》[⑦]，稱之爲“選體詩”史上的高產之家不爲過。傅維鱗《雨歇倣選體》、顧圖河《慈衛杠詩美余工倣選體依韻奉答》、費錫璜《遊仙用選體》、郝懿行《答鮑雙五效選體爲應制詩》、沈赤然《舍北散步效選體》、王文治《選體寄祝芷塘》亦相追隨[⑧]，其他人還有周宿來、高玄若、王述庵和女性作家蘇世璋、黄媛介等[⑨]。這類詩歌是否注意到周霆震有關“選詩”的定義，有沒有體現出這一特色，又有著怎樣的發展機制，都有待以後的考察了。

---

① 黄溍《翰林侍講學士中奉大夫知制誥同脩國史同知經筵事追封豫章郡公謚文安揭公神道碑》，《金華黄先生文集》卷二十六，《四部叢刊》本。歐陽玄《元翰林侍講學士中奉大夫知制誥同國史同知經筵事豫章揭公墓誌銘》，《圭齋文集》卷十，《文淵閣四庫全書》本。

② 張之翰《趙學士子昂畫選詩湛湛長江水上有楓樹林扇頭見貺》，《西巖集》卷一，《文淵閣四庫全書》本。

③ 宋緒編《元詩體要》，《文淵閣四庫全書》本。

④ 孫承宗《東國申象村稿序》，《高陽集》卷十一，清初刻本。

⑤ 詳參胡應麟《詩藪》、陳謨《書王伯允詩藁》、陳懿典《沈伯含制義序》、王世貞《徐子興書》、儲巏《復趙叔鳴》、沈德潛《明詩別裁集》。

⑥ 徐枋《居易堂集》卷十七，臺北：台灣學生書局，1972年，第459—463頁。

⑦ 魏燮均《九梅村詩集》卷三。

⑧ 詳參傅維鱗《四思堂文集》卷五、顧圖河《雄雉齋選集》、費錫璜《掣鯨堂詩集》卷六、郝懿行《曬書堂集》外集卷上、沈赤然《五研齋詩文鈔》卷十一、王文治《夢樓詩集》卷六。

⑨ 詳參顧景星《白茅堂集》卷三十四、黄宗羲《南雷文定集》卷五、李慈銘《越縵堂詩話》卷下、梁章鉅《閩川閨秀詩話》卷一、王蘊章《然脂餘韻》卷三。

南宋詩人袁說友行年考[①]

賈　超

武漢大學文學院

摘　要： 袁說友，字起巖，號東塘居士，南宋著名學者、詩人，官至參知政事。然《宋史》無傳，行跡不詳。其籍貫向有湖州、台州、建安三說，今據考證，應爲建安（今福建建甌）。其生於南宋紹興十年（1140），卒於嘉泰四年（1204），壽六十五歲。其生平行實、交游著述、仕宦學問，均予按年詳考。

關鍵詞： 行年考　袁說友　籍貫　仕履

袁說友（1140—1204），字起巖，號東塘居士，建安（今福建建甌）人。南宋著名學者、詩人，嘉泰年間官至參知政事。留心典籍，主持修撰了《成都文類》等重要地方文獻。著有《東塘集》，才華出眾，世稱“學問該博，文辭豐蔚”[②]。在當時文壇較爲活躍，與尤袤、楊萬里、范成大等均有交游。尤善古體詩，四庫館臣謂其詩“格調清新，意境開拓，置之《石湖》《劍南》集中，淄澠未易辨别矣”。又研治經學，著有《擇善易解》。然《宋史》無傳，行跡不詳，今從史乘、方志、文集等文獻入手，考其生平行實於次，或補史氏之闕，作知人論世之助。

---

① ［基金項目］國家社科基金重大項目“唐宋文學編年繫地信息平臺建設”（12&ZD154）中期成果。

② 黄廷桂《雍正四川通志》卷六，《景印文淵閣四庫全書》本。

一、籍貫考

袁說友的籍貫，向有三說。

宋徐自明《宋宰輔編年録》卷二〇稱袁說友爲“安吉人”，宋潛說友《咸淳臨安志》卷四八、清朱彝尊《曝書亭集》卷四四等皆從之。

清《雍正浙江通志》卷一〇四則謂袁說友爲“台州人”。

宋陳騤《南宋館閣録》卷七、《東塘集》卷二〇所附《家傳》等又謂袁說友是“建安人”，宋陳振孫《直齋書録解題》卷五、《蘭亭考》卷七等仍之。

今按，據《東塘集》卷二〇所附《家傳》及《宋史翼》卷一四《袁說友傳》，說友曾寓居湖州，而《輿地紀勝》卷四云：“寶慶二年（1226）從臣集議，請改湖州爲安吉州。”[①] 知安吉州即湖州。“安吉人”一說當缘于說友早年流寓湖州之故。董斯張《吴興備志》卷三二錄《安吉志》二則，其一謂：“袁説友，建安人，寓苕中，《志》以爲安吉人，誤。”這裡的“苕”即指湖州。袁說友寓居湖州之事多有詩爲證，如楊廷秀《和袁起巖詩》云：“道場山下弄山泉，飡菊紉蘭萬物先。”魏華父《挽袁詩》中亦有“靈輀送無路，淚洒霅溪風”之句。考《雍正浙江通志》卷一二，道場山在湖州府烏程縣南二十里，霅溪與苕溪俱爲水名，宋時流經湖州府烏程縣。《太平寰宇記》卷九四“江南東道六”云：“霅溪在（烏程）縣東南一里，凡四水合爲一。溪自浮玉山曰苕溪……自惠清縣前北流至州南興國寺前曰霅溪。”[②] 則說友寓居湖州事明矣[③]。

王太岳《四庫全書考證》卷八二《江舟繂夫有唱湖州歌者，殊動家山之想，賦〈吴歌行〉》案云：“說友，《家傳》稱爲建安人，而此題聽唱湖州歌有家山之感，詩中又有‘我家苕霅邊’之句，蓋宋南渡以後，士大夫

① 王象之《輿地紀勝》卷四，北京：中華書局，1992 年，第 1 冊，第 209 頁。

② 樂史《太平寰宇記》卷九四，北京：中華書局，2007 年，第 1884 頁。

③ 《家傳》云“初公寓居湖城”，今按，湖城在北宋時爲縣級行政中心所在地，屬永興軍路，位於河南省三門峽市，《太平寰宇記》卷六“河南道六”載曰：“湖城並入陝州。”湖州與陝州相距甚遠，而湖州簡稱湖，別稱湖城，又因處在太湖南岸，是中國環太湖唯一因太湖而得名的城市，因此有“湖城”美名，据此知袁說友流寓之湖城在湖州，而非陝州（今河南三門峽）之湖城縣。

流寓不常，其里貫則仍署祖籍。”[1] 考《閩書》卷九四《英舊志》錄有建寧府宋隆興元年癸未科第，袁說友名列其中[2]。按：原文作“袁詵友”，當爲誤字。又考袁說友詩文落款往往自稱“建安袁說友”或“富沙袁說友”[3]，則其籍貫當以建安爲是。《雍正浙江通志》謂說友爲“台州人”，孤文單紀，當屬誤記。

二、行年考

高宗紹興十年庚申（1140），**一歲**。

是年，袁說友生。

《東塘集》卷二〇附錄《家傳》：“生於紹興庚申歲。”[4] 庚申歲，即本年。

孝宗隆興元年癸未（1163），**二十四歲**。

是年，在臨安，登進士第。

《家傳》謂說友“年二十有四，登隆興進士丙科”。陳騤《南宋館閣録》卷七謂說友乃“木待問榜進士出身”[5]。今按，據《夢粱錄》知木待問於隆興元年狀元及第[6]，則說友本年爲其同榜進士。

隆興二年甲申（1164），**二十五歲**。

居常州湖洑。四月，娶瑯琊惠氏。

《東塘集》卷一八《送元直歸毗陵序》云：“甲申歲，余過常之湖洑居，而張子正適在焉。……居無何，子正浮家旁郡，余亦急爭西上。”按，甲申歲，即隆興二年。是年袁說友至常州湖洑[7]，遇好友張子正。元直乃

① 王太岳《四庫全書考證》卷八二，清《武英殿聚珍版叢書》本。

② 何喬遠《閩書》，福州：福建人民出版社，1995年，第2823頁。

③ 見俞松《蘭亭續考》卷一。按，富沙即福建建安，《方輿勝覽》卷一一“建寧府”條目云：“富沙，古有富沙驛，城北有大洑洲，意者以此得名歟？”

④ 《東塘集》卷二〇，《景印文淵閣四庫全書》本。

⑤ 陳騤《南宋館閣録》卷七，北京：中華書局，1998年，第89頁。

⑥ 吴自牧《夢粱錄》卷三，北京：商務印書館，1960年，第151頁。

⑦ 據史能之《咸淳重修毗陵志》卷三（明初刻本），湖洑市在宜興縣南四十里。

張子正長子，勤學早慧。楊萬里《誠齋集》卷十有《送張元直尉塩官二首》，當即其人。

《東塘集》卷二〇《惠夫人墓銘》云："隆興二年四月丁卯，瑯邪惠氏歸於建安袁某。……君諱道素，常之湖㳇人，進士萃之仲女。"又同書卷一九《跋沈正言放蝤蛑帖》云："隆興二年九月旦日，與客會於妻叔知錄惠公之家，拜觀正言沈公《放蝤蛑帖》。……某雖甚愚，尚致力於不殺之戒，而他日涖官行法，敢不以二公爲師？以庶幾仁之不狹者。"此時袁說友尚未赴官，故有此語。

乾道元年乙酉（1165），**二十六歲。**

在溧陽（今屬江蘇），任主簿。

《家傳》謂說友登第後"調建康府溧陽縣主簿"，本年應已到任。

乾道二年丙戌（1166），**二十七歲。**

在溧陽，任主簿。

乾道三年丁亥（1167），**二十八歲。**

在溧陽，任主簿。

乾道四年戊子（1168），**二十九歲。**

或仍在溧陽。

是歲子申儒生。

《東塘集》卷二〇《惠夫人墓銘》云："年三十有一，生男女各二人，男六歲，曰申儒。餘皆亡。"按，惠夫人乾道九年（1173）去世，享年三十一歲。時申儒六歲，則其生於本年。

乾道五年己丑（1169），**三十歲。**

或仍在溧陽。

乾道六年庚寅（1170），**三十一歲。**

在臨安。主管刑工部架閣文字。

《惠夫人墓銘》云：“母氏多疾，君慮以憂毁，甚承意開釋，昕夕侍旁，不肯去。時方有二歲子，蓋弗遑顧也。或勸之，君曰：吾母安則吾有子矣。明年從某官都下。”據知夫人從其“官都下”時，兒子三歲，即本年。而《家傳》謂說友調溧陽主簿後，“主管刑工部架閣文字”。據知其始“官都下”是任刑工部架閣官[①]。

乾道七年辛卯（1171），**三十二歲**。

在臨安。主管刑工部架閣文字。

是年作《辛卯歲記顏贊》，見《東塘集》卷二〇。

乾道八年壬辰（1172），**三十三歲**。

在臨安。主管刑工部架閣文字。

《咸淳臨安志》卷五錄有六部監門題名一則，末署“刑工部架閣袁說友記題名”，落款時間爲“乾道八年十二月”[②]。

乾道九年癸巳（1173），**三十四歲**。

在臨安。任國子正。

《家傳》謂“主管刑工部架閣文字，國子正”。其任主管刑工部架閣文字至今已三年期滿，本年當已改任國子正。

六月十九日，妻喪。

其《惠夫人墓銘》云：“隆興二年四月丁卯，瑯邪惠氏歸於建安袁某。越九年六月己亥，以疾卒任所。”又云：“某與君夫婦十年，我疾君嘗起之，君疾我弗能以捄。嗚呼哀哉!”“任所”，此指臨安。

秋，又見張元直，作《送元直歸毗陵序》，見《東塘集》卷一八。《序》謂“癸巳秋，遂見元直於博士梁君家”，梁君不知何人，其家当在臨安。

---

① 據王金玉《宋代架閣官考索》，從紹興十五年（1145）開始，六部架閣官每任四員的建制便固定下來。南宋首任架閣官周紫芝解釋說：“吏部之有兩銓，所以升黜百吏；司徒掌輿地圖，……其牘號爲最繁，故以一官主之。餘不能如二部之多，則以一官而兼兩曹，所以因時制之宜而爲之損益者當如是也。”說友即兼刑、工二部之架閣官。

② 潛說友《咸淳臨安志》，臺北：成文出版社有限公司，1970年，第74頁。

淳熙元年甲午（1174），**三十五歲。**

在臨安，任國子正，兼點檢試卷官。

《宋會要輯稿·選舉二一之一》："淳熙元年八月五日，國子監發解，國子正袁說友等人點檢試卷。"①

淳熙二年乙未（1175），**三十六歲。**

在臨安。任太常寺。

《家傳》謂："國子正，宗正寺主簿，改太常寺主簿，樞密院編修官。"說友去年尚任國子正，明年已任樞密院編修官，則其任太常寺主簿當在本年。

七月，葬妻於宜興。

《惠夫人墓銘》云："淳熙二年七月乙酉，葬於常之宜興縣君山鄉青塢之原。"

淳熙三年丙申（1176），**三十七歲。**

在臨安，任樞密院編修官。

《宋會要輯稿·選舉二一之一》："淳熙三年二月二十五日，銓試公試類試，命樞密院編修官袁說友等點檢試卷。"②

是歲作《論舉將疏》，見《東塘集》卷九。

淳熙四年丁酉（1177），**三十八歲。**

在臨安。七月，自編修官除秘書丞，兼權尚書左司郎中。

《南宋館閣錄》卷七："袁說友字起巖，建安人，（淳熙）四年七月除（秘書丞）。"③ 又《宋史翼》卷一四："淳熙四年，官秘書丞兼權左司郎官，請以《高宗聖政》同《三朝寶訓》命經筵官講讀，從之。"④

《東塘集》卷五《和楊誠齋韻謝惠南海集詩三首》之三有句曰"也作

---

① 徐松《宋會要輯稿》，上海：上海古籍出版社，2014年，第5647頁。

② 《宋會要輯稿》，第5647頁。

③ 《南宋館閣録》卷七，第89頁。

④ 陸心源《宋史翼》卷一四，清光緒刻《潛園總集》本。

書郎慕左思”，自注云：“某丁酉歲，備數館職。”亦證本年説友除秘書丞。

淳熙五年戊戌（1178），**三十九歲**。

在臨安。閏六月，添差浙西安撫司參議。

《南宋館閣錄》卷七：“（淳熙）五年闰六月，（袁説友）添差浙西安撫司參議官。”[1]《家傳》載同。

淳熙六年己亥（1179），**四十歲**。

出知池州（今屬安徽），有《謝知池州表》。

《家傳》：“知池州。”《東塘集》卷一九《跋清溪帖》：“池陽自唐杜牧之賦《弄水亭詩》，……淳熙己亥，某來爲郡。”

協助尤袤刊印李善注《文選》。

尤刻本《文選》原序云：“袤因以俸餘鋟木，會池陽袁史君助其費，郡文學周之綱督其役，逾年乃克成。”末署“淳熙辛丑上巳日晉陵尤袤題”。袁史君，即袁説友。《東塘集》卷一九《題梁昭明太子文選》云：“某到郡之初，倉使尤公方議鋟《文選》板，以實故事，念費差廣而力未給，某言曰：‘是固此邦闕文也，願畧他費，以佐其用，可乎？’迺相與規度費出，閲一歲有半而後成。”淳熙辛丑上巳日爲淳熙八年（1181）三月三日，上推一年半，則袁説友知池州在淳熙六年，此時尤袤提舉淮南常平，故稱“倉使”。

淳熙七年庚子（1180），**四十一歲**。

在池州，任知州。作《池州庚子勸農文》及《池州弄水亭記》。

文見《東塘集》卷一六及一八。《池州弄水亭記》：“淳熙七年四月十日，池州弄水亭成，郡太守袁某賦詩載酒，輯賓佐以落之，存古也。”

淳熙八年辛丑（1181），**四十二歲**。

在池州，任知州，有《池州辛丑勸農文》（《東塘集》卷一六）。

七月落職奉祠。

---

① 《南宋館閣録》卷七，第89頁。

《宋會要輯稿》載，淳熙八年七月十七日，“詔去歲諸路州軍有旱傷去處，其監司守臣修舉荒政，民無浮殍，各與除職轉官”，于是“知隆興府辛棄疾、池州袁説友”等“各轉一官”①。又《家傳》云：“以私計主管建寧府武夷山沖佑觀。”② 主管武夷山沖佑觀，爲祠官，遙領該職。

淳熙九年壬寅（1182），**四十三歲**。

居無錫，作《跋米元章大字多景樓帖》（《東塘集》卷一九）。

《跋》曰：“淳熙壬寅十二月，汪伯時自淮歸衢，道由錫山，泊舟梁溪之下……余醉臥亂石。”則說友時在錫山。按，錫山在江蘇無錫，《咸淳重修毗陵志》卷一五《山水》謂梁溪曰：“在縣西南十八里，南北長三十里，入太湖，西至五里橋，與運河合流，《吴地記》云古溪極陋，梁大同中重浚故名。”梁溪遂爲無錫之別稱。

淳熙十年癸卯（1183），**四十四歲**。

居無錫。有跋文。

《東塘集》卷一九《跋范季海摹范侍讀留題趙州諸石刻帖》云：“癸卯年，在錫山，與新澧州使君范邦定邂逅相遇。”同卷又有《跋李允蹈思故山賦》，亦是歲作。

淳熙十五年戊申（1188），**四十九歲**。

起知衢州，有《謝知衢州表》（《東塘集》卷一四）。

《家传》：“知衢州。”《康熙衢州府志》卷一二載，袁說友於淳熙間知衢州，名列沈祖惠、沈作礪之後。據《宋會要輯稿・職官七二之四五》，沈祖惠罷知衢州在淳熙十三年（1186）閏七月，淳熙十四年（1187）十二月劉清之罷知衢州，然後爲沈作礪知衢州③。而《攻媿集》卷八七載王淮行狀，謂王淮曾於淳熙十五年五月至秋以前宰相判衢州④，則袁說友之知

① 《宋會要輯稿・瑞異二之二五》，第 2635 頁。

② 《宋會要輯稿・瑞異二之二五》，第 2635 頁。

③ 《宋會要輯稿・職官七二之四五》，第 4992 頁。

④ 樓鑰《攻媿集》卷八七，清《武英殿聚珍版叢書》本。

衢州，當在淳熙十五年秋冬①。

曾赴朝堂见宋孝宗。

《東塘集》卷一三《獨銜自入奏乞過宮狀》云：“自淳熙十五年陛下一見臣於議事堂，遽蒙特達之知。”

与杨万里有诗唱和。

是歲楊萬里在臨安，爲秘書少監。袁說友與楊氏之文字交往，始見於本年春。楊氏有《和袁起巖郎中投贈七字二首》，其一謂“故人一別兩相思”，又有《跋袁起巖所藏後湖帖并遺像一軸詩中語皆檃括帖中語也》及《春雨呈袁起巖》《再和》諸作。袁說友則有《和楊誠齋春雨韻》《謝誠齋惠酒》（《東塘集》卷四）及《臨安邸中即事且謝誠齋惠詩十二首》（卷六）。于北山《楊萬里年譜》將之繫於淳熙十五年②。

是年三月，楊萬里出守筠州，袁說友作詩送之。《送誠齋二首》有云：“公名此去如山重，我老誰憐似足踦。”（《東塘集》卷五）

淳熙十六年己酉（1189），**五十歲**。

在紹興，正月十八日，任兩浙東路提舉常平茶鹽司。《寶慶會稽續志》卷二《浙東提舉題名》：“袁說友，淳熙十六年正月十八日，以朝請大夫到任。當年七月十三日，改除浙西提刑。”③ 又《宋會要輯稿》載淳熙十六年六月，浙東提舉袁說友言事一則④。《東塘集》卷一八《紹興府進士題名記》云：“淳熙十六年春，辱乘傳典倉事，於是登秦望，探禹穴。”按，秦望山在浙江紹興，屬會稽山脈，大禹陵亦在會稽山麓。

七月十三日，改任浙西提刑，二十八日到蘇州就任。

《吴郡志》卷七《浙西提刑題名》，謂說友於是年七月二十八日到任⑤。

是歲，范成大奉祠還鄉，亦在蘇州⑥，說友與之酬唱。

曾赴鎮江游金山、焦山。有詩。

---

① 辛更儒《宋才子傳箋證·南宋前期卷》，瀋陽：遼海出版社，2011年，第616頁。
② 于北山《楊萬里年譜》，上海：上海古籍出版社，2006年，第360頁。
③ 張淏《寶慶會稽續志》卷二，清嘉慶十三年刻本。
④《宋會要輯稿·食貨六一之一三五》，第7539頁。
⑤ 范成大《紹定吴郡志》卷七，《擇是居叢書》本。
⑥ 于北山《范成大年譜》，上海：上海古籍出版社，1987年，第365頁。

《東塘集》卷四《遊金、焦二山至汲江亭用前韻》有云："此身五十昔未到，著語再三今可酬。"范氏和之，作《次韻袁起巖提刑遊金、焦二山》二首，據孔凡禮及于北山先生之《范成大年譜》，該詩作於淳熙十六年[①]，則說友此詩亦當作於是年。另范成大之《次韻起巖喜雪》《枕上聞雪復作，方以爲喜，起巖再示新詩，復次韻》《起巖又送立春日再得雪詩，亦次韻》等作亦繫於是年，乃和說友《喜雪》《臘雪二首》《立春日雪》（《東塘集》卷四）諸作。

紹熙元年庚戌（1190），**五十一歲**。

在蘇州，任浙西提刑。二月與同年遊姑蘇臺，有詩唱和。

俞樾《春在堂隨筆》卷四："蘇州府學有宋紹熙間唱和詩石刻，……其首唱者建安袁說友……碑額分書'同年酬唱'四字，蓋諸君皆同年也。"又謂"前有范石湖序"。《序》云："紹熙改元，建安袁起巖、張元善俱使浙西，始以歲五日會同年之在吴下者於姑蘇之臺，登臨勝絕，傾倒情素，獻酬樂甚，賦詩相屬。"末署"二月望，石湖范成大"[②]。按，袁說友、張元善皆爲隆興元年進士，成大是年任點檢試卷[③]。說友《同張元善集癸未同年》有"同年幾合幾分違，三十年間見日稀"之語（《東塘集》卷六）。

三月，知平江府，節制御前許浦水軍。

說友除直秘閣知平江府，事見《吴郡志》卷七《浙西提刑題名》，又同書卷一一錄吴郡《郡守題名》："袁說友，朝議大夫直秘閣，紹熙元年三月到，二年五月赴召。"《家傳》亦謂說友"直秘閣知平江府，節制御前許浦水軍"。

與范成大、楊萬里多有唱和。

時范成大亦在蘇州，說友嘗贈以茉莉。范氏因作《次王正之提刑韻，謝袁起巖知府送茉莉二檻》《再試茉莉二絕》及《王正之提刑見和茉莉小詩甚工，今日茉莉漸過，木犀正開，復用韻奉呈二絕》諸詩。說友有《和趙成子提幹喜雨韻》二首（《東塘集》卷四），范氏和之以《府公錄示和提

---

① 參見孔凡禮《范成大年譜》，濟南：齊魯書社，1985年，第473頁；于北山《范成大年譜》，第365頁。

② 俞樾《春在堂隨筆》，瀋陽：遼寧教育出版社，2001年第1版，第59頁。

③ 孔凡禮《范成大年譜》，第479頁。

幹喜雨之作，輒次原韻》《次韻袁起巖甘雨即日應祈》《次韻袁起巖喜雨》《再次喜雨詩韻，以表隨車之應》《三次喜雨詩韻，少伸嘉頌》①。嘉平日，范成大作《雙瑞堂記》云："雙瑞堂，舊名西齋，……紹熙元年，長洲有瑞麥四歧及後池出雙蓮。郡守袁說友葺西齋，以雙瑞名堂，以識嘉祥。"②《東塘集》卷四有《和施德遠雙蓮韻二首》《麥秀三岐》，卷六有《和范石湖詠雙蓮三首》《題尤提舉惠雙蓮二首》，皆詠此瑞事，同爲本年作。范氏《再賦郡沼池蓮三絕》《次韻袁起巖瑞麥，此麥兩岐，已黄熟，其間又出一青枝，亦已秀實，傳記所未載也》《次韻袁起巖送示郡沼雙蓮圖》亦當作於此時。按，范成大之《次韻袁起巖常熟道中三絕句》及《次韻袁起巖許浦按教水軍二絕句》，孔凡禮、于北山二先生俱認爲作於淳熙十六年，乃和袁說友《常熟敲冰行舟三首》《被旨許浦搜冰道中，凍合，舍舟行陸二首》之作③，疑誤。說友之知平江府，節制御前許浦水軍在紹熙元年三月，此詩當作於是年冬。另《東塘集》卷一《被旨許浦閲舟歸》，卷四《被旨往許浦閲兵風雨中舟過梅里》《自常熟敲冰行舟半日一夜僅十里》等詩亦當作於此時。

是歲新正，楊萬里過蘇州遇雪，說友與之和詩，有《誠齋指簷頭雪爲詩材二首》（《東塘集》卷四），楊氏作《走筆和袁起巖元夕前一夜雪作》及《再和袁起巖韻》。本年冬，又赴說友郡會，作《謁范參政，并赴袁起巖郡會，坐中熾炭，周圍遂中火毒，得疾垂死，乃悟貴人多病皆養之太過耳》七律一首④。

紹熙二年辛亥（1191），**五十二歲**。

在蘇州，知平江府。

事見《家傳》。又《宋會要輯稿・刑法六之四二》載紹熙二年八月，宰相奏知平江府袁說友言平江獄案事，同書《食货七〇之八三》記知平江府袁說友言事一則。

召爲侍左郎中兼右司郎官。假顯謨閣學士、萬壽觀使兼侍讀，充接送

---

① 范成大《范成大集》，山西：三晉出版社，2008 年，第 201 頁。

② 《紹定吴郡志》卷六。

③ 參見孔凡禮《范成大年譜》，第 473 頁；于北山《范成大年譜》，第 365 頁。

④ 孔凡禮《范成大年譜》，第 483 頁。

伴金國賀生辰使。

事见《家傳》。另據《范成大年譜》，紹熙二年，說友爲接送伴使，道姑蘇，留竟日。成大草書說友自作四絕以贈[①]。《東塘集》卷一九《跋范石湖草書詩帖》曰："紹熙癸丑，某將指肅客事已，道由吴門，見公於壽櫟堂。"所謂"肅客事"即《家傳》所云"充接送伴金國賀生辰使"，同書卷五《肅客借重金紫綬》即論其事。然紹熙癸丑范氏病已亟或逝去，故文中所云"癸丑"當誤。又《跋》曰："又六年，某繆制蜀闖，繼公於十九年之後。"考說友任四川安撫制置使在慶元二年（1196），而范成大乃於淳熙四年（1177）去職離蜀，則說友之訪成大，當上推六年，在紹熙二年。

作《王恭父出守洋州二首》，見《東塘集》卷一[②]。

紹熙三年壬子（1192），**五十三歲。**

在臨安，權知臨安府。有《辭免直顯謨閣知臨安府劄子》（《東塘集》卷一〇）、《謝直顯謨閣知臨安府表》及《辭免除太府少卿兼知臨安府表》（卷一四）。

《咸淳臨安志》卷四八云："紹熙三年三月，袁說友，安吉州人，是月十九日以中奉大夫行尚書右司郎中除直顯謨閣權知。十月十七日除太府少卿兼知（臨安府）。"[③]《宋會要輯稿・刑法四》："（紹熙）三年十一月二十六日，知臨安府袁説友言本府獄空，詔學士院降詔奬諭。"[④]《東塘集》卷一九《跋臨安府獄空奬諭詔碑》亦云："維紹熙三年十一月乙未，臣所治府圄空。"

十二月，充館伴金國賀正旦使。

是年十二月，金遣溫敦忠來賀明年正旦[⑤]，袁說友充館伴金國賀正旦使（《家傳》）。

紹熙四年癸丑（1193），**五十四歲。**

---

① 孔凡禮《范成大年譜》，第 491 頁。

② 按，《南宋館閣續錄》卷八錄有"王叔簡，（紹熙）二年八月知洋州"事，王恭父即王叔簡。

③ 《咸淳臨安志》，第 463 頁。

④ 《宋會要輯稿・刑法四》，第 8498 頁。

⑤ 《宋才子傳箋證・南宋前期卷》，第 618 頁。

知臨安府。

《宋會要輯稿·食貨七〇之八三》錄紹熙四年四月八日知臨安府袁説友言事一則。

十月四日，權尚書户部侍郎兼修玉牒官。

有《謝除權户部侍郎表》（《東塘集》卷一四）。《咸淳臨安志》卷四八謂紹熙四年十月四日，説友除權户部侍郎①。《東塘集》卷一九《再跋》所云“自紹熙癸丑歲，光宗擢爲從官”，亦指此事。

紹熙五年甲寅（1194），**五十五歲**。

在臨安，任尚書户部侍郎，兼知臨安府。

據《宋史·光宗紀》，紹熙五年五月丙戌，權户部侍郎袁説友入對，請朝重華宫②。《宋會要輯稿·兵六》載紹熙五年八月九日户部侍郎袁説友言事一則。同書《刑法六》錄紹熙五年十月二十一日知臨安府袁説友言事一則。

作《獨銜自入奏乞過宫狀》，見《東塘集》卷一三。

慶元元年乙卯（1195），**五十六歲**。

在臨安，權户部尚書，兼侍講。

事見《家傳》。考《宋會要輯稿》，是年正月二十四日，説友仍任户部侍郎，而十月十七日，其頭銜已爲“太中大夫、守尚書户部侍郎、兼修玉牒官、兼侍講”③。

慶元二年丙辰（1196），**五十七歲**。

在臨安，任户部尚書。

《宋會要輯稿》有此年八月二日户部尚書袁説友言事之記載④。

九月，出爲四川安撫制置使兼知成都府，十一月赴蜀。

《東塘集》卷一九《跋御賜書漢文翁龔遂故事》云：“迺慶元二年九月

---

① 《咸淳臨安志》，第463頁。
② 脱脱《宋史》卷三，清乾隆武英殿刻本。
③ 《宋會要輯稿·食貨七〇之八五》，第8151頁、第2896頁。
④ 《宋會要輯稿·食貨六一之一三八》，第7541頁。

戊子，詔以華文閣學士、四川安撫制置使，兼知成都府命臣某，臣控辭弗獲，十一月丙子即引道甫出。”

作《跋余襄公平蠻帖》及《丙辰歲記顏贊》，見《東塘集》卷一九及二〇。

慶元三年丁巳（1197），**五十八歲**。

三月抵成都，就任四川安撫制置使兼知成都府。

《東塘集》卷九《補糴蜀路十五州創糴七州廣惠倉米疏》云：“臣自慶元三年三月到任。”

慶元四年戊午（1198），**五十九歲**。

在成都，任四川安撫制置使兼知成都府。以賑濟有勞除徽猷閣學士。

上引《補糴蜀路十五州創糴七州廣惠倉米疏》即書此事，文曰：“慶元四年三月内，以三路荒旱，小民艱食，將至流移，幸有上件廣惠倉米得以接濟蜀民之命。”同書卷一四有《辭免賑濟有勞除徽猷閣學士表》及《謝救荒進徽猷閣學士表》。

作《跋范季海摹范侍讀留題趙州諸石刻帖》（《東塘集》卷一九）。

慶元五年己未（1199），**六十歲**。

在成都，任四川安撫制置使兼知成都府，編成《成都文類》，自爲序。

《東塘集》卷一八《成都文類序》，末署“慶元五年二月望日，寶文閣學士、通議大夫、四川安撫制度兼知成都軍府事，建安袁說友謹序”。

以老乞祠，不許。加寶文閣學士。

《東塘集》卷一六《慶元己未成都府勸農文》：“太守勸耕於郊，集州父老迺訓迺告，今至於三矣，過此，太守遂歸老乎。”遂上《又四川制置使乞祠狀》[①]，未獲詔許。又《東塘集》卷一四有《辭免除寶文閣學士再任四川制置使表》，則說友此年自徽猷閣學士又加寶文閣學士。

---

① 《東塘集》卷一二。

是年有《慶元己未成都府勸農文》《成都文類序》[①]《跋御賜江瀆廟碑》及《成都志序》。

慶元六年庚申（1200），**六十一歲**。

回臨安。自蜀召爲吏部尚書兼侍讀，充崇陵覆按使，不三月奉祠。

《東塘集》卷一九《再跋御賜書漢文翁龔遂故事》："後三年，自蜀召爲吏部尚書，不三月奉祠，時慶元六載也。"據《宋会要辑稿》，是年詔吏部尚書兼侍讀袁説友充覆按使入内[②]，考《兩浙金石志》，此年八月因太上皇違豫，説友四以奏告齋宿於杭州龍華寺[③]，此時仍領吏部尚書。

説友是年曾寄贈藥物給楊萬里，楊氏賦詩以謝，有《寄謝蜀帥袁起巖尚書閣學寄贈藥物》七律二首[④]。

嘉泰元年辛酉（1201），**六十二歲**。

四月，出知紹興府兼浙東路安撫使。十一月，復入爲吏部尚書兼實録院修撰兼侍講。

前引《再跋御賜書漢文翁龔遂故事》云："明年（嘉泰元年）起帥越，是年冬復入爲吏部尚書。"《嘉泰會稽志》載説友於本年四月六日以寶文閣學士、通奉大夫知（紹興府），十一月三日召赴行在[⑤]。據《南宋館閣續錄》，是年十一月説友以吏部尚書兼實錄院修撰[⑥]。

---

① 考明曹學佺《蜀中廣記》卷九七（《文淵閣四庫全書》本）所收之《成都文類序》無落款時間，四庫本黄廷桂《雍正四川通志》卷四四及《全蜀藝文志》卷三〇所載《序》落款時間均爲慶元元年二月望日，而中華書局以明嘉靖刊《成都文類》爲底本整理的《序》落款時間則爲慶元五年二月望日，且有"寶文閣學士通議大夫四川安撫制置使兼知成都軍府事，建安袁説友謹序"（袁説友《成都文類》，趙曉蘭整理，北京：中華書局，2011 年，第 2 頁）字樣，四庫本《東塘集》卷一八之《序》所載時間同。《成都文類》是袁説友在蜀地任安撫制置使時組織編輯的。考《南宋制撫年表》，袁説友制撫四川在慶元三年至五年（1197—1199），《序》當作於成書之際，而整理蜀地資料文籍需一定時日，故"慶元五年二月望日"之説更可徵信。《序》云"益古大都會，余來三年"，亦爲明證。

② 《宋會要輯稿・禮三七》，稿本。

③ 阮元《兩浙金石志》卷十，清道光四年李橒刻本。

④ 于北山《楊萬里年譜》，第 562 頁。

⑤ 施宿《嘉泰會稽志》卷二，《景印文淵閣四庫全書》本。

⑥ 佚名《南宋館閣續録》卷九，北京：中華書局，1998 年，第 378 頁。

嘉泰二年壬戌（1202），**六十三歲**。

在臨安。六月，以吏部尚書兼修國史；八月，自吏部尚書除同知樞密院事。

據《南宋館閣續錄》，本年六月，說友以吏部尚書兼修國史[①]。又徐自明《宋宰輔編年録》卷二〇謂說友於八月丙子同知樞密院事[②]。

九月九日，說友以季秋祀上帝齋宿於杭州龍華寺[③]。

是年楊萬里有函、詩寄說友，賀新除，謝詩禮，請薦陳堉[④]。

嘉泰三年癸亥（1203），**六十四歲**。

在臨安。正月，除參知政事，九月罷。旋以資政殿學士知鎮江府，辭官未任，又提舉洞霄宫，起知潭州，改知隆興府，力辭，加大學士致仕，歸湖州。

《宋宰輔編年録》卷二〇："（嘉泰三年）正月戊戌袁說友參知政事自同知樞密院事除……九月庚午袁說友罷參知政事。"又云："說友自嘉定二年八月除同知樞密院事，是年正月除參知政事，是月除職與郡，執政一年餘。"按，說友卒於嘉泰四年（1204），原文"嘉定二年"（1209）誤，當爲嘉泰二年。

《東塘集》卷一九《再跋御賜書漢文翁龔遂故事》云："將滿歲，乃得備位右府，凡五月，參預國政。又七月，遂歸田里，蓋嘉泰三年矣。"又云："既歸矣，聖上不忍終棄，一命以潤，再命以潭，三命以洪，……然度時量力，勉强實難。"則說友返湖州後未再赴他任。

嘉泰四年甲子（1204），**六十五歲**。

卒於湖州惠清，累贈太師魏國公。《家傳》云："嘉泰甲子歲，薨於德清寓第，享年六十有五。官至宣奉大夫，爵至郡公，食邑至三千二百户，真食至六百户，贈少傅，卹典如儀，累贈太師魏國公。"[⑤]

---

① 《南宋館閣續録》卷九，第357頁。

② 徐自明《宋宰輔編年録》卷二〇，民國《敬鄉樓叢書》本。

③ 《兩浙金石志》卷一〇。

④ 于北山《楊萬里年譜》，第615頁。

⑤ 《東塘集》卷二〇。

臨終前作《再跋御賜書漢文翁龔遂故事》，載《東塘集》卷一九，落款時間爲嘉泰四年冬十月晦日。說友當逝世於其後不久。

魏了翁《鶴山集》有《哭袁参政說友文》及挽詩三首，詩曰："奕奕萬夫望，才名四十霜。重來陪講幄，三入位文昌。地闢南廳峻，塼重首折行。脩途日未旰，弭節復相羊。""耆舊晨星似，公胡不慭留。竟成青塢去，莫返赤松遊。時事方欹枕，天年不到頭。獨餘經在笥，衮衮付公侯。""生世恨不蚤，庚申始識公。象衣垂綷縩，長珮奏璁瓏。幸甚蠅依驥，居然燕背鴻。靈輀送無路，淚灑雪溪風。"①

① 魏了翁《鶴山全集》卷之九二，《四部叢刊》本。

言卑趣則有：袁宏道諧謔詩研究①

黄昌宇

首都師範大學文學院

摘　要：袁宏道諧謔詩約149題203首，占其詩歌作品總數的12%，這個數量和比例在古代詩人中實屬罕見。“言卑趣則有”是袁宏道諧謔詩的基本特徵，即通過顛覆傳統雅俗觀念來製造諧趣。這不僅僅是諧謔手法，也是以“俗”來抗衡和醫療文壇的“雅”。“以俗救雅”和“適俗求趣”這兩個主旨緊密相連，被整合在“趣”這一範疇中。爲避免詩歌流於庸俗，袁宏道又“以趣救俗”，試圖從“愚不肖之近趣也，以無品也”進入“雖不求趣而趣近之”的更高境界。遺憾的是，這不足以挽救諧謔詩的弊端，因爲“趣”完全是個性的、私人的，他人根本無法學習，模仿者學習袁宏道的“言卑趣則有”只能得到“俗”的表象而遺失其内在“趣”的精神。

關鍵詞：袁宏道　諧謔詩　俳諧體

中國的幽默文學（或曰俳諧文學）最早可溯源至先秦俳優諷諫，乃優孟衣冠之餘續。“以文滑稽”約始於漢代，如東方朔《答客難》、揚雄《解嘲》以及枚皋之賦。而以詩爲謔濫觴于魏晉，如應璩《百一詩》，陶淵明《責子》《擬挽歌》。唐代是諧謔詩成熟的階段，尤其是中晚唐，戲謔爲詩的風氣大盛，杜甫、白居易都有不少諧謔詩存世。宋代是諧謔詩的鼎盛時

① 本文經四川大學文學與新聞學院李瑄老師多次批閲並提出修改意見，特此致謝。文中一切錯誤均由作者本人負責。

期，蘇軾、黄庭堅、楊萬里爲其代表[①]。晚明諧謔之風盛行，以此著名者有李贄、徐渭、袁宏道、江盈科、王思任、陳繼儒、張岱等，以文爲戲成爲一種普遍文化現象，遍及詩、文、小説等各個體裁[②]。艾南英言："以文爲戲，坡公不免作俑，而袁中郎爲甚。"[③]《明史》也説袁宏道的詩歌"戲謔嘲笑，間雜俚語"[④]，這正表明諧謔詩是袁宏道詩歌的重要組成部分。本文接下來將從數量、手法、主旨和困境幾個方面對袁宏道諧謔詩進行分析。

一、諧謔詩的界定

在開始具體研究之前，必須明確諧謔詩的定義。諧謔詩，亦可稱爲戲謔詩、諧趣詩、詼諧詩、俳諧詩等。在古漢語中，諧謔、戲謔、詼諧、俳諧的含義相近，大體可以與今言之幽默對應。正如朱光潛所説："用文字開玩笑，通常叫做諧。"[⑤]

劉勰《文心雕龍》中單列《諧隱》一篇，云："諧之言皆，辭淺會俗，皆悦笑也。"[⑥] 這是古人最早對諧謔詩的界定。明人徐師曾在《文體明辨序説·詼諧詩》中表述得更爲完整，他説：

> 按《詩·衛風·淇奥》篇云："善戲謔兮，不爲虐兮。"此謂言語之間耳。後人因此演而爲詩，故有俳諧體、風人體、諸言體、諸語體、諸意體、字謎體、禽言體。雖含諷諭，實則談諧，蓋皆以文滑稽爾，不足取也。然以其有此體，故亦采而列之。俳諧體，謂謔

---

① 關於中國諧謔文學的總體狀況可參殷儀的《幽默文學面面觀》（上海：上海社會科學院出版社，1989年）、盧斯飛和楊東甫合著的《中國幽默文學史話》（南寧：廣西教育出版社，1994年）等論著。

② 可參考王毅的《中國古代俳諧詞史論》（上海：上海古籍出版社，2013年）、唐麗麗的《明代詼諧小説散論》（山東師範大學碩士論文，2003年）以及林淑貞的《寓莊於諧：明清笑話型寓言論詮》（臺北：里仁書局，2006年）等論著。

③ 語出《康熙公安縣志》，轉引自錢伯城《袁宏道集箋校》附録二，上海：上海古籍出版社，2008年第2版，第1653頁。

④ 《明史·文苑傳·袁宏道傳》，北京：中華書局，1974年，第24册，第7398頁。

⑤ 朱光潛《詩論》第二章《詩與諧隱》，上海：上海古籍出版社，2005年，第18頁。

⑥ 范文瀾《文心雕龍注》，北京：人民文學出版社，1962年，第270頁。

語也。[①]

但徐氏所謂的俳諧體還包括“字謎體”等，而非嚴格的“謔語”。古人往往將文字遊戲之作、俚俗艷情之作、戲謔取樂之作一併稱爲俳諧體，而本文所謂諧謔詩只限定於第三種，即狹義的滑稽可笑之詩。[②]

析言之，可以從創作動機和語言表達兩個角度來界定諧謔詩：其一，創作諧謔詩時，作者不以一種嚴肅的抒情、言志態度，而是將使人發笑作爲創作目的；其二，由於創作動機在於使人悦笑，故詩歌在表達上必須“嗤戲形貌”[③]，以造成滑稽可笑的表達效果。前者有時可以從詩題中的“戲”“嘲”“笑”等字中見出，但“戲”並不一定指戲謔，戲題詩和諧謔詩仍有不同[④]，所以通過詩歌的表達效果來判斷諧謔詩更爲可靠。綜上所述，諧謔詩是一種以玩笑取樂的創作態度，以某些特殊手法，營造滑稽幽默的藝術效果的詩歌類型。有些詩歌中個別詩句含有詼諧意味但整體並非譚謔、打趣，也一併歸入諧謔詩的範疇。

二、袁宏道諧謔詩概況

依據此定義，以“是否營造出滑稽幽默的藝術效果”爲標準，筆者對

① ［明］吴訥、徐師曾《文章辨體序説　文體明辨序説》，北京：人民文學出版社，1962年，第162—163頁。

② 王毅《中國古代俳諧詞史論·緒論》：“俳諧詞的研究從廣義的層面看可以包括滑稽風趣之詞、俳俗之詞、文字遊戲之詞以及戲作詞四個方面。”雖然她定義的是詞，但同樣適用於詩。該書對古人話語中的“俳諧”進行了全面的考察與界定。詳見該書第15—33頁。之所以選用諧謔詩而非戲謔詩或俳諧詩之名，也是出於此原因。

③ 語出《文心雕龍·諧隱》，《文心雕龍注》，第270頁。

④ 王毅《中國古代俳諧詞史論·緒論》：“在戲作文學中，不僅有讀之滑稽可笑之作，也有讀起來嚴肅莊重的戲作，前一種當然算作俳諧，後一種如果在戲作中有自嘲、調侃、諷刺、反諷之意，我認爲按照廣義的俳諧内涵，也應算作俳諧體。”（第31頁）但從狹義的角度看，“戲”要比“謔”的範圍更大，“戲”指廣義的文字遊戲，“謔”只是其中的一種（雖然是最主要的一種），以文爲戲未必是以文爲謔。諧謔往往包含對某人某事打趣或玩笑的意味，文字遊戲則未必有，它只是體現作者遊戲、隨意的創作態度。如袁宏道《漸漸詩戲題壁上》：“明月漸漸高，青山漸漸卑。花枝漸漸紅，春色漸漸虧。祿食漸漸多，牙齒漸漸稀。姬妾漸漸廣，顏色漸漸衰。賤當壯盛日，歡非少年時。功德黑暗女，一步不相離。天地猶缺陷，人世總參差。何方尋至樂，稽首問仙師。”（《袁宏道集箋校》，第115頁）詩歌前半部分不斷重複“漸漸”兩字，文字遊戲色彩重，卻是用遊戲的語言來表達深刻的哲理，所以這裡的“戲題”應該是文字遊戲而非戲謔、諧謔。雖然古人通常將這類遊戲之作都歸入俳諧體（例如杜甫的《戲爲六絶句》），但我認爲今人還是應當加以辨别。

袁宏道諧謔詩進行了統計。袁宏道詩作今存 1104 題 1675 首，其中諧謔詩 149 題 203 首，占總數的 12%，這個數量和比例在古代詩人中實屬罕見。袁宏道詩文以時間爲序又分成九個小集，現將每個小集中的諧謔詩數量和比例統計如下①：

	詩歌數量	諧謔詩數量	諧謔詩比例
《敝篋集》	127 題 181 首	7 首	4%
《錦帆集》	72 題 86 首	3 首	3%
《解脱集》	119 題 185 首	35 題 51 首	28%
《廣陵集》	76 題 100 首	14 題 20 首	20%
《瓶花齋集》	162 題 209 首	26 題 28 首	13%
《瀟碧堂集》	351 題 587 首	46 題 68 首	12%
《破硯齋集》	133 題 242 首	12 題 20 首	8%
《華嵩遊草》	51 題 72 首	5 首	7%
總計	1104 題 1675 首	149 題 203 首	12%

袁宏道不同時期的諧謔詩數量並不平均，這種起伏與袁宏道的仕宦經歷和詩歌觀念的變化有關。青年時期，袁宏道的詩文仍未擺脱文壇宗唐復古風氣的束縛，再加上科考和爲官的辛勞，故《敝篋集》《錦帆集》諧謔詩不繁。其後袁宏道終於同剽竊模擬的復古詩風決裂，在詩文創作上多用遊戲語和戲謔語，作爲摒棄復古模擬桎梏、求得詩歌解脱的重要手段②。尤其是辭去吴縣官職後，袁宏道不但個性得到解放，詩文也打破常規格套，“至於詩，則不肖聊戲筆耳”，“謔語居十之七”③，所以《解脱集》和《廣陵集》可謂袁宏道諧謔詩創作的高峰。萬曆二十七年（1599）之後，

① 具體篇目見附錄。關於袁宏道詩歌總數，何宗美《袁宏道詩文繫年考訂·緒論》（上海：上海古籍出版社，2007 年）據《袁宏道集箋校》統計爲 1099 題 1670 首，但他忽略了《箋校》附錄一的 5 首輯佚詩，故本文將其加上，共計 1675 首。除了以上九個小集，《未編稿》存詩 8 首，無諧謔詩，以及《袁宏道集箋校》有輯佚詩 5 首，其中 1 首諧謔詩，皆不在表中列出。

② 觀點參見李瑄《手提無孔鍾，擊破珊瑚網——禪學思維與袁宏道的詩學策略》，《中山大學學報（社會科學版）》2011 年第 5 期，第 86—97 頁。正如袁中道《袁中郎先生全集序》所云：“先生詩文如《錦帆》、《解脱》，意在破人之執縛，故時有遊戲語。”（轉引自錢伯城《袁宏道集箋校》附錄三，第 1653 頁。）

③ 《張幼于》《江進之》，《袁宏道集箋校》，第 501、510 頁。

袁宏道的思想再次轉變，其詩歌"亦漸趨謹嚴"[①]。作於萬曆三十四年（1606）的《觴政》也說飲酒時宜"雅謔"而不宜"迭謔"[②]，可見袁宏道晚年對諧謔確實有所節制，所以《破硯齋集》和《華嵩遊草》的諧謔詩數量大幅減少。

三、諧謔的方法："言卑趣則有"

不論古人所謂的諧謔、今人所說的幽默，或者西方的喜劇，其引人發笑的原因皆在於滑稽。要瞭解滑稽的生成機制，我們可以參考西方美學家的研究。

英國學者詹姆斯·薩利（James Sully）在《笑的研究：笑的形式、起因、發展和價值》將西方的滑稽理論劃分爲兩類並加以辨析：一是以康德（Kant）、叔本華（Schopenhaue）爲代表的"智能論"（認爲滑稽產生於不協調），二是以霍布斯（Hobbes）爲代表的"貶低說"（即"突然榮耀說"，認爲可笑之物會給人道德上的優越感）。他認爲這兩種理論都有其缺陷，不能涵蓋笑的所有類型[③]。但筆者傾向於用"智能論"來分析諧謔文學中的滑稽：當"我們知覺到的事物與我們以前的經驗，與我們事先存在的觀念，與'類化傾向'使我們看做自然而然正確的事物之間，存在着不協調性"[④]，滑稽感就出現了。但並非任何不協調都能使人發笑。許多人事本身都含有潛在的滑稽性，但有時"由於連續的習慣，滑稽的性質被麻痹了"[⑤]，即世人接受了這種不協調，將其視作習以爲常。另一方面，這種不協調又不能過於乖張荒謬，超過人們所能接受的範圍——那樣只會引起人們的噁心、憎惡或恐懼。就像薩利所說："這個缺點應當小到被看做無害的工具。"[⑥] 滑稽之所以引人發笑，就在於我們發現別人身上的這

① ［明］袁中道《游居柿錄》卷九，轉引自《袁宏道集箋校》附錄二，第1670頁。

② 《觴政》"二之徒"以"善雅謔者"爲酒徒之選，"六之侯"以"迭謔"爲"不歡之候"，見於《袁宏道集箋校》第1416、1417頁。

③ ［英］詹姆斯·薩利《笑的研究：笑的形式、起因、發展和價值》，肖聿譯，北京：中國社會科學出版社，2011年，第五章《滑稽理論》。

④ 《笑的研究：笑的形式、起因、發展和價值》，第114頁。這是薩利對康德和叔本華的滑稽理論的總結，儘管他並不完全認可這種理論。

⑤ ［法］柏格森《笑》，徐繼曾譯，北京：北京十月文藝出版社，2005年，第26頁。

⑥ 《笑的研究：笑的形式、起因、發展和價值》，第118頁。

一缺陷時，能得到優越感與滿足感。

雖然西方滑稽理論的研究對象是喜劇，但其原理同樣適用于中國傳統諧謔詩。朱光潛將諧趣定義爲："以遊戲的態度，把人事和物態的醜陋鄙陋和乖訛當做一種有趣的意象去欣賞。"① 這顯然就是對西方滑稽理論的吸收和移植。殷儀在《幽默文學面面觀》中說："由於作品意向的逆向流動，背離了原有的心理定勢和思維方向，不同方向的思路產生不同的情緒，其情緒逆差，勢必把人導入模棱兩可、啼笑皆非的境界。"② 總之製造諧趣就是在詩歌中創造一種反差、矛盾、乖訛，突然給讀者一個意料之外的心理落差。此即所謂"不諧（和諧）則諧"③。如袁宏道《過毛太初，見二甥》："阿舅無長處，素心差足師。居官萬不可，談藝一無知。爾父敦儉樸，山居伴鹿麋。郗公誠晚令，育長恐情癡。似之非賢者，不肖乃佳兒。"④ 俗語一般以"不肖子孫"爲貶義，此處反用之，是詩意與俗情的乖訛。在具體敘述中，先說自己和毛太初雖然學無所成，但也有"素心"和"儉樸"的優點，似乎是先抑後揚，最後卻筆鋒再轉，勉勵兩位外甥不要向自己學習，造成詩意的前後反差，以達到諧謔效果。

其實這種諧謔機制宋人早已發現并運用在詩中，即江西詩派的"打諢"⑤。黄庭堅言："作詩正如作雜劇，初時佈置，臨了須打諢，方是出場。"⑥ "打諢"一詞本是宋雜劇中的術語，指在開頭、結尾滑稽取樂，而宋人將其法引入詩歌。諧謔詩的"初時佈置"便是首先埋下伏筆，給讀者一個預設的期待感，然後"臨了打諢"，將其猛然翻轉，製造諧趣。這不僅是宋代諧謔詩的典型手法，也影響了後代的諧謔詩創作，袁宏道自然不例外。袁宏道諧謔詩中亦常見此種手法，如《湖上贈錢塘湯令》其四：

---

① 《詩論》，第19頁。

② 《幽默文學面面觀》，第77頁。

③ 程傑《論誠齋體》，《宋詩學導論》，天津：天津人民出版社，1999年，第344頁。假如落實到具體的藝術手法上，任何修辭都可以用來製造滑稽，不論比喻、擬人、誇張、對比，還是雙關、反語、化用典故，乃至直接敘述或描寫。學界許多分析諧謔詩的論著都只是分析其這些的具體手法，而未涉及上述更本質的機制問題。

④ 《袁宏道集箋校》，第36頁。毛太初是袁宏道的姐夫。

⑤ 詳見王季思《打諢、參禪與江西詩派》（載《玉輪軒曲論》，北京：中華書局，1980年，第242—246頁）和吴晟《黄庭堅"以劇喻詩"辨析》（《文學遺產》2005年第3期，第64—72頁）。

⑥ ［宋］孔仲平《孔氏談苑》卷五，載《宋詩話全編》，南京：江蘇古籍出版社，1998年，第1册，第695頁。

“一個窮官不解爲，貪他絳葉與青枝。來時開花去結子，教人怎不罵狂癡。”[①] 第一句以“貪”爲謔，將其形容成貪官污吏，是“初時佈置”；第二句一轉，言其所“貪”在於花木之美，與貪官之“貪”形成反差，即“臨了打諢”，戲謔湯休貪戀錢塘的山川草木。

而袁宏道諧謔詩的特點在於，詩中的諧趣往往源自對傳統雅俗、高卑觀念的顛覆。袁宏道詩云：“杭人有諺言，言卑趣則有。”[②] 此言可謂一語道破袁宏道諧謔詩的基本特徵：“言卑”。“卑”本意爲低賤或衰微，在這裡也引申爲卑俗。“言卑”一詞可以有兩種解釋：其一爲動賓結構，即“言卑物”，在詩歌中描寫卑俗或卑賤的事物，揭露其滑稽；其二爲動補結構，即“言得卑”，將諧謔對象形容得卑俗、卑下，創造可笑之處。前者是用語言來再現某種滑稽的動作和場景，滑稽的是情景而非語言，後者則是一種語言技巧，滑稽在於語言本身[③]。總之，袁宏道的“言卑”即通過描寫卑俗之物或將諧謔對象卑俗化，顛覆讀者的心理預期，使讀者產生陌生感和滑稽感。

“言卑物”的諧謔方式在誠齋體中已經出現，袁宏道對此亦有繼承，如《於潛道中偶成》：“越鳥也嘲人，解問爹歸弗？爹豈不思歸，山淫成痼疾。”[④] 袁宏道自注：“歸讀作居，越人呼子規爲爹歸弗。”子規鳥操着吴越口音嘲笑滯留他鄉的自己是否要長居此地而不再歸家，於是袁宏道順勢反嘲之，將自己說成子規之父。詩句通過描寫物與人的嘲笑與反嘲笑，構成充滿諧趣的場景。

在袁宏道諧謔詩中，“言得卑”的數量更多。具體來看，又有四種寫法：

第一，故意將原本尋常的事物寫得庸俗。如《竹枝詞》其四：“東街晴雪未消泥，南陌陰霾又漲堤。恰似江頭娼女面，乍時歡笑乍時啼。”[⑤] 將天氣變化莫測比喻成善變的娼女，猶如今日俗語所言“天氣就像女人一樣善變”。又《甲辰午節觀競渡》其一云：“平湖新漲滑如油，十丈紅幡繞

---

① 《袁宏道集箋校》，第 400 頁。

② 《袁宏道集箋校》，第 411 頁。

③ 柏格森將語言的滑稽分爲“語言表達的滑稽”與“語言創作的滑稽”。《笑》，第 69—75 頁。

④ 《袁宏道集箋校》，第 376 頁。

⑤ 《袁宏道集箋校》，第 893 頁

樹流。我有敝綈三兩幅，也將裁去掛船頭。”[①] 前兩句描寫端午千帆競渡、十里紅幡的情景，後兩句則一轉，由舟上掛着的紅幡聯想到自己的破衣服，戲言要將自己的破爛衣服剪裁一番也掛到船頭，把原本氣勢磅礴、熱鬧非凡的端午競渡場景變得窮酸可笑。

第二，將高雅事物低俗化。袁宏道經常在詩中自嘲書法醜陋，如《偕崔晦之過二聖禪林，時諸衲子出紙索書，戲得豬字》：“波折瘦硬結淺疏，細如蚯蚓濃如豬。書成詰曲不能讀，牛鬼蛇神者誰歟？天竺胡兒解我書。”將自己的字比喻成蚯蚓和豬。《定州見拙詩搨戲題》：“塔上煙煤句，何人勒此中？嗚虛聊以蚓，篆壁偶如蟲。蝕去宜苔蘚，銷來仗雨風。而今真入石，泥土被丹紅。”將自己的字跡比喻爲蚯蚓和蟲豸，説這樣醜陋的字怎麼能將之刻在塔上，應該讓苔蘚和風雨將其趕緊銷蝕，不能任其留存下來。又如《雁字》其八尾聯：“我亦頻年有蠹癖，扶搖猶可一相從。”[②] 此詩前三聯直接描寫雁字的醜陋與不堪入目，把大雁成行戲謔爲在天空中胡亂寫字，尾聯聯想到自己，將自己字醜而又好題字的行爲形容成蠹蟲禍害紙張。

第三，將優美事物醜化，常見於對山水花木的嘲謔。如《柳》其二：“牽柳帶緒弱煙中，銷卻東鄰幾殘紅。欲把無鹽比西子，老髯時復立春風。”此詩以戲謔語氣來詠柳，不詠其美而詠其醜。“老髯時復立春風”將風中飄動的柳條比喻成老人的髯須。“欲把無鹽比西子”化用蘇軾“欲把西湖比西子，淡妝濃抹總相宜”的詩句，把花殘柳敗的柳浪湖比作無鹽女，並使用《世説新語》“刻畫無鹽，唐突西子”[③] 的典故，兩相對比以突出其醜。再如《蘭舟引》：“畫船樓櫓蹙波來，美人一笑蝦鬚裏。”“蝦鬚”一詞乃簾子的别稱，本不具有諧謔意味，然而用在這裡卻給人一種美人笑靨上粘着蝦蟲觸鬚的錯覺和聯想，從而造成諧謔效果。又如《秋夜坐月水軒同龔散木、劉繩之賦》結尾：“試問月中妃，雞皮凡幾度。拋卻射烏兒，億載牧寒兔。”[④] 描寫嫦娥老去、容貌醜陋，完全顛覆傳統月宫仙子的美好形象。

---

① 《袁宏道集箋校》，第 991 頁。
② 《袁宏道集箋校》，第 983、1438、1089 頁。
③ 余嘉錫《世説新語箋疏》，北京：中華書局，2007 年第 2 版，第 968 頁。
④ 以上三首詩分别出自《袁宏道集箋校》第 844、328、951 頁。

第四，將原本嚴肅的事物寫得庸俗甚至輕佻，消解事物的莊嚴感。首先，袁宏道喜用官職、政務來形容世俗豔情，以調侃友人。如《廣陵曲，戲贈黃昭質，時昭質校士歸》其一有“試將校黑分黃眼，品取如花似玉人”之句，緊扣“校”字爲謔。據錢伯城《箋校》，黃昭質即黃煒，當時以部郎任江南鄉試考官，僑居揚州並買一妾。詩歌便以此事爲戲，將其任考官“校士”之職與品評佳人美色相對應。《蘇潛夫侍御買燕姬，爲賦合歡詩》其四：“西臺御史氣如雲，白簡霜飛海外聞。歸去海棠花下語，卻防鸚鵡作彈文。”[①] 也是這種寫法。“白簡”“彈文”指御史彈劾官員的奏疏，這裡用以調侃蘇潛夫對姬妾的寵愛。“鸚鵡作彈文”將鸚鵡擬作御史，正與前一句寫蘇潛夫在御史臺“白簡霜飛”形成强烈對比，前文越是寫其能精明能幹，下文的諧趣便越濃。

其中又有特殊的一類，戲用儒釋道三家經典，即所謂“道書參謎機，禪理供嘲戲”[②]。《贈李醫者》云：“朝賣藥，晚致身。大婦喜，小婦嗔。席未溫，呼先生。”“致身”一詞使用《論語・學而》“事父母能竭其力，事君能致其身”之典，將其戲用成“事妻妾能致其身”。又《夢中題尊經閣，醒後述之博笑》云：“富也而可求，執鞭所忻慕。金口親傳宣，語在述而處。師與商孰賢，賜與回孰富。多少窮烏紗，皆被子曰誤。”戲用《論語》中關財貨富貴的典故[③]，重點落在一個“富”字上，調侃“多少窮烏紗，皆被子曰誤”。再如《惠山僧房短歌》：“東風不道禪心定，吹入山頭環佩聲。”[④] 以男女情事來戲謔少年僧人。環珮一般指女子佩飾，這裡則代指遊春少女。風中傳來少女環珮叮噹的聲響（或者還夾雜著少女清脆的嬉笑聲）惹人遐思，於是袁宏道借東風來打趣“少年長老”。

總而言之，不論是“言卑物”還是“言得卑”，袁宏道詩中的諧趣常常是與俗有關的，大體是一種世俗之趣而非雅趣，或許我們可以將這種諧

---

① 《袁宏道集箋校》，第 543、1395 頁。

② 語出《戊戌除夕》，《袁宏道集箋校》，第 622 頁。

③ 《論語・述而》：“子曰：‘富而可求也，雖執鞭之士，吾亦爲之。如不可求，從吾所好。’”《先進》：“子貢問：‘師與商也孰賢？’子曰：‘師也過，商也不及。’曰：‘然則師愈與？’子曰：‘過猶不及。’”此用字面意思，“師”爲教師，“商”爲商人。《公冶長》：“子謂子貢曰：‘女與回也孰愈？’對曰：‘賜也何敢望回。回也聞一以知十，賜也聞一以知二。’”袁宏道改“孰愈”爲“孰富”。

④ 以上三首詩分別出自《袁宏道集箋校》第 39、386、344 頁。

謔方法稱之爲“以雅爲俗”。所謂“笑謔略尊卑”[①]，打破、混淆雅俗、莊諧的界限，這正是袁宏道諧謔詩最爲獨特之處。這種寫法似乎頗受韓愈以醜爲美筆法的影響，並雜以誠齋體的山水嘲戲。

四、諧謔詩的主旨：以俗救雅與適俗求趣

古代諧謔文學有兩個傳統，一是寓莊於諧，二是適俗求趣。寓莊於諧不一定都是針對君主的“詭辭飾說，抑止昏暴”，也可以“用俳諧筆調書寫自身的牢騷不遇之悲慨，或揭示嘲諷醜人醜態”，總之是別有寄託且“意歸義正”[②]。但我們同樣無可否認俳優和戲謔本質上是爲取樂而生，只是受到儒家“詩言志”和“美刺”傳統的影響，不處於主流地位。

誠然，袁宏道諧謔詩亦有“莊”的一面。其實袁宏道創作諧謔詩本身就帶有解脱的意味。一是以諧謔詩爲摒除復古模擬桎梏、求得詩歌解脱的重要手段，這在《雪濤集序》[③] 中表達得很明顯。沈德潛《明詩别裁集》亦曰：“公安兄弟意矯王、李之弊，而入於俳諧。”[④] 或許我們可以用“以俗救雅”來總結：袁宏道的“以雅爲俗”不僅僅是諧謔手法，也是以“俗”来抗衡和醫療文坛的“雅”。二是對“俗吏貌態恭，末世禮法嚴”[⑤]社會現狀的解脱（或者說是逃避）。潘之恒《解脱集序》云：“一時相傳以爲善謔。嗟乎，中郎真解脱人也！”[⑥] 諧謔在某種程度上成爲袁宏道擺脱現實束縛，達到精神自由的手段，正如陳繼儒《廣諧史序》所云：“天以筆與舌付之文人，二者不慎，皆足以取愆垢、招悔尤，而又不能悶悶如無口之瓠，則姑且遊戲諧史中以爲樂。”[⑦]

但總體來看，袁宏道諧謔詩更主要的是其“喜譚謔”個性和追求趣味的生活方式的體現，即所謂“釋悶多詼史，赢歡少破錢”，“憑將無益事，

---

① 語出《又九日，偕諸叔及諸昆季、散木、陳正夫、王回，登高孟溪劇飲》，《袁宏道集箋校》，第 963 頁。

② 《文心雕龍注》，第 270 頁；《中國古代俳諧詞史論》，第 4 頁。

③ 此文爲江進之詩的“近平近俚近俳”辯解，謂其目的在于替“爲詩所困”的豪傑“脱其粘而釋其縛”，實際也是自我辯護。詳見《袁宏道集箋注》，第 711 頁。

④ ［清］沈德潛《明詩别裁集》，上海：上海古籍出版社，1979 年，第 254 頁。

⑤ 《舟中寄江進之，得珠簾字》，《袁宏道集箋校》，第 413 頁。

⑥ 《袁宏道集箋校》，第 1693 頁。

⑦ ［明］羅炌修、黄承昊纂《崇禎嘉興縣志》卷二十一，明崇禎十年刻本。

娱此有涯生”[1]。其大多數諧謔詩並不包含深刻内涵，僅僅是求趣而已。這和宋人很不一樣。王季思在《打諢、參禪與江西詩派》中說：“戲言而近莊……反言以顯正……斯實參軍打諢之主要内容與方式。”[2] 北宋的諧謔詩創作其實是“以俗爲雅、以故爲新”的詩歌革新的一部分，雖然已經開始打破雅俗的界限，然其旨趣仍歸於“雅”，强調以高雅的精神内涵來熔煉、提升世俗題材、語言。而袁宏道卻並不在意這種趣味是否庸俗，雅亦可，俗亦可，重點在於諧趣本身。至少在他的身上，諧謔詩適俗求趣的傳統已經勝過寓莊於諧了。

在作於萬曆二十五年（1597）的《敘陳正甫會心集》中，袁宏道對其心目中的“趣”做了全面闡釋：

> 世人所難得者唯趣。趣如山上之色，水中之味，花中之光，女中之態，雖善說者不能下一語，唯會心者知之。……此等皆趣之皮毛，何關神情。夫趣得之自然者深，得之學問者淺。當其爲童子也，不知有趣，然無往而非趣也。面無端容，目無定睛，口喃喃而欲語，足跳躍而不定，人生之至樂，真無踰於此時者。孟子所謂不失赤子，老子所謂能嬰兒，蓋指此也。趣之正等正覺最上乘也。[3]

這裡所說的“趣”並不是某一種具體趣味，它既可以是山林之趣也可以是世俗之趣，不在於雅也不在於俗，只在於“會心”而已，只要任性自然、無所拘束地抒發自我，則無物而無趣。袁宏道詩論中的“趣”並不僅僅指諧趣，但諧趣顯然是最重要的組成部分[4]，因其在袁宏道詩文中隨處可見，正如陸雲龍《敘袁中郎先生小品》所言：“中郎敘《會心集》，大有取於趣。小修稱中郎詩文云率真，率真則性靈現，性靈現則趣生。……然趣

---

① 《偶成》《偶作》，《袁宏道集箋校》，第557、1358頁。

② 《玉輪軒曲論》，第243頁。亦可參周裕鍇《宋代詩學通論》，上海：上海古籍出版社，2007年，第317—319頁。

③ 《袁宏道集箋校》，第463—464頁。

④ 左東嶺在《中國詩歌通史（明代卷）》的《緒論》中說：“公安派所言之趣則有着明確的理論内涵：首先，趣是超越了世俗功利的純審美意識，這被袁宏道稱之爲擺脫了物欲與功名的‘無心’狀態，它與童子與醉人的天真接近，與滿心功名利祿的官僚貴族無緣；其次，趣是作家靈心慧性所表現出來的機智與幽默感，能夠充分展現作者的才氣、智慧與蓬勃旺盛的生命力；再次，是自然流暢的表達與意態天然的藝術效果，表現在創作方法上就是衝口信手和不假雕飾。”（北京：人民文學出版社，2012年，第13頁。）

近于諧……”[①]《敘陳正甫會心集》下文又說：“愚不肖之近趣也，以無品也，品愈卑故所求愈下，或爲酒肉，或爲聲伎，率心而行，無所忌憚，自以爲絕望於世，故舉世非笑之不顧也，此又一趣也。”更是對“言卑趣則有”的精確闡釋：只有拋卻傳統文人那種清高的架子，拋卻功名利祿、聞見知識的束縛，走向市井生活，才能獲得人生的樂趣。正如胡建次所說：“袁宏道的‘趣’論整體上體現出大眾化、個性化、世俗化的鮮明色彩與通脫的時代特徵。”[②] 惟其如此，袁宏道才會大量以詩爲謔，並且在諧謔詩中言卑言俗。求俗在於求趣，而求趣又在求真。這段話也是對“以俗救雅”和“適俗求趣”的高度總結，這兩個觀念被整合在了“趣”這一範疇中。

同年袁宏道也寫信給袁宗道說：“近來詩學大進，詩集大饒，詩腸大寬，詩眼大闊。世人以詩爲詩，未免爲詩苦，弟以打草竿、劈破玉爲詩，故足樂也。”[③] 說明袁宏道創作諧謔詩是爲打破“世人以詩爲詩”[④] 的桎梏，向世俗轉向，向自我轉向，即“各出己見，絕不肯從人根腳轉，已故寧今寧俗，不肯拾人一字”[⑤]。其中“打草竿、劈破玉”不但代表“不效顰漢、魏，不學步於盛唐，任性而發，尚能通於人之喜怒哀樂嗜好情欲”的“真聲”[⑥]，也包含俗世的娛樂精神，即所謂“杭人有諺言，言卑趣則有”。江盈科《敝篋集序》也曾引中郎的話說：“腕能運心，即諧詞謔語皆是觀感，不必法言莊什矣。”[⑦] 可見在袁宏道的詩論中，追求自得與適俗求趣是緊密相連的，因此從“詩苦”到“足樂”的轉變至關重要，這是將

---

① 《袁宏道集箋校》附錄三，第1721頁。

② 胡建次《歸趣難求——中國古代文論“趣”範疇研究》，南昌：百花洲文藝出版社，2005年，第120頁。

③ 《袁宏道集箋校》，第492頁。

④ “以詩爲詩”可以包含多種含義：以詩文求不朽，以詩歌爲應酬，或者模仿某種詩歌格套，總之不是爲表達自我而寫詩都可稱爲“以詩爲詩”，但這裡應該更多是指模擬。袁宏道《敘姜、陸二公同適稿》（《袁宏道集箋校》，第696頁）有“人各爲詩”和“共爲一詩”的說法，“共爲一詩，此詩家奴僕也”，“其高者爲格套所縛”，“而其卑者，剽竊模擬”，故所謂“以詩爲詩”者，即以他人之詩爲詩、以前人之詩爲詩。

⑤ 《馮琢菴師》，《袁宏道集箋校》，第781、782頁。

⑥ 《敘小修詩》，《袁宏道集箋校》，第188頁。以民間詩歌來反對復古模擬，袁宏道詩文中所述甚多，如《答李子髯》其二：“當代無文字，閭巷有真詩。”（《袁宏道集箋校》，第81頁）而在袁宏道之前的李開先、馮夢龍等人已有這種觀念，茲不展開討論。

⑦ 《袁宏道集箋校》，第1685頁。

詩歌變成自娱自樂的工具，在某種程度上可視爲對“詩言志”的莊嚴性、神聖性的解構。

在晚明，受到李贄“大凡我書，皆是求以快樂自己，非爲人也”[①]的影響，文學的自娱説、遊戲説風靡一時[②]。稍晚於袁宏道的“謔菴”王思任在《夏叔夏先生文集序》中提出：“文章自有歡喜一途，唯快士能取之。……其所落筆，山水騰花，煙霞劃笑，即甚涕苦憤嘆之中，必有調諧傞舞之意。”陸時雍在《詩鏡總論》中亦有“古樂府多俚言，然韻甚趣甚”，“晉人五言絕，愈俚愈趣，愈淺愈深”，“深情淺趣。深則情，淺則趣……余以爲深淺俱佳，惟是天然者可愛”[③]等論，其所言之“趣”雖與諧趣有别，但從中可以看到，文學自娱的觀念不但深入人心，並且和世俗之樂緊密相連，適俗求趣的世風已經滲透到許多人的詩論中。

五、“以趣救俗”與諧謔詩的困境

钱谦益在《列朝詩集》中批評袁宏道的詩文“機鋒側出，矯枉過正，於是狂瞽交扇，鄙俚公行，雅故滅裂，風華掃地”[④]。誠然，袁宏道所提倡的“獨抒性靈、不拘格套”“信心而出，信口而談”[⑤]，本身就很容易流入“鄙俚公行，雅故滅裂”的境地，他自己也很清楚這一點。但袁宏道更明白“法因于弊而成于過者也”，“不肖惡之深，所以立言亦自有矯枉之過”[⑥]。問題在於，袁宏道既然意識到這一點，那麼是否也有意識地思考救弊之法？既然俗能救雅，那何以救俗？

---

① 李贄《與袁石浦》，載《李贄全集注》第3冊《續焚書注》，北京：社會科學文獻出版社，2010年，第142頁。

② 歐明俊《古代文論中的自娱説》，《文學理論研究》2002年第2期，第79—86頁。

③ 引自丁福保輯《歷代詩話續編》，北京：中華書局，1983年，第1404、1406、1418頁。

④ ［清］錢謙益《列朝詩集小傳》丁集中，上海：上海古籍出版社，2008年第2版，第567頁。

⑤ 語出《敘小修詩》與《張幼于》，《袁宏道集箋校》，第187、502頁。

⑥ 《袁宏道集箋校》，第502頁。《敘曾太史集》：“余詩多刻露之病。……余文信腕直寄而已。”（《袁宏道集箋校》，第1106頁。）《陶周望宫諭》：“若弟直是巴豆大黄，腹中悶飽，亦有些子功效也。”（《袁宏道集箋校》，第1239頁。）《答陶周望》：“弟學問屢變，然畢竟初入門者，更不可易。其異同處，只矯枉過直耳，豈有别路可走耶？據兄所見，則從前盡不是，而今要求個是處，此時豈可一口盡耶？近日如此，明日又如此，才有重處，隨即剿絕。今日之剿，在明日又爲重處矣。”（《袁宏道集箋校》，第1244頁。）

作爲一個詩人，袁宏道可以將詩歌審美世俗化，卻不能容忍其流於庸俗甚至惡俗。《陶周望宫諭》云："眼中得不常見爛熟人，隨俗亦快也。"[①]他是主張入俗而不流俗的。流俗就意味着失去自我、盲目從衆，與復古派沒有本質區别，這是袁宏道自始至終所反對的。《行素園存稿引》曰："行世者必真，悦俗者必媚，真久必見，媚久必厭，自然之理也。故今之人所刻畫而求肖者，古人皆厭離而思去之。"[②] 在與復古派的對抗中，袁宏道所反對的並不是"雅"本身，而是已經墮入"智者牽於習，而愚者樂其易，一唱億和，優人騶子，皆談雅道"[③] 境地的"雅"。同理，一旦自己的"俗"也變得"爛熟"則亦需矯正。正如鍾惺《問山亭詩序》所說："今稱詩者，遍滿世界，化而爲石公矣，是豈石公意哉?"[④]

袁宏道雖然主張適俗求趣，但其人生趣味並不排斥雅，如《瓶史》就始終强調山水花竹、幽人韻士的雅致，"豈可使市井庸兒，溷入賢社，貽皇甫氏充隱之嗤哉?"[⑤] 袁宏道既要破除雅的桎梏，也要避免陷入俗的泥潭，他所真正期望的是消弭雅俗而達到混成的境界，這個境界就是《敘陳正甫會心集》所說的"會心"。而"會心"又在於求趣，所以袁宏道提供的救俗之方就是"趣"。

陸時雍《詩鏡總論》云："詩有靈襟，斯無俗趣矣。有慧口，斯無俗韻矣。乃知天下無俗事，無俗情，但有俗腸與俗口耳。古歌《子夜》等詩，俚情褻語，村童之所赧言，而詩人道之，極韻極趣。"[⑥] 此言亦可移植於袁宏道的諧謔詩。袁宏道希望通過"以雅爲俗"的寫法來獲得諧趣，又用包含諧趣而高於諧趣的"趣"來防止其流於庸俗。正是如此，袁宏道部分優秀的諧謔詩才能適俗而不媚俗，求趣而在趣中見真，見其人格精神。求趣才是目的，適俗只是手段，得魚而可以忘荃。

賀貽孫《水田居文集·示兒二》在評論袁宏道詩作時指出："初看四首，即以掩卷，以其似俳、似纖、似佻，爲詩家所棄也。再四閱之，其孤傲超忽，獅子獨行不求伴侣之況，即藏於似俳似纖似佻之中……必不肯一

① 《袁宏道集箋校》，第 1239 頁。
② 《袁宏道集箋校》，第 1570 頁。
③ 《雪濤閣集序》，《袁宏道集箋校》，第 711 頁。
④ 轉引自《袁宏道集箋校》附錄三，第 1671 頁。
⑤ 《袁宏道集箋校》，第 819 頁。
⑥ 《歷代詩話續編》，第 1420 頁。

語一字蹈襲古人，以掩其性靈，縛其才思，窘其興趣。”[①] 雖然賀氏所標舉的“興趣”與本文的“諧趣”不盡相同，但能看出袁宏道諧謔詩“寧今寧俗”的表象背後暗藏的是“孤傲超忽”、不同流俗的精神。如《崇國寺葡萄園集黄平倩、鍾君威、謝在杭、方子公、伯修、小修劇飲》《和鍾君威花字》《和方子公童字》《和方子公》《和黄平倩，平倩有文君盤，出以行酒》《丘長孺醉歌，和黄平倩》諸詩以飲酒爲戲，描寫衆人飲酒時“尊隤罍決不可止，突若一群狂猩猩”，醉酒時“須臾變幻如偶兒，乍孤乍末恣俳戲”的癲狂、迷亂之態，但這些“醜態”所體現的卻是“天然一幅渾沌圖，人間械路爭回避”[②]，是不爲人間塵俗所染、世間禮法所拘束的自在、自得之態——儘管這種狀態或許只有在飲酒中才能達到。可惜的是，袁宏道諧謔詩適俗求趣的意味太重，這類“孤傲超忽，獅子獨行不求伴侶之況，即藏於似俳似纖似佻之中”的作品並不多見。

也許有人會問，上文既言袁宏道心目中的趣是混同世俗的，這裡又說以趣救俗，豈不是自相矛盾？其實不然，趣是一個比俗更高級的範疇，它是高於雅和俗的，既有入俗的一面，也有超脱世俗的一面。在《敘陳正甫會心集》中我們能夠看到，“無品”的俗趣並不是“趣之正等正覺最上乘”，只是“近趣”而已，其上還有“山林之人，無拘無縛，得自在度日，故雖不求趣而趣近之”的境界，以及最高級的“當其爲童子也，不知有趣，然無往而非趣也。面無端容，目無定睛，口喃喃而欲語，足跳躍而不定，人生之至樂，真無踰於此時者”的境界。然而一旦心中有了雅俗之别，刻意求趣，終歸不可能再回到赤子、嬰儿的境界，所以實際可求的只有“無品”與“山林”兩種境界，而這正是袁宏道早年與晚年“趣”論的區别，也是其“以趣救俗”的兩個階段。

萬曆二十八年（1600）袁宏道辭官後，隨着其詩文風靡全國，詩壇風氣翕然一變，許多人開始學習、模仿公安體，以俗救雅的目的已基本達成，而這一詩學策略的弊端卻越發凸顯，所以袁宏道的詩學轉向穩實、平常和典雅，試圖以“平易質實”救“詩傷俚質”，以“良工苦心”改“草

① 《清代詩文集彙編》第21册，上海：上海古籍出版社，2010年，第555頁上。

② 三句詩分别出自《和方子公》和《丘長孺醉歌，和黄平倩》，《袁宏道集箋校》，第648、654頁。

率信手”[①]。在此背景下，袁宏道雖然並未拋棄“趣”，但對它的理解已悄然改變：袁宏道所求從世俗之趣變成山林之趣，嘗試由適俗求趣進入“不求趣而趣近之”的境界。《行素園存稿引》頗能體現這點：

> 古之爲文者，刊華而求質，敝精神而學之，唯恐真之不極也。博學而詳說，吾已大其蓄矣，然猶未能會諸心也。……一變而去辭，再變而去理，三變而吾爲文之意忽盡，如水之極于澹，而芭蕉之極于空，機境偶觸，文忽生焉。風高響作，月動影隨，天下翕然而文之，而古之人不自以爲文也，曰是質之至焉者矣。[②]

文章强調“質”，但此“質”並非通常意義上的質實、質樸或者與理相關的“質”，而是真與自然，是一種神與物游、物我兩忘情況下的文思自然流露，是非“實”而近“虚”的，是非功利、非技巧的，當然也依然是“會心”的，這與袁宏道前期詩學仍相通[③]。但如果與《敘陳正甫會心集》相比較，它更强調“當其爲童子也，不知有趣，然無往而非趣”的自然流露，將“獨抒性靈”的“抒”字去掉，任性靈自我表現，而非作者有意抒發。更重要的是這篇文章體現了袁宏道對俗的態度的轉變：“最後乃得定之方先生集讀之，三復而歎曰：‘質在是矣。’有長慶之實，無其俗。”明確說“質”的境界應該沒有白居易式的淺俗、俚俗。不但復古派的模擬不能達到這個境界，自己早年的“寧今寧俗”的“遊戲語”也不行。

陸雲龍《敘袁中郎先生小品》又云：“然趣近于諧，諧則韻欲其遠，致欲其逸，意欲其妍，語不欲其拖沓，故予更有取于小品。”可見陸雲龍

---

① 袁宏道在萬曆三十二年與萬曆三十五年兩封寫給黄輝的信中說：“凡事只是平常去，不必驚群動眾……然詩文之工，絕非以草率得者，望兄勿以信手爲近道也。”（《袁宏道集箋校》，第1259頁。）“《瓶花》是京師作，詩文俱有痕跡；《瀟碧》乃山中數年所得，似覺勝之。……近造想益卓，參禪到平實，便是最上乘。弟自入德山後，學問乃穩妥，不復往來胸臆間也。”（《袁宏道集箋校》，第1601頁。）這與袁宏道早年“一切文字，皆戲筆耳”（《袁宏道集箋校》，第496頁。）的說法有明顯不同。又《答陶周望》云：“大都世間自有一種平易質實，與道相近者……清士名流，自以爲非吾不能學道也，而矯厲太甚，終成自欺，與道背馳而不可學。……若非歸山六年，反復研究，追尋真賊所在，至於今日，亦將爲無忌憚之小人矣。”（《袁宏道集箋校》，第1276—1277頁。）《德山麈譚》亦曰：“‘小人行險以僥倖’非趨利也，只是所行不平易，好奇過高，故謂之險，謂之倖。”（《袁宏道集箋校》，第1284頁。）這裡雖然講的是學問，但與詩學也相通。袁宏道反思早年詩文“矯厲太甚”“好奇過高”“無忌憚”的缺陷，轉向“平易質實”。

② 《袁宏道集箋校》，第1570—1571頁。

③ 可參肖鷹《自然爲真：袁宏道的審美論》（《文學評論》2013年第3期，第145—151頁）及郭紹虞《中國文學批評史》（北京：商務印書館，2010年），第290—294頁。

也發現了袁宏道欲以高遠自然的意韻拯救適俗之趣的弊端，并認爲其小品文中做到了這一點。姑且不論袁宏道的小品文是否真的達到這一境界，只說其晚年的諧謔詩做到了嗎？恐怕沒有，或者說大部分沒有。如上文曾引的《竹枝詞》其四、《甲辰午節觀競渡》其一、《秋夜坐月水軒同龔散木、劉繩之賦》都是“山中數年所得，似覺勝之”[①] 的《瀟碧堂集》中的作品，但與民間打油詩相去不遠。《破硯齋集》和《華嵩遊草》亦然，雖然其中諧謔詩的數量不多，但趣味仍是俗趣，如上文曾引的《蘇潛夫侍御買燕姬，爲賦合歡詩》，又如《潼關題壁》：“華山君，豈不聞。濡筆雨，和墨雲。十丈莲焦玉女嗔。乘风自振潇湘裙。夜半浇我洗头盆。”把華山夜雨比喻爲玉女嗔怒、夜半潑灑洗頭盆，以華山玉女峰和洗頭盆峰之名爲戲[②]。這與其早年的諧謔詩差別並不大，甚至不如早年的許多作品，如上文提到的《崇國寺葡萄園集黄平倩、鍾君威、謝在杭、方子公、伯修、小修劇飲》《丘長孺醉歌，和黄平倩》，以及《解脱集》中的組詩《別石簣》十首[③]。

總之“以趣救俗”並不能改變袁宏道諧謔詩世俗化的整體趨向，更不能阻撓世人的東施效顰，以至於最終使得詩壇“狂瞽交扇，鄙俚公行，雅故滅裂，風華掃地”，成爲另一種庸俗和爛熟的詩歌套路。袁宏道的詩論與創作分離了。更嚴重的是，袁宏道“趣”論所强調的“會心”和自然是完全非功利的，而這種境界袁宏道只在早年漫遊吴越之時曾經達到，正如袁中道《解脱集序》所說：“山情水性，花容石貌，微言玄旨，嘻語謔詞，口能如心，筆又如口。”然而袁宏道終究不能完全除去名根，一旦他從“丘壑日近，吏道日遠，弟之心近狂矣癡矣”[④] 的情境中走回世俗，回到官場和詩壇，終究免不了重新陷入“有身如桎，有心如棘，毛孔骨節俱爲

---

① 《袁宏道集箋校》，第 1601 頁。

② 《袁宏道集箋校》，第 1446 頁。下一首詩詩題所云“是日至子夜，果雨，涼風襲肌甚快，但雨不暢。夢中聞書記與快雪語：‘主公所乞者洗頭盆水耳，何其慳也。’不覺大笑，口占四十字爲謝”即此事，蓋陝西連日乾旱，故此詩有喜雨之意，喜而謔之。

③ 如其中第三首：“三入淨寺門，寺僧笑狂騃。欲得不相譏，除非觀自在。是仙是凡人，請君自揮解。”其五：“學道不學禪，談星不談義，愛曲不愛音，讀書不讀字。人天收不得，賢智亦爲祟。不知何因緣，偏得同臭味。每笑儒生禪，顛倒若狂醉。除卻袁中郎，天下盡兒戲。”其七：“不即凡，不求聖，相依何，覓性命。三入湖，兩易令，無少長，知名姓。湖上花，作明證，別時衰，到時盛。後來期，不敢問，我好色，公多病。”（《袁宏道集箋注》，第 404、404 頁）

④ 分別出自袁宏道《趙無錫》與袁中道《解脱集序》，《袁宏道集箋校》，第 494、1692 頁。

聞見知識所縛”[①] 的境地。更何況，當袁宏道在詩壇上舉起反復古派的大旗，用“獨抒性靈、不拘格套”來攻擊、矯正復古派，其實在某種程度上也是將文學功利化了，本來用以自我愉悅、表達自我的“遊戲語”竟成爲“意在破人之執縛”的工具，也就偏離了原本的趣味。所以袁宏道的詩歌創作和詩學理論會走入困境乃是其本身所決定的。

餘論：私人化寫作與詩歌風潮

袁宏道諧謔詩的核心觀念是適俗求趣和以俗救雅，基本特徵是“言卑趣則有”，通過顛覆傳統雅俗、尊卑觀念來製造諧趣。袁宏道“以俗救雅”又“以趣救俗”，但“趣”最終並不能救“俗”，這是爲什麼呢？

學界在研究諧謔文學的過程中，對“諧謔”“戲謔”或“俳諧”的界定一直存在爭議，或者說這一概念具有模糊性[②]。諧謔文學的本質在於可笑性，但是否滑稽有趣並不存在一個準確的、公共的標準，而是非常私人化、個體化的，譬如我們日常生活中的某些笑話，有的人覺得可笑，有的人卻覺得無趣。“可笑事物的意義具有極爲多變的性質。”[③]

從這個角度去看待袁宏道的“趣”論，我們就能發現它最終不能救“俗”的原因了。因爲“趣”純然是個性化、私人化的，他人根本無法學習，模仿者學習袁宏道的“言卑趣則有”只能得到“俗”的表象而遺失其內在“趣”的精神。《靜志居詩話》云：“乃不善学者，取其集中俳諧调笑之语。”[④] 可見當時學袁宏道諧謔、俚俗詩風之人很多，而不知諧謔求趣之詩根本不可學。哪怕袁宏道後來意識到這個問題，徹底拋棄俚俗，其詩論的核心也沒有轉變，依然追求性靈的抒發，但性靈是無跡可尋的，只能自得而不可模仿，它不像復古派那般有法可循，可以形成一個模式，所以前後七子復古之風可以延綿數十年，而公安派在短短幾年之間便土崩瓦解。

---

① 語出《敘陳正甫會心集》。

② 詳見《中國古代俳諧詞史論》，第 16、33 頁。虽然本文開頭就對諧謔詩進行了界定，主張通過詩歌的表達效果來判斷諧謔詩，但這種界定仍有模糊不清之處，因爲對滑稽效果的判斷也會因人而異。

③ 《笑的研究》，第 17 頁。

④ ［清］朱彝尊《靜志居詩話》，北京：人民文學出版社，1990 年，第 479 頁。

總之，袁宏道的創作是一種私人化的寫作，其個性化、世俗化的風格只適合自己而不可學習，更不能推廣，這是袁宏道的詩學產生流弊、最終走向破產的根本原因。

附錄：袁宏道諧謔詩統計

《敝篋集》7 首：《病中短歌》、《嘲王以明先生》、《雀勞利歌》、《贈李子髯》、《過毛太初，見二甥》、《贈李醫者》、《戲題君山》。

《錦帆集》3 首：《戲題齋壁》、《戲柬江進之》、《初度戲題》。

《解脫集》35 題 51 首：《蘭舟引》、《閒居雜題》其五、《醉鄉調笑引》、《惠山僧房短歌》、《述内》、《答内》、《湖上遲陶石簣戲題》兩首、《桃花雨》、《湘湖》、《初至紹興》、《禹穴》、《霧中望山》、《志別種山閣作》、《餘杭雨》兩首、《於潛道中遇雨》、《天目書所見》、《玉上人》、《徽謠戲柬陳正甫》、《贈景升》、《夢中題尊經閣醒後述之博笑》、《新安江》其一、其四、其十、《嚴陵》其三、《嚴子陵灘限韻，同陶石簣、方子公賦》其一、其三、《別恨篇，爲方子公賦》、《贈李雲峯》其一、《湖上贈錢塘湯令》其四、《過雲棲見蓮池上人有“狗、醜、韭、酒、紐”詩，戲作》兩首、《別石簣》十首、《拜長耳和尚肉身》、《留別黄道元》、《湖上別，同方子公賦》其四、《舟中寄江進之，得珠簾字》其一、《雨中過蘇》兩首、《過吳戲柬江進之》、《贈沈飛霞》。

《廣陵集》14 題 20 首：《喜小修至》其一、其二、《別無念》、《小集張伯實齋頭》、《哀殤》、《廣陵曲，戲贈黄昭質，時昭質校士歸》四首、《王太古令郎有父風，即賦》、《丁酉十二月初六初度》其四、《偶成》（貧色杯中減）、《感懷作》、《石公解嘲詩》、《侵曉見閨人禮懺》、《乍晴即事》、《放言，效元體》其二、其三、《子公貧病，無日開顔，悶坐舟中，口占乞笑》、《子公貧病，口占乞笑》。

《瓶花齋集》26 題 28 首：《題潘生小像，生嗜酒，時將別》、《淮安舟中》其一、《漂母祠》、《濟寧守邀飲南池》、《擬古樂府・長安有狹斜行》、《擬古樂府・鰕䱇行》、《出城觀柰子花遇大風，至韋公寺而還，同游爲顧伯升、李西卿、家伯修》、《秋日同梅子馬、方子公飲北安門》、《天壇》其二、《香山》、《別方子公》、《閒居》其四、其六、《戊戌初度》其三、《轂日懷潘景升》、《和陸放翁初春遣興，次原韻》、《遊高粱橋》、《暮春同謝生、汪生、小修游北城臨水諸寺，至德勝橋水軒待月，時微有風沙》其二、《和韻贈黄平倩》、《崇國寺葡萄園集黄平倩、鍾君威、謝在杭、方子公、伯修、小修劇飲》、《和鍾君威花字》、《和方子公童字》、《夏日同江進之、丘長孺、黄平倩、方子公，家伯修、小修集葡萄方丈，以五月江深草閣寒爲韻，余得五字》其二、《和方子公》、《和伯修》、《和黄平倩，平倩有文君盤，出以行酒》、《丘長孺醉歌，和黄平倩》、《盤山道中嘲寶方、死心、寂子三和尚》。

《瀟碧堂集》46題68首：《五弟新卜園居，余笑曰：'奈物力不敷何！'社中遂以爲韻，作詩嘲之，仍限四章，各四韻》四首、《王闇然館中看梅，余家塾也》其二、《柳》其一、其二、《洋溪湖嘲沈青平》兩首、《文殊臺》、《採石蛾眉亭》其一、其二、《戲題道士洑》、《舟中元夕偶談郡中舊事》、《竹枝詞》其四、其五、其十一、《食竹，時方正月》其三、其六、其七、《苦雪戲作》、《新買得畫舫，將以爲庵，因作舟居詩》其一、其六、其十、《和東坡梅花詩韻，今年雪多，梅開不甚暢，爲花解嘲，復以自解云耳，同惟長先生作》其二、其三、《荆門道中》其一、《南岩望絶頂及五龍諸宫有述》、《柳浪館雜詠》其三、《館中再用前字寄王以明》、《藕塘》、《柳浪偕諸客偶題，時午節將至》、《戲題十姊妹花》、《柳浪雜詠》其二、《八月十二日同諸公看月水軒》、《秋夜坐水軒同龔散木、劉繩之賦》、《再和散木韻》其一、其八、《九月二日盛集諸公郊遊，至二聖寺，仍用散木韻》其五、其六、《贈陳正夫》、《看紙鳶》、《偕崔晦之過二聖禪林，時諸衲子出紙索書，戲得豬字》、《散木方鰥，誓不娶，詩以嘲之，仍用前韻》、《甲辰午節觀競渡》其一、《舟中望黄山》、《答龍君御見憶之作。君御詩云'我家德山不得住'，故末句云云，用博一笑。次篇聊爲解嘲，亦可作一段公案也》其一、《答君御諸作》其二、其三、其四、《桃花流水引》其四、《竹枝詞，時阻風安鄉河中》其二、其三、《秋夜痛飲李上舍家，和公琰韻》、《看諸友弈》其一、《風林纖月落》其二、《梅花》兩首、《人日自笑》、《夜起同廖道人扣王生門索酒，酒行而雷電大作，衆皆辟易，余興益豪，至子夜乃休》其二、《七夕偶成》兩首、《醉歸，口占示凡公、響泉道人》、《雁字》其三、其八、其九、《諸衲見過》、《和退如舟中韻，退如訪道回家，有新姬，並以爲嘲》。

《破硯齋集》12題20首：《宜城飲王舍人家留别》、《五月十二日退如生辰，蒙以詩見寄，聊述二章奏報》其一、《集元定行記齋再賦得原字》、《元定齋不甚寬，而佈置有態，器具亦精，余興未已，仍用原韻賦贈，兼訂後來之約》、《客有贈余宫燭者，即席同劉元定、方子公、丘長孺、陶孝若賦之》、《蛙飲歎》、《夏日過蒲萄園，賦得熏風自南來》、《苦雨吟，和曾退如》其一、其二、其四、《秋日苦雨，和退如太史》其一、《嘲謝道人白鬚》四首、《蘇潛夫侍御買燕姬，爲賦合歡詩》四首、《殘冬選曹乏人，戴星出入，不覺春過，感而賦此》。

《華嵩遊草》5 首：《定州見拙詩搨戲題》、《潼關題壁》、《希夷峽》其二、《胡孫愁》、《偕朱非二入少林至初祖洞》。

輯佚詩 1 首：《遊仙詩》。

盛朝氣象下的異響

——《江左十五子詩選》考論

楊婷婷

復旦大學中文系

摘　要： 康熙朝江蘇巡撫宋犖所編《江左十五子詩選》是對清初江南地區文化氣象的集中展現。以往研究多傾向於將其視爲“廟堂”之作，以“溫柔敦厚”爲選擇標準，使其後詩壇“真氣日漓”。但事實上該《詩選》具有複雜的面貌。宋犖作爲頗有政績文才的封疆大吏，基於自炫、頌聖與經世的詩學意圖，所選詩人當時多爲中下層文人，而非廟堂中人；所選篇什在頌聖應酬、自我標榜之餘，又兼有大量反映民生疾苦、譏評時政乃至同情遺民、懷念前朝的成分。面對過於尖銳的作品，宋犖在不惜將其選入集中的同時，又採取了改易關鍵字詞的編輯手法使其旨意隱晦。其編選動機及整體色彩都非既往的簡單印象所能涵蓋，實際上反映出明末清初世變後江南文壇複雜微妙的政治處境、人事關係及文學心態。對這一個案的反思與考論，可以讓我們更真切地理解這一時期文學與政治、社會互相纏繞的深層機理。

關鍵詞： 宋犖　江南十五子　詩選　遺民　廟堂

《江左十五子詩選》（以下簡稱《詩選》）是清初康熙年間江蘇巡撫宋犖所編的一部詩集。宋犖爲“雪苑六子”“金台十子”中的成員，在詩文上曾有與王士禎齊名之稱；在政治上則爲康熙朝長期主政江南的地方大員，深受皇帝信賴。其在江蘇巡撫任上大力提倡文教，成爲促使江南文化從明末清初戰亂殘燼中恢復元氣的一個先行人物，而《詩選》正是這一文化提振過程中的代表性產物。如學者所研究，清初所編纂的詩歌總集多兼收前朝與本朝詩人作品，即使號稱專選本朝詩人，亦多遺民或由明仕清者；專選生長於清的新時代詩人的總集，實寥寥無幾[①]。宋犖這部《詩選》，正屬於後者之一，而所針對的選擇範圍，則是明清易代之際遭創最重的江南地區。它可以説是對入清以來江南文壇新興代的一次選拔確認，對我們瞭解江南文壇復興過程具有相當重要的意義。

以往學者已經認識到此詩選在清詩發展中有獨特的價值，嚴迪昌先生認爲：康熙五十年（1711）至乾隆二十年（1755）間是一個詩史真空期，而《江左十五子詩選》恰在此前編刻，有重要的接續和啟變意義[②]。但對《詩選》性質的認知，卻基本上停留在"廟堂詩歌"的層面上，認爲"宋氏選詩時專門刪剔去有關社會政治等在其看來不夠溫柔敦厚的作品，存其大抵與自己好尚的格近昌黎、眉山的篇什"，而導致詩壇"一種真氣日漓、辭不勝意的風氣"[③]。但我們如果細勘《詩選》本文，便會發現事實遠非如此簡單。《詩選》是在世變初定的時局中，在中央朝廷關注鼓勵下，由督撫江南的封疆大吏來編纂，彙集地方中下層文人爲一帙，其內部纏繞著從文化到政治，從地方到中央，從下層文士到高級官僚，從作者到編選者等種種因素的複合作用。其中當然不乏溫柔敦厚、頌聖酬對的部分，不乏新朝政治運作的痕跡，以及地方文人希望飛黄騰達的訴求；但也處處可見作者基於下層生活體驗而對時政的嚴厲批判，對民生疾苦的呼籲，乃至讚頌明遺民甚至哀悼前朝皇帝的故國之思。這種種看似不相容的元素在同一部《詩選》中並存，使其面貌變得糅雜紛紜而又微妙互調，是綜合了各方面考量以後的結果。既往對《詩選》的簡單化理解，實際上透露出對這一時代文學史複雜性缺乏認知，陷於片面的想象。通過細緻解讀《詩選》內

---

① 清初總集編纂問題，參見謝正光、佘汝豐編著《清初人選清初詩彙考》，南京：南京大學出版社，1998年；夏勇《清詩總集研究（考論）》，浙江大學博士学位論文，2011年。"江左十五子"年紀最長者爲宫鴻曆，生於順治二年（1645），故十五人均爲生長於清朝的第一代文人。

② 此語爲馬大勇在著作中轉述其師嚴迪昌意見，見馬大勇《清初廟堂詩歌集群研究》，長春：吉林人民出版社，2007年，第214頁。

③ 嚴迪昌《清詩史》上册，杭州：浙江古籍出版社，2002年，第542頁。馬大勇雖然指出詩選中"也頗保留了一些可能'觸時忌'的真摯心音"（《清初廟堂詩歌集群研究》，第214頁），但總體上仍肯定嚴迪昌先生的説法，並直接引用《清詩史》中的內容作爲自己的根據。

部文本，並結合當時政治、民生及江南風土等多方面作史實考論，可以看到《詩選》就如同一面鏡子，照出了這個特殊歷史時期江南文學從低谷走向高潮歷程的微妙面相。

一、《詩選》的基本面貌與宋犖選詩取向

《詩選》的編刻，是宋犖在任江蘇巡撫時振興風雅、提攜後進的一項重要舉措，詩選刻成後頗受稱賞。沈德潛《清詩別裁集》稱譽宋犖“選江左十五子詩以提唱後學，固風雅之總持也”①。“提唱後學”一語反映出其在促進新生代詩人成長方面的意義，而“風雅總持”則表明宋犖在此時文化界的評價及影響力。《詩選》於康熙四十二年（1703）末刻成，共十五卷，十五子人一卷。每卷卷目標詩人名字，兼選古今體詩。關於十五子其人，以往研究有基於其大多身居顯職，遂將其歸入廟堂文學者②，然而宋犖《江左十五子詩選序》明言：

> 今十五子詩無甲乙，以齒次第，十五子者曰王式丹方若，曰吴廷楨山掄，曰宫鴻曆友鹿，曰徐昂發大臨，曰錢名世亮工，曰張大受日容，曰楊棆青村，曰吴士玉荆山，曰顧嗣立俠君，曰李必恒百藥，曰蔣廷錫揚孫，曰繆沅湘芷、曰王圖炳麟照，曰徐永宣學人，曰郭元釪于宫。但著其地，而不書其爵，所期者遠矣。③

宋犖是以地望而非官爵來標誌十五人的，其理由在於“所期者遠”，即期待他們將來有更遠大的發展，這正表明他們此時在官場上還並未發跡。事實上這十五人後來雖然大多仕途亨通，如吴士玉官至吏部尚書，蔣廷錫任文華殿大學士兼尚書，繆沅官至刑部侍郎等，這一點也成爲時人豔羨“十五子”的理由，如沈德潛所言“宋漫堂中丞選江左十五子詩，厥後十五人，中殿撰一人，位大宗伯者一人，大學士者一人，余任宫詹入翰林者指不勝屈”④，但這只是一種追述視角；在入選當初，這些人物幾乎都

---

① 沈德潛《清詩別裁集》上冊，上海：上海古籍出版社，2013年，，第529頁。

② 《清初廟堂詩歌集群研究》，第214頁。

③ 《江左十五子詩選十五卷》，《四庫存目叢書》集部第386冊，济南：齊魯書社，1997年，第273頁。

④ 《清詩別裁集》下冊，第836頁。

還沒有進入官場，除徐永宣、徐昂發爲康熙三十九年（1700）進士外，余爲進士者皆中於四十二年（1703）或之後。此外如郭元釪等當時還只是諸生，甚至還有李必恒這種殘疾耳聾、一生淪落的文人。就編選當時的情形來說，充其量只能稱爲地方中層文人群體，遠未有資格進入廟堂，因此《詩選》也就不可能從廟堂角度加以理解。宋犖以江南政教總持的身份，選詩對象卻集中在這一遠低於自己身份的群體，其交往關係及採擇理由，是頗耐人尋味的。

在《詩選》序中，宋犖明確提出自己的編選宗旨：

> 《周官》：大師之職，教六詩必以六德爲之本，而《王制》：天子巡狩則命太師陳詩以觀民風，故觀於詩而其人可知也。觀於詩不一人，人不一家，而民風亦可知也。予不敏，建節撫吴，且一紀休養，以無事既久而民安樂之，則日以多暇，乃得振興風雅，後先賞識名人才士于大江南北間，凡十五子著於篇……夫上古之九歌，用以勞民勸相，而春秋君卿大夫燕饗答貺，率歌詩以交鄰國，往往尚禮而息兵。如鄭七子及六卿賦詩見志之類，以其有用故貴之也，豈若後世月露風雲，爲無益之藻繪也哉？①

從中可以歸納出宋犖編選詩集的幾個基本考量重點：自炫、頌聖與經世。自炫是作爲文化官僚的自我形象塑造，頌聖是作爲朝廷臣子的應盡義務，而經世則是作爲士大夫理想的實踐。

首先，詩選編刻時宋犖已在江蘇巡撫任上近十二年（“一紀”）②，其對自己的政績是頗爲自負的，而當時的評價也的確如此，康熙就曾屢次稱讚他官做得好。由於政務上的成功，他得以將精力轉向文教方面，以振興風雅自任，舉辦了詩文唱酬、編纂古代文獻、爲東坡祝壽等一系列文化活動。因此《詩選》的編訂絕不是個人性的或單純文學審美性的行爲，而是宋犖在江蘇巡撫任上政績的進一步延伸，目的在於提振江南風雅，具有鮮明的文化政策功能。

其次，宋犖稱，吴地在上古時是蠻荒無文之地，後來日漸繁盛，發展

---

① 《江左十五子詩選十五卷》，第 272 頁。

② 康熙三十一年（1691），康熙特旨調補宋犖爲江蘇巡撫。《詩選》刻於四十二年（1703）年末。

至今日而臻于極盛，而其原因則在於天子聖明，推行文教，使得大江南北蔚然從風。這雖然很大程度上是頌聖的套話，但也並非全然空穴來風。清初統治者歷來重視江蘇，尤其是江蘇爲明陵所在地，明末以來反清文士多出於此，其文化統治政策更爲嚴密。湯斌赴江蘇巡撫任時，康熙帝囑其曰："朕以爾久侍講筵，老成端謹，江蘇爲東南重地，故特簡用。居官以正風俗爲先，江蘇風俗奢侈浮華，爾當加意化導。移風易俗非旦夕之事，從容漸摩，使之改心易慮，當有成效。"[①] 這正體現出康熙對江南"移風易俗"之事的看重，江南地區的文化狀況是處在其密切關注中的。不難理解，宋犖選詩（最重要的）預期讀者之一，正是康熙帝。《詩選》編成兩年後，宋犖便於康熙南巡時，將其進呈御覽。宋犖自訂《漫堂年譜》康熙四十四年（1705）條：

> 折進選刻江左十五子詩，並薦吴士玉、顧嗣立、宫鴻曆、郭元釪、張大受才學素優，蒙賜考試。[②]

可知宋犖正是將《詩選》作爲自己的政績上呈，其所薦舉的人才亦得到康熙認可。而十五子中的不少人物也就以此爲進身之階，飛黄騰達。天子之聖明愛才、父母官之慧眼得人，都從這一次君、臣、民的合作中得到了體現。

其三，上古王道，有陳詩觀風之制度，詩歌不應是單純吟風弄月的無用之物，而可以"勞民勸相""尚禮息兵"，應用於體察民風、治理天下。這也是宋犖一貫的主張。康熙三十二年他初任江蘇巡撫不久，便已刻過吴士詩文集《吴風》二卷，於序中見選文觀風之志。"觀風貴用"的詩學原則是理解《詩選》篇什選擇的重要角度。

以上幾方面因素，都滲透在了《詩選》的編選標準及内容中。先來看看入選人物的標準。十五子本身的文采當然是重要因素，但除此之外，我們還可推見宋犖在選取時的綜合考量。首先，《詩選》既然是作爲封疆大吏的文化政績，序中宋犖還稱自己"後先賞識名人才士"，則其所選出的才士自然地位要比他低得多，如果當時已經享有大名，或已入朝爲官，也

---

① 黄本驥《黄本驥集》二，长沙：岳麓書社，2009 年，第 662 頁。

② 宋犖《漫堂年譜》，《清代詩文集彙編》第 135 冊，上海：上海古籍出版社，2010 年，第 625 頁。

就不需要他來慧眼識珠，加以提拔了。其次，爲彰顯康熙帝的爲政之功，所選的文人自然最好是成長於新朝的年輕一代，如果是前朝已成名的宿老，便難以視爲康熙獎掖文學的功效。因此宋犖所選會落實在他轄内前途有望卻又尚未發達的年輕文人範圍内——如前所述，宋犖選詩那一年，正是十五子中不少人物中進士的年份。但是，其中郭元釪、李必恒兩人卻頗顯突兀，他們在當時都只是諸生，頭角未露，而且李必恒還有耳疾，一生淪落下塵，宋犖又何以要將他們選入呢？這就牽涉到第三個考慮因素。鄭方坤《三十六湖草堂詩鈔序》：

> 康熙三十六年法駕親征朔漠，奏凱班師，（必恒）奉檄作鐃歌千五百言以獻，高古恢閎，得未曾有。時商邱宋公撫吴，一見大驚，亟招致入幕府，待以上賓。①

此段中“鐃歌”即《大凱鐃歌鼓吹曲十二章》，稱頌康熙北征噶爾丹凱旋回朝之功。可見李必恒曾於康熙三十六年（1697）北征噶爾丹時有獻詩之舉。但此組詩和一般的歌功頌德之作並無區别，與李必恒其他詩歌相比更稱不上高妙，鄭方坤稱宋犖是因此詩“高古恢閎”而招其入幕，實難令人相信，毋寧説這段史料的意義在於提示我們李必恒入選與獻詩一事是有關的。恐怕正是李必恒對康熙大敗噶爾丹這一事件的迅速反應，才引起了宋犖對他的關注。最明顯的證據是《江左十五子詩選》中，李必恒這組長達千余字的詩被全部收録。考慮到詩選是進呈給皇帝評閲的，宋犖選入此詩，與其説是以此表現李必恒的才華，倒不如説是有意給康熙看到普通人對天子的崇敬和讚美。而郭元釪同樣在康熙三十八年（1699）南巡時作《頌恩詩》，受到康熙的讚賞，並被宣入京修書。在《詩選》中，郭元釪的《頌恩詩》亦被全文收録。這種情形顯然不是偶合，而是基於宋犖對他們這方面表現的重視。

在所選篇什方面，同樣表現出這幾種因素的綜合纏繞。李必恒、郭元釪等頌揚皇帝的詩歌已如前述；而作爲政績的表現，宋犖當然也不會放過借選詩標榜自身的機會。在《詩選》中可以清晰地看到宋犖組織各種文人活動的脈絡。如王式丹《玉帶生歌》、宫鴻曆《玉帶生歌》、繆沅《玉帶生

---

① 閔爾昌《碑傳集補》，《近代中國史料叢刊》第100輯，臺北：文海出版社，1973年，第2483頁。

歌》、吴士玉《玉帶生歌奉和漫堂先生》，是同觀楊鐵崖“玉帶生”硯所作；除十五子外，還有朱彝尊、王士禛、查慎行、查嗣瑮、林佶等名家唱和，蔚爲盛事。又如王式丹《題宋山言學詩圖》、李必恒《題宋山言學詩圖》、徐永宣《題宋山言同年學詩圖四首》，則同爲題圖論詩，而且宋山言正是宋犖之子，該圖所畫乃是宋犖向兒子傳授詩學，“踞石幾睇論微笑，山言執卷侍坐”[①] 的情景。此外，宋犖主持訂補《施注蘇詩》，完成之日恰爲東坡生日，故舉行祭蘇之會，由此發展出了清代頗爲盛行的壽蘇文化。針對自己最引以爲豪的這一風雅盛事，宋犖更是將十五子所有壽蘇唱和的詩歌，包括作於活動現場和非作於現場的作品[②]，都一股腦兒選入其中，《詩選》實際上成了集中展示這一活動的平臺。展卷閲讀《詩選》者，觸目皆見以其爲中心的歌詠，會對宋犖治下的江蘇文化盛況留下多麼深刻的印象，是不言而喻的。

無論是頌聖還是自我標榜，都符合我們對文化官僚的想象。不過，在“觀風貴用”的方面，卻表現出了歷史更深層次的曲折。誠如宋犖自己所言，他是不屑於選録“月露風雲，爲無益之藻繪”一類作品的，因此《詩選》最鮮明的總體特徵便是面向社會現實，所選詩歌呈現出對風土民俗、民生疾苦各方面的關注：

（1）既謂“觀風”，江南各地風土人情自然是宋犖的重點對象，其中如郭元釪《拏音集》三十首中描繪漁家生活的各個方面，包括《漁村》《漁家》《漁陳》《釣竿》《餌》《跳白》《魚標》《甕浮》《魚草》《蛤燈》等，其對於漁事的巨細無遺，爲前代所罕見，也是非對此十分熟悉者無法寫出的；徐昂發《競渡詞》六首描寫水鄉傳統龍舟競賽活動；其他如顧嗣立《十番行》，蔣廷錫《鬥茶》《龍燈四首》（選二）等均屬此類。

（2）如前所述，十五子多爲來自中下層的文人，他們的經歷可視爲這一階層的縮影。《詩選》中吴士玉《過永城》、李必恒《徒步歸行》寫行旅之感；蔣廷錫《家園消夏》八首爲閒居生活。其餘徐昂發、繆沅、顧嗣立等亦有各種此類詩歌。

---

① 據朱載震《題宋二山言學詩圖四首》（《京華集》），知《宋山言學詩圖》爲著名畫家禹尚鼎寫照，王翬補景。

② 作於現場者：吴士玉、顧嗣立。非作於現場者：徐永宣、蔣廷錫、郭元釪。張大受參加了這一活動，但所作非詩，故《詩選》中未見收錄。

（3）更值得注意的是，清初江蘇是自然災害，尤其是水災的多發區，身處其中的十五子對此的記錄感慨乃至思考，都爲我們提供了觀察這一時期災情中民衆生活的珍貴資料，宮鴻曆《淮浦夏日雜感六首》、李必恒《雪獅歌》、楊棆《雨中短歌》，徐昂發《旱》、顧嗣立《冬春行》等均屬此類，其中甚至有自身深受水災之苦，數日無食，只得採摘野草充飢的苦切之聲。這種從受災者角度出發的書寫，使得《詩選》在相當程度上帶上了記錄時政、揭示民生苦難的色彩。

如上種種，都表現出《詩選》與“廟堂”格格不入的真實形態，也使其和“溫柔敦厚”的詩風印象拉開了距離。當然，這和“觀風”“貴用”思想，也就是中國文學中的現實主義傳統之間仍是一脈相承的。在前輩典範中，無論是杜甫的“詩史”、白居易的“新樂府”，還是宋犖自己最喜愛的蘇軾，都在記錄、批判社會不平方面有突出的表現。更何況清初江南詩人剛剛才經歷過殘酷的戰爭和屠殺呢？過往研究基於宋犖的高官形象，便將其選詩視爲廟堂之作的觀點，顯然是過於疏闊了。儘管十五子都生於新朝，但他們所耳聞目睹，以及先輩、友人的交往，都令他們的生活中蒙上異樣的色彩。民生絕不會只是陶陶樂土，而剛剛經歷過世變的民心也不會一味歌頌新朝。在作者和編者的共同作用下，“溫柔敦厚”的音調之外，出現了觸目刺耳的“異響”。其中最尖鋭的，甚至是有些令人難以置信的兩種聲音，便是對時政的批判，和對前朝的追思。下面就讓我們分別就此兩點作文本上的析讀考論。

二、時政批判：何人早上鄭監圖

《詩選》中有些詩作直接揭露了統治階層對普通百姓的壓迫以及各種不恰當的政策、制度給社會帶來的損害。楊棆《猛虎行》，繼承了“苛政猛於虎”的主題，而手法上更有笑中帶淚的辛辣諷刺：

> 山南白晝猛虎來，柴門竟日常不開。村東少婦血漬草，村西老翁骨成堆。官府明文下獵徒，村舍奔走相號呼。入門不顧索雞酒，由來苛政猛於菟。亦毋張爾弓，亦毋亡爾鏃。明朝群起頌相公，虎畏相公

渡河北。[①]

首句讀至“村社奔走相號呼”，造成一種印象：村民奔走呼號是因爲慶賀官府派人來爲民除虎。然事實恰恰相反，村民相告是由於恐懼官吏的到來。官吏下鄉本應爲民除害，卻趁機“索雞酒”，欺壓百姓。《後漢書・劉昆傳》載劉昆爲弘農太守時，多爲善政，仁化大行，其治境内之虎亦受感而移至他處。這本是歷代頌揚地方官“仁政”的著名典故，然而在現實中當然沒有這麼美好的事情。在詩人的戲謔中包含著深沉的悲憤：哪裡需要張弓搭箭去射虎呢？只要每天對上司歌功頌德，老虎自然就會害怕得逃走了！

這篇詩作的憂憤，可以說相當深廣，其所諷刺批判的對象並非一時一事，而是波及整套道德教化的觀念體系和敘事模式。以仁義道德來治理社會的古老儒家神話，在詩人眼中不過是昏庸無能、盤剝小民的藉口而已。無論是作者還是將其選入《詩選》的宋犖，膽氣都可謂不小。不過，此作只是繼承古代的樂府傳統，還算並未直接觸及清初具體哪些政策對普通百姓造成危害，而在其他作品中，則更細緻描述了涉及治水、清丈、選秀、夜禁、勞役等政策下產生的一系列問題，足可稱爲對康熙朝新政策的拷問。

明末以來，黄河屢次決堤，處於黄淮下游的蘇北地區受災尤爲嚴重。康熙對江蘇水災的治理十分關注，六次南巡均將視察災情及河道治理納入行程安排；宋犖多次上疏請旨減免江蘇災區之賦税，亦均得皇帝諭肯。在宋犖選錄的體現江蘇災情及朝廷治災的詩歌中，雖不乏對治災功績的讚揚之詞；但事實上治理的效果如何，卻不無疑問。清代黄淮水災頻發主要是黄河改道“奪淮入海”造成的，淮河水道狹窄，黄河帶來的大量泥沙堆積在河底，使得淮河下游水位不斷上升，引發洪澇。岑仲勉《黄河變遷史》稱康熙八年（1669）以後黄河“下游幾於無歲不決”[②]，可見清代治水並未能從根本上解決水患。清代大規模治河工程始於康熙，最著名的便是十六年（1677）任靳輔爲河道總督專力治河。對於靳輔治河，後人多有稱讚，但其治河策略中有一項是築“減水壩”以減緩洪水對堤壩的衝擊。減

① 《江左十五子詩選十五卷》，第359頁。

② 岑仲勉《黄河變遷史》，北京：人民出版社，1957年，第555頁。

水壩爲控洪而建，其本身也是一個隱患，河水氾濫之際，極易決口。高郵境内便有減水壩一座，此與黄河一同對本地百姓造成水患威脅①。身爲高郵人的李必恒多次目睹家鄉水災，其《乙丑紀災詩序》便在細緻總結前代治水得失的基礎上，對清初以來治河方式表示了不滿：

> 今河臣於沿堤一帶設立減水儲壩，又令每歲增堤土三尺。噫！於保堤則得矣，如水患何？留心民瘼者宜思所變計焉。②

序中"設立減水儲壩"顯然就是指靳輔治河之策。李必恒是從受災區百姓的立場出發對此質疑，認爲這種方式有益於保堤，無意於民瘼，輕重顛倒。其觀點的對錯此姑不論，然李必恒在序中所展現的自己對政策的質疑，無疑是文人關注現實精神的體現。在這種背景下來讀該組詩，便會發現其中看似單純描寫水患的句子，實際上也都隱含對朝廷治水不力的批判。此組詩一方面描述了水災下"十萬生人命，經旬突不黔""全家風浪裡，秉燭坐深更""半間連塌灶，八口雜雞豚"等慘絕人寰的情景，另一方面對治河者及其策略發出諷刺：

> 司空奉帝命，曷以拯災黎。上策爲通漕，奇勳在護堤。（其七）
>
> 禹功真不再，天變故難祥。激蕩悲風起，哀音徹大荒。（其八）③

由上文的分析不難看出"司空"即指靳輔。所謂"上策"是漢代治水名家賈讓治河上、中、下三策之一，上策主張寬河行洪，下策則是繕完故堤④。在此典故的語境下，靳輔築減水壩護堤之舉自爲下策，李必恒卻稱其"奇勳在護堤"，諷刺意味便一目了然，而"禹功真不再"自然是詩人對朝廷治水極度失望之語。

"清丈"是清初的另一項重要政策。楊掄《鸕鷀灘紀事》對此有頗深刻的揭露。一位在"頹垣禿樹茅屋破"景象中獨坐的老翁，自言明末清初之際屢遭戰亂流離，"避兵直上猿棲穴，運餉常過犵子鄉"，好不容易"十

---

① 靳輔治水的相關研究，參看宋德宣《靳輔治河簡論》（《社會科學》1985 年第 2 期，第 90—96 頁）；商鴻逵《康熙南巡與黄河治理》（《北京大學學報（哲學社會科學版）》1991 年第 4 期，第 42—51 頁）；等等。

② 《江左十五子詩選十五卷》，第 414 頁。

③ 出處與《乙丑紀災詩序》同，詩在第 414 頁至第 415 頁。

④ 《漢書·溝洫志》載賈讓奏言。

二年來兵戈少”，得以結茅屋而居。原本就已山田貧瘠、租稅苛重，父子孫同耕亦難以維生，卻又遭遇了朝廷新政：

> 前年又下丈量示，索雞呼酒盈差吏。叢岩密箐皆不遺，競以報多爲上計。……老翁七十還何求，夜夢不免追呼憂。吏來又要報荒産，欲訴長令門無由。[①]

如詩題所示，這是作者行經鸕鷀灘時的事實記錄，鸕鷀灘在今湖南辰溪縣南八十里，結合“前年又下丈量示”一句，可知所記錄的是康熙時兩湖地區土地清丈所引發的問題。從資料記載來看，受清初幾大戰亂及自然災害等因素的影響，兩湖地區賦役徵收極爲混亂，分派不均現象十分嚴重。在清統治基本穩定後，統治者逐漸推行清丈，雖意在理清賦稅徵收問題，但亦以有益於民生爲本，這可從康熙在與大臣的對話中看出：

> 湖南民稀地廣，所以民或不能完課，遂致逃避者有之。清丈之後，則錢糧似較前差減矣。上曰：“約減幾何?”郭琇奏曰：“大約減十分之二。”上曰：“果于民有益，所減雖倍於此，亦所不惜。”[②]

從施政本意來說本是德政，各種材料亦多稱康熙所施行的清丈政策在很大程度上改善了分賦不均以及土地歸屬的問題。但是楊掄此詩則恰恰相反，從一老翁的具體視角折射出清丈在地方上實行的弊端：康熙本人的態度經過各機關層層下傳後，實際政策執行者已丢掉了其重視民生的一面，以多報、虛報爲功，且與地方勢力勾結僞造資料。“叢岩密箐皆不遺，競以報多爲上計”便是這一情況的體現。這不難讓我們聯想起蘇軾反對王安石新政時以詩批判時事的情形，而字裡行間又深得杜甫“三吏”“三別”的筆力。作者最後大聲疾呼：

> 此地曾經戰伐余，何人早上鄭監圖？朝廷雅重汲内史，君等勿爲桑大夫！

鄭監即獻《流民圖》進諫宋神宗，因而廢除青苗法的鄭俠。這更明顯地表

---

① 《江左十五子詩選十五卷》，第 365 頁。

② 關於兩湖清丈問題，參見楊國安《清代康熙年間兩湖地區土地清丈與地籍編纂》，《中國史研究》2011 年第 4 期，第 159—177 頁。此段對話見於《清聖祖實錄》卷一九七，康熙三十九年正月乙酉條，臺北：華文書局，1969 年，第 7 頁。

現出楊棆詩意對蘇軾的繼承（楊棆入選的另一首《點夫行》末尾同樣用了“鄭監門”典）。鄭俠因獻圖而使神宗罷青苗之法，作者雖然是以疑問的語氣詢問“何人”會上圖，但作詩記民困的行爲本身，顯然已表現出效仿鄭俠爲民請命的濃厚意圖。

取向相似，而對新朝政策質疑更爲集中的，有顧嗣立《擬白香山樂府四首》[①]，從題目就可看出是繼承白居易的新樂府傳統。眾所周知，白居易作新樂府旨在“救濟人病，裨補時闕”，“上以補察時政，下以泄導人情”，以詩歌表現民生疾苦和社會弊端，以期引起統治者的重視。顧嗣立此組詩亦步亦趨，四首詩分別爲《城西嫗》《關中民》《煮鹽商》《賣柴翁》，批判了清初四個重要的社會現象：選秀、賑災、夜禁和士商地位的轉變。除《關中民》爲控訴官員賑災時中飽私囊、不顧百姓死活的行爲外，其餘幾首均涉及新朝政策。

自古以來，選秀制度常常會給民間帶來極大痛苦，“拉郎配”就是源於聽聞采選消息後慌忙不擇立刻婚配這一情況。而《城西嫗》正反映了清初由“拉郎配”導致的幼女老夫的慘劇。詩歌首句“城西路上風蕭蕭，攔街痛哭聲號啕。就中一嫗聲更哀，上前問哭緣何來”與杜甫“車轔轔，馬蕭蕭，行人弓箭各在腰……牽衣頓足攔道哭，哭聲直上干雲霄”如出一轍。老嫗悲痛爲何？詩歌在下文給出了答案：自己年方十五的女兒成親後才發現夫婿早已兒女繞膝，妻妾滿堂。而造成這種悲劇的原因雖不免有“匆忙錯信東家女”的輕率，深層的原因卻是“官司誤傳點秀女，家家婚嫁不擇主”。清代選秀制度嚴格，秀女未經選看一般不得私自結親，但選看不代表選中，許多適齡女子便因此待字閨中，以致婚姻失時[②]。故有適齡女子的人家對選秀一事極爲敏感，聽到有“點秀女”的消息，風聲鶴唳，唯恐因此耽誤女兒婚嫁，才在沒確定對方狀況時，慌忙嫁女，以致釀成悲劇。結尾“君不見，趙家女，年十六，昨宵花燭照顔色，夫婿今朝作八十”更點出這種現象的普遍性，凸顯出不合理政策對普通人造成的深廣影響。而詩歌矛頭，卻是直指皇家。

《賣柴翁》題名來自白居易《賣炭翁》，而構思機杼則亦與杜甫《石壕

① 《江左十五子詩選十五卷》，第405—406頁。

② 相關制度參看許妍《清代“選秀女”制度研究》，中央民族大學碩士學位論文，2009年。

史》相通。詩篇從一位六十餘歲的賣柴老翁視角出發，記錄了當時夜禁制度造成的嚴重治安問題。由於“今年田稻歉秋成”，盜賊横行，官府實行夜禁[①]，“大官嚴令申保甲，柵門添置魚鱗接。西山日落斷行人，當街不敢收鵝鴨”。然而，儘管對民眾生活造成了如此不便，卻沒有起到任何實質作用，盜賊團夥依然嘯聚入城，巡邏的官兵根本不敢與之發生衝突，只敢拿平民出氣，“須臾賊退始張威，攔街呼喝平民打”。這種夜禁新法最終禍害的還是老百姓。無妻無兒的老翁被官府驅使去守柵門，徹夜不眠，頭昏目眩，只拿到三十文錢的報酬。他唯一的希望是“近聞官兵號令肅，冀得下鄉殲鼠族”，好讓自己能夠安心在破屋裡睡上一覺。然而全詩的筆調已經告訴讀者，這不過是絕望中的自我安慰而已。

如果説文人與普通百姓還有一定距離，對他們所遭受的不幸多只是遠觀，而無法感同身受，那麼《煮鹽商》所反映的社會現實則與文人息息相關：

> 煮鹽商，銀鞍鑿蹄出紫韁。前驅呼喝行人立，黄羅傘影隨風揚。本是西門大賈客，輸粟官高二千石。父授皇封子部曹，門楣不數金張宅。可憐南國有詩翁，蠹魚老死破簏中。敗壁酸風衣百結，半生莫送一身窮。乃知讀書縱使五車熟，不敢黄金滿一斛。[②]

中國傳統中士農工商，商居其末，士人往往不屑與商人爲伍，而這首詩反映了清代商人與士人地位的轉變，描述了鹽商憑藉財力謀取高位，文人苦讀半生卻窮困潦倒的鮮明對比。清代鹽業，尤其是兩淮地區鹽業發達，鹽商往往擁有巨額財富，而鹽課正是清政府的主要財政收入之一[③]。政府與鹽商之間有複雜的利益聯繫，其一便是政府需要鹽商交納財税以維持各機構運作，而鹽商因商籍貧賤需要提高品第，這就存在交换的可能性。因此，作爲對鹽商納税、報效等行爲的回報，清廷給予其賜官、捐官等優渥的入仕捷徑。以科舉爲業的普通士人，對這種權錢交易的行爲及其所造成的不公，自然嗤之以鼻。此詩便塑造了“前驅呼喝”趾高氣揚的商人形

① 夜禁規定古已有之，清人入關後爲防止漢人聚集反抗，夜禁尤嚴。參看鄭顯文、管曉立《中國古代出行的法律制度探析》，《北京航空航天大學學報（社會科學版）》2014 年第 1 期，第 38—43 頁。

② 《江左十五子詩選十五卷》，第 405 頁。

③ 參看宋良曦《清代中國鹽商的社會定位》，《鹽業史研究》1998 年第 4 期，第 24—33 頁。

象，表現出詩人的鄙夷，“半生莫送一身窮”則充滿自嘲又哀憐的意味，體現了清初文人在階層流動中的一種複雜態度。

《詩選》中表現類似主題的詩歌不在少數，如楊棆《點夫行》《索夫謠》指出勞役繁重：“今年更太數，十日九長途。山田正插蒔，不能把耒鋤。夜半打門叫，驚走號妻孥。雞犬飛上屋，牽走寧須臾。”① “泣言去歲當農忙，肩挑揹運走且僵。石田磽确不得種，日日采蕨充餱糧。君今輜重計盈百，十步九頓還踧踖。送君前行免鞭撾，後來又有軍門差。”② “重農”是統治者自古所强調的政策，爲維護農業的發展，往往注重不奪農時，這兩段詩卻體現出相反的情景：百姓爲輸勞役連農事都無法顧及。宫鴻曆《新茶行仿樂天》則突出科茶之税繁重，以致出現賣女的慘狀：“儂家有茶十六樹，里正來科種茶户。慳囊撲滿三百文，沽酒殺雞寬旦暮。明朝賣女與商人，七尺銀鐺始脱身。官火乾焙局秤大，折耗錢增二十緡。”③ 這些詩歌在描寫清初各種不合理狀況，尤其是新朝政策所造成的民不聊生的局面時並未作掩飾，從文學的意義上來説繼承了杜甫、白居易以來中國詩歌中的詩史傳統，奏出了被康熙朝盛世光環所掩蓋的哀戚音調。梁啟超在《近三百年學術史》中曾經感歎：“史學以記述現代爲最重，故清人關於清史方面之著作，爲吾儕所最樂聞，而不幸兹事乃大令吾儕失望。治明史者常厭野史之多，治清史者常感野史之少……順治康熙間吏治腐敗，民生凋敝，吾儕雖於各書中偶見斷片，但終無由知其全部真相，而據官書所載，則其時正乃黄金時代。”④ 觀乎此，《詩選》這一方面的定位與價值已不言而喻了。

從上面的討論已可看到，嚴迪昌等前輩學者對《江左十五子詩選》的判斷不免流於表面，並不是對其作深入考察以後得出的。我們進而還可以看到，嚴氏在其《清詩史》中認爲宋犖《江左十五子詩選》所選詩歌多近蘇、韓一路的觀點，也有與此類似的問題。事實上如果梳理清人對《詩選》的評語，便會發現這一觀點很可能並不是來自《詩選》本身，而是對

① 《江左十五子詩選十五卷》，第 369 頁。

② 《江左十五子詩選十五卷》，第 367 頁。

③ 《江左十五子詩選十五卷》，第 317 頁。

④ 梁啟超《中國近三百年學術史（新校本）》第十五講，北京：商務印書館，2011 年，第 331—333 頁。

既有評論的參借。如阮元《淮海英靈集》："商邱撫吴，定江左十五子詩，意尊韓、蘇，故於橫空硬語、超邁俊逸者多所採擇。"① 這些觀點當然有其道理，《詩選》中的確不乏近于韓、蘇詩格調的作品，然而從上文所展示的一系列關涉民生、揭露苛政的作品來看，它也體現出鮮明的杜甫"詩史"和白居易"新樂府"傳統。前人對此點的忽視導致對《詩選》的評論有失中肯，在以詩話詞話爲文學評論的時代，這種含有隨意性的漫談是很正常的，但在今天如果還簡單沿襲前人之論，便難以把握住歷史中的細微曲折，達成瞭解之同情了。

三、故國之思：墓門應識宋遺民

易代之際，遺民往往是受統治者留意的群體，這類人群的行爲、態度直接影響統治的穩定與否。但是隨時間推移，遺民相繼謝世，"前朝故國"的思想印記在新世代文人的記憶中應會漸漸模糊以致消失。作爲清廷嚴格意義上的第一代文人，十五子沐浴新朝恩澤，當已不再懷有前輩切膚的亡國之痛，以及對故國的深厚眷戀。而作爲大官的宋犖編選詩集，自然更應注意政治正確，不會將犯忌文字收入。從這兩點來看，很容易認爲《詩選》在内容上會遠離具有遺民氣息的作品。但細讀文本，卻發現遠非如此。像王式丹《疑庵目眚復明詩以志喜兼道鄙志》雖非寫遺民，其題目卻直接有"復明"字眼，這種表述顯然是很犯忌諱的，若在草木皆兵的雍乾時期，難保不會因文致災：據《清史紀事本末》，雍正時徐駿因事觸怒皇帝，見斥放歸，後檢其詩集，因内有"清風不識字，何得亂翻書"之句，被指爲譏訕而正法②。《詩選》中真正屬於"遺民"類的詩歌，更是爲數不少，其言辭激烈，寓意深遠，從題目犯忌到悼念一般遺民，從譏罵清廷到追思前朝君主，觸目字樣所在多有。這類詩歌的存在，顯然與"盛世之音"構成了不和諧的異響反調。

《詩選》中表現遺民的詩作，一部分體現十五子與遺民的密切關係，表現了他們對遺民高潔志氣的欣賞，如張大受《冬夜寓齋寄詩社諸君子五

① 錢仲聯編《清詩紀事·康熙朝卷》六，南京：江蘇古籍出版社，1987 年，第 3407 頁。

② 黄鴻壽《清史紀事本末》卷二十《文字之獄》，上海：上海書店，1986 年，153 頁。

首》（選四）。此組詩中，有三首所詠都是明遺民：《文點與也》《金侃亦陶》《文掞賓日》。文點、金侃、文掞俱爲遺民之子，其父輩在明亡後選擇歸隱，他們亦承父志，遁跡山林。史載文點爲文震孟孫，“叔乘殉甲申之難，家盡破，依墓田以居”，“從弟掞，和州教授嘉之曾孫，清修古行，閉門不輕與世接，哦詩染翰，自娱以老”[①]。金侃則爲明宗室後裔：

> 明季高士俊明，字孝章，號耿庵，又號不寤道人。本姓朱，名衮，字九章，實前明宗室。初爲諸生，入復社，才名藉甚，後謝去杜門，傭書自給。平生好錄異書，無間寒暑，子侃繼之。[②]

在詩中，張大受對三人保守名節、不食周粟的高行頗致讚揚：

> 待詔風流長，相君名節峻。養真竹塢中，朱顔映霜鬢。（《文點與也》）
>
> 霜林有小隱，所食薇與蕨。仰睹君子心，淡若寒空月。（《金侃亦陶》）
>
> 外兄吾所仰，鴻鵠冥冥翔。不遊亦不宦，閉户停雲傍。（《文掞賓日》）[③]

從“所食薇與蕨”可見，作者將三人比喻爲義不食周粟的伯夷叔齊。但這恰是與清朝的政策唱對臺戲。因爲對一個新建立的王朝來説，鼓勵有才能的士人出仕，並參與到整個社會秩序的重建中，是非常重要的環節。而與前朝相關的士人出仕，更能代表他們對新朝的認同，有利於推動社會的穩定。正如梁啟超《論中國學術思想變遷之大勢》所言：“清興，首開鴻博，以網羅知名士；不足則更徵山林隱逸，以禮相招；不足則復大開明史館，使夫懷故國之思者或將集焉。上下四方，皆入其網矣。”[④]

讚揚明遺民隱居，是對其高潔品質的欣賞，還可以説不一定牽涉到政治問題；然而《詩選》還頗有哀悼遺民、表達亡國之痛的篇什，即使在今天看來，都不免替作者危懼，而當時卻被公然選入進上的詩集當中。如錢

---

① 趙宏恩主編《乾隆江南通志》，卷一百六十八《人物志》。“叔乘”爲文點叔父文乘，明亡後殉國而死。

② 蕭穆《敬孚類稿》，合肥：黄山書社，1992年，第161頁。

③ 《江左十五子詩選十五卷》，第349頁。

④ 梁啟超《論中國學術思想變遷之大勢》，上海：上海古籍出版社，2006年，第96頁。

名世《贈宋射陵》：

> 冬青蕭索遺民少，海濱寬閒存一老。晱晱晨星氣象高，華峰削翠金天杳。百年以來人事變，射陵先生眼所見。銅駝荊棘蒼鵝飛，露掌仙人辭漢殿。……君不見，永寧寺側藏書樓，寶光夜夜騰斗牛。鹿門偕隱夫何求，長郡健筆思廉儔。難椽官館來相事，那羡區區史通子。①

"宋射陵"指宋曹，江蘇鹽城人，字彬臣，號射陵逸史、耕海潛夫。南明弘光時官至中書舍人。鄉志士起兵抗清，宋曹曾参與其事，兵敗被拘。獲釋後，隱居城南湯村，築蔬坪園侍養老母。康熙初隱逸山林，繼舉博學鴻詞，均以母老辭。因此詩中"射陵先生眼所見"的人事變化，正是直指明清易代。其中典故以歷史上漢唐易代時夷狄之亂來諷喻時局，可謂昭然若揭。"銅駝荊棘蒼鵝飛"一句中，"銅駝荊棘"源于《晉書·索靖傳》："靖有先識遠量，知天下將亂，指洛陽宮門銅駝，歎曰'會見汝在荊棘中耳！'。"之後索靖預言應驗，發生"八王之亂"，成爲五胡亂華的導火索。而"蒼鵝"亦見於《晉書·五行志中》，同樣爲五胡之兆：

> 孝懷帝永嘉元年二月，洛陽東北步廣裡地陷，有蒼、白二色鵝出，蒼者飛翔沖天，白者止焉。此羽蟲之孽，又黑白祥也。陳留董養曰："步廣，周之狄泉，盟會地也。白者，金色，國之行也。蒼爲胡象，其可盡言乎！"是後劉元海、石勒相繼亂華。②

兩相對看，含義尤顯。至於"露掌仙人辭漢殿"，則有更深廣的歷史感懷。仙人承露掌爲漢武帝宮中名物，與"銅駝"一樣，建于漢朝繁盛之際，是漢族政權的象徵。"辭漢殿"之說，已見於李賀名詩《金銅仙人辭漢歌》序："魏明帝青龍九年八月，詔宮官牽車西取漢孝武捧露盤仙人，欲立置前殿。宮官既拆盤，仙人臨載，乃潸然淚下。"李詩爲借漢魏事哀歎唐代經歷安史之亂，由盛轉衰之作。故此典由漢至唐，皆用來抒發盛衰之易，有厚重的歷史情感積澱。而眾所周知的是，唐代興衰的關鍵是安史之亂，安祿山、史思明也正是胡人。故李賀用此，亦與異族亂華有關。錢

---

① 《江左十五子詩選十五卷》，第 343 頁。

② 《晉書》，北京：中華書局，1974 年，第 854 頁。

名世此詩悼明情調濃郁，暗用典故指清人爲胡人，實在屬於“其心可誅”的類型。

《詩選》中錢名世這樣的詩歌並非孤例，王式丹卷中尤多，且措辭更加激烈。《前少司馬繩海張公字卷書後》一詩中，王式丹表達了對張伯鯨的敬仰之情。《明史·張伯鯨傳》：“揚州被圍，與當事分城守，城破，自縊死。”① 可見張伯鯨爲抗清殉明烈士。此詩首句“天狗西流地維裂，羽書瀝盡孤臣血”② 即稱清兵入侵，天綱廢弛。之後頌揚張公之視死如歸：“管樞志已擲頭顱，皇路崩淪冀終蹶。烏號弓影去茫茫，江介回頭心斷絕。……神州陸沉責有歸，一死不欠臣職畢。”末尾王式丹在表達了對張伯鯨之讚揚後，還稱自己“曾從燕市吊文山，惶恐零丁歌未歇”，可見他曾親自憑弔文天祥，其敬仰遺民的傾向不僅流露在詩文中，還表現在具體的行動上。

除對遺民進行頌揚外，王式丹甚至還在《讀家霜皋叔墓誌有感即贈昆繩弟》中悼念前明崇禎皇帝：

> 窆石初封雪窖新，墓門應識宋遺民。生前淚咽精魂苦，死後書傳舊事真。此日長編無定論，當年亡國果何人？所南鐵血傳荒井，一樹冬青慘不春。③

此詩末尾有注：“叔有《崇禎遺錄》，足正傳訛，其自序一篇，詳載墓誌。”《崇禎遺錄》爲王中齋著，楊鍾羲《雪橋詩話餘集》稱：“王中齋世德，以世職官錦衣衛指揮僉事，家京師。甲申後，遁地寶應，謂烈皇有數大善政，爲野史所誣沒，使美善不彰，而以亡國之咎，歸諸君上。著《崇禎遺錄》，足正傳訛。”④ 是知“此日長編無定論，當年亡國果何人”乃是有感于叔父王中齋所記錄崇禎善政，意欲爲崇禎帝翻案。而末句“所南鐵血”用著名宋末遺民鄭思肖之典，“鐵血”爲鄭思肖編《鐵函心史》，《四庫全書總目提要》稱明人於崇禎年間得之于蘇州承天寺狼山中房井，書中大量

---

① 《明史》，北京：中華書局，2000 年，第 4600 頁。

② 此段中王式丹《前少司馬繩海張公字卷書後》詩見《江左十五子詩選十五卷》，第 294 頁。

③ 《江左十五子詩選十五卷》，第 279 頁

④ 楊鍾羲輯《雪橋詩話餘集》一，臺北：文海出版社，第 39 頁。

記載控訴南下元人燒殺搶掠的罪行[①]。鄭思肖雖爲“宋遺民”，但是宋元興替與明清鼎革一樣，都是異族入侵，明末清初以來詩人往往借宋之遺事來暗喻時事[②]，“宋遺民”即“明遺民”。故此處王式丹顯然是將《崇禎遺錄》與《鐵函心史》相並稱，以表忠魂雖死，仍借書傳揚舊事。

此詩值得探究之處還不止此。在與王式丹詩集原稿相比對時可以發現，首句“窆石初封雪窖新”，“窆石”在集中本作“牲石”。“窆石”“牲石”有何差異，爲何宋犖要將此字改換？耐人尋味。按窆爲下葬之意，窆石即墓石。如江淹《齊故御史中丞孫詵墓誌文》：“敢雕窆石，永晰幽墳。”[③] 若照此意解釋，則“窆石初封雪窖新”指新死者之墓穴，亦即其叔父之墓，讀來並無特異之處。而“牲石”卻是豎於宗廟前的石碑，亦稱牲碑[④]，向來用於象徵國家政權。陸游《癸丑七月二十七夜夢游華嶽廟》“牲碑僞正朔，祠祝虜衣冠”[⑤]，便藉以痛訴祭祀重地華山爲胡虜所掠，以致正朔顛倒，國家不存。若按此意理解首句，“牲石初封”便不再是指個人墓穴，而變成了指政權的滅亡。在此背景下再看首句，“雪窖”一詞的含義便凸顯出來。《宋史·朱弁傳》：“弁留金，王倫先歸，以弁《奉送徽宗大行》之文爲獻，其辭有曰：‘歎馬角之未生，魂消雪窖，攀龍髯而莫逮，淚灑冰天。’”[⑥]“靖康之難”中徽欽二帝被金人俘虜至北方，囚禁於冰天雪地之中，折磨而死，“雪窖”正是描述徽宗在北的苦境。因此“牲石”“雪窖”皆是政治符號的象徵，坐實了詩人對改朝換代、正朔顛倒的悲愴之情，當時讀者一看便知。相比之下，如果不瞭解《崇禎遺錄》其書的話，倒未必能讀出其中懷念前朝皇帝之情了。在這種微妙之處，一字之差，遂有顯晦之別。

那麼，對這種十分敏感的遺民詩的處理方式，是宋犖的無心之舉，還

---

① 《鐵函心史》的真僞問題，《四庫全書總目提要》認爲其是明人僞作，現代學者亦有不少爭論，其大致情形可參見陳福康《評臺灣學界的〈心史〉僞書説》，《東南學術》2014年第3期，第185—192頁。但對清人而言，作爲典故使用時，書的真僞顯然不成問題。

② 對於此事，楊念群《何處是“江南”？——清朝正統觀的確立與士林精神世界的變異》（北京：三聯書店，2011年）有相關論述。

③ 俞紹初、張亞新《江淹集校注》，鄭州：中州古籍出版社，1994年，第268頁。

④ 牲碑，最早見於《儀禮·聘禮》，鄭玄注：“宫必有碑，所以識日影，引陰陽也。凡碑引物者，宗則麗牲焉，以取毛血。”

⑤ 張春林編《陸游全集》上，北京：中國文史出版社，1999年，第445頁。

⑥ 王水照編《歷代文話》第5册，上海：復旦大學出版社，2007年，第4720頁。

是刻意爲之？同樣的刪改，還可以在王式丹《題徐昭法先生澗上草堂畫幅兼貽西照頭陀》一詩中發現。此詩題名下注曰：

> 頭陀姓戴名易，字南枝。寄跡於僧，賣字葬昭法先生于珍珠塢。著《虎丘表忠補》一篇，載文靖公及澗上遺跡甚悉，又有《釣台詩》五百首。[①]

戴易，字南枝，又名戴冠、君冠等，號西照頭陀山人。紹興府山陰人。爲明遺民，國亡不仕。所著《虎丘表忠補》載殉明之臣蘇州徐汧及其子徐枋事蹟。注中“文靖公”指徐汧，“澗上”則是號澗上先生的徐枋。徐氏父子均爲明末清初有名的忠義之士[②]。詩中對他們同樣讚揚備至。王式丹此詩及注，亦錄于沈德潛《清詩別裁集》中，然小注卻與《詩選》中略有不同，其首句爲：

> 頭陀姓戴名易，字南枝，越之遺民也。

多了“越之遺民也”一句。沈德潛生活時代與王式丹十分相近，《清詩別裁集》初刻於乾隆二十四年（1759），其編選時應可見到王式丹的詩集。檢王式丹《樓村詩集》，其集中正有此句[③]。可知沈集中“越之遺民也”一句並非沈氏所增，反而是宋犖選本中刪去的。這表明宋犖在編選《詩選》時對“遺民”二字是心有警惕的。當然，王式丹前一詩中已有“墓門應識宋遺民”一句，但“宋”遺民畢竟是談論歷史，而“越之遺民”則是直指時事，所以前者可存而後者必刪了。這些跡象表明，宋犖對這些詩歌的真實含義是心知肚明的，選錄與刪改都經過充分考量。

通過上面的例子，我們已可看到宋犖在編選此集時的微妙心情。一方面，他治下的這些江南詩人依然與前朝有著千絲萬縷的聯繫，亡國餘緒滲透在他們生活當中，他們情不自禁地要將遺民情結發于詩歌；而宋犖本人對於這些詩歌也深有共鳴，不惜改易文字也要將其選入集中。作爲高級官僚的宋犖，一方面要維持自己作爲新朝大臣的身份，不能逾越、反對政治上的秩序；另一方面卻又在內心深處懷抱著並不是那麼政治正確的情愫。

---

① 《江左十五子詩選十五卷》，第 294 頁。

② 二人事蹟參見孔昭明主編《臺灣文獻史料叢刊》第五輯《石匱書後集》及馮桂芬《同治蘇州府志》卷八十八。

③ 《樓村詩集》卷十一，《清代詩文集彙編》第 166 冊，第 643 頁。

這種情愫同樣來自他的生活。宋犖自幼就與遺民關係密切。宋犖之父宋權雖由明仕清，但對故國一直不能忘懷[①]，宋犖對前明之事應自小耳濡目染。而同爲商丘人的遺民侯方域、賈開宗、徐作肅又與宋權關係密切，宋犖亦曾師從三人學詩。他在宦遊期間還結交朱彝尊、魏禧、魏禮，訪求著名遺民方以智蹤跡等，這些行爲俱可以看作這種情愫的體現。從宋犖到十五子，這些生長、入仕新朝的人物，就像從舊土壤中長出來的新樹一樣，身上佈滿了蒼老掙扎的痕跡。

結　語

《江左十五子詩選》在編選當初，曾頗受世人矚目，而今日已鮮有人知。但無論當日之盛名還是今日之寥落，其本質都是明清世變基調下翻起的一點浪花。對於易代之際的激烈浪潮，學者不難注意到其中喧騰變幻的種種音色，從而爲其尋求解釋。但一旦脫離這種特殊時期，抽象的“官僚”“廟堂”之類概念便容易成爲我們理解對象的前提觀念，從而抹去了對象本身所具有的複雜曖昧色調。而政權更替過程中的殘酷殺戮與意識形態對立，又會讓我們感受其勢不兩立，從而將分屬前後朝代的人事一刀切斷。然而人所生活的真實世界並非如此黑白分明，可以隨意切割的。這種曖昧性與複雜性通常難以發之于官方文書、朝堂言論等政治等級較高的場合，而私人性的文學創作卻可以較無顧忌地加以表現。在這種官方與私人、上層與下層、中央與地方之間，《江左十五子詩選》可以說正是一個居於仲介地位的產物。作爲地方長官的宋犖，本身就居於中央朝廷的皇帝與地方詩人之間，而他也確實希望以《詩選》來作爲溝通傳達的工具。這使得《詩選》中同時涵蓋了指向盛世的新朝氣象，以及不合作於新秩序的種種異響。這也許才是我們觀察《詩選》，以及其他同類文學應當著眼的焦點所在。

---

① 關於宋權仕清，宋犖在《漫堂年譜》中云：“流寇李自成陷京師，遣將黄錠等略地至遵化，先文康告崇禎帝，勒兵誅之。會王師入關，嘉公仗義復仇，詔巡撫如故，公辭不許。”表示其父仕清是出於不得已。宋權任職清廷，上疏議崇禎帝號等行爲體現出他對故國的眷念。

《聊齋誌異》的“食穢”故事與道教母題

董 恬

四川大學文學與新聞學院

摘 要：《聊齋誌異》爲中國古代誌怪小說的集大成之作，具有多方面研究價值，學術界對其中人物形象、思想主旨及藝術手法的研究層出不窮。但其中對於“不潔”的符號化書寫尚未引起學術界的足夠重視，成爲目前學術研究領域的一段“空白”。本文歸納《聊齋誌異》中對於“不潔”的符號化書寫，以符合道教“食穢成仙”母題的書寫模式爲正體，通過分析《聊齋誌異》對道教母題的襲用、改寫與變形，試闡釋文本背後儒道兩家思想角力造成的張力效果及中國古代傳統文士的矛盾心理。

關鍵詞：不潔　道教　母題　變體　食穢成仙

對“不潔”的描寫是《聊齋誌異》中“穢”描寫的重要組成部分。全書共 26 篇涉及對“不潔”的具體書寫，其中 12 篇按照普洛普（Vladimir Propp）“敘述模式一致，主題一致”的整齊構型原則可以劃歸爲一類，並且從中可以總結出一個較爲完整、相對統一的敘事模式：遭受困厄→食穢→轉危爲安（包括死而復生、病痛痊愈和改惡從善）。這一敘事模式與道教經典文本中神仙以惡臭、汙穢掩蓋自己的真實身份，命令凡人舔瘡食糞以檢驗其道心，最終顯露真身與經受住檢驗的凡人一道飛升的“食穢成仙”母題存在一致性。當然，《聊齋誌異》畢竟不是一部宗教著作，所以在對這一母題進行再創作時，蒲松齡自然對其中元素進行了改寫與變形，從而形成相對於母題模式的“變體”。由於這些變體的存在，《聊齋誌異》

文本在意義指歸上呈現出一定的矛盾性：一方面，作者有意識地以道教母題爲本進行書寫，使意義指歸傾向於母題本身體現的宗教與道家思想；另一方面，文本中的置換與變形又將意義牽引向與之相對的世俗與儒家思想。這樣，宗教與世俗、儒與道這兩對矛盾在文本背後相互角力，造成了文本本身意義指歸的複雜性與不確定性。

以符合上述道教“食穢成仙”母題的書寫模式爲正體，《聊齋誌異》中涉及“不潔”的篇目，其書寫模式的正變茲著錄於下：

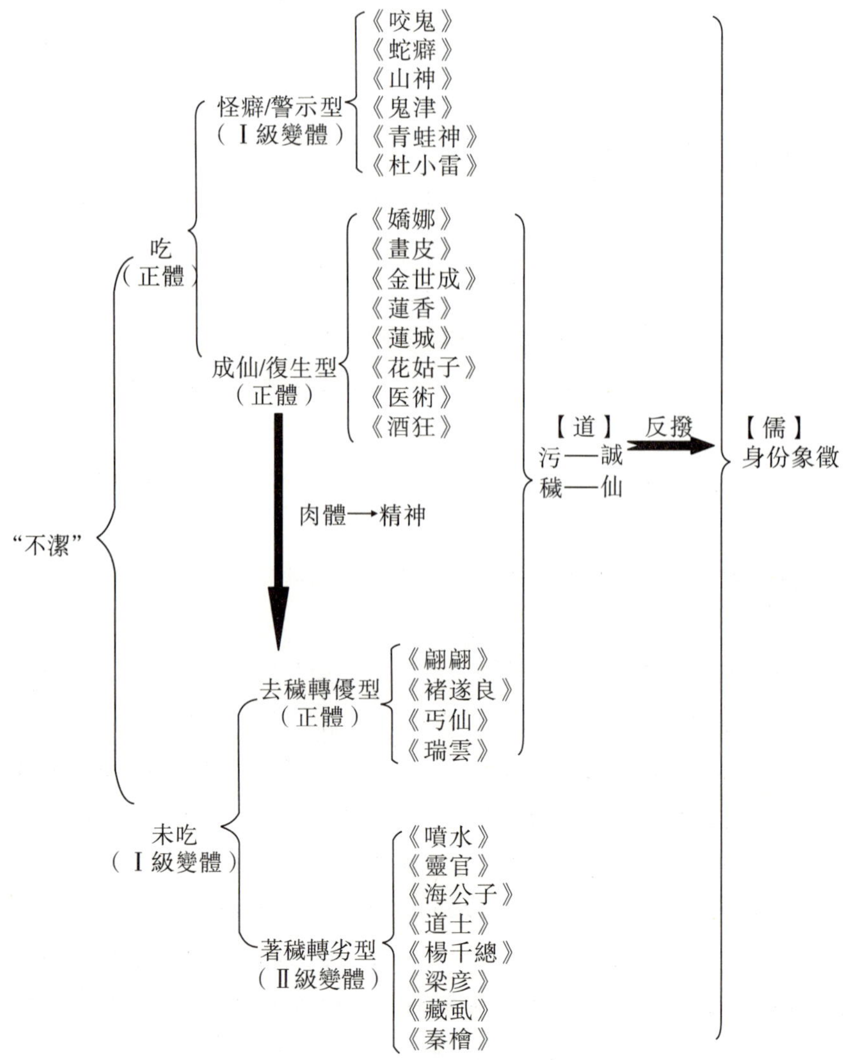

《聊齋誌異》中“不潔”的符號化書寫可被概括爲：一個模式、兩種

變體與兩對意義指歸。

一、“食秽成仙”的母題模式

蒲松齡對於道教“食穢成仙”母題的借鑒，主要體現在兩個方面：其一是選取“不潔”作爲書寫對象；其二是以啖食穢物爲核心情節。《聊齋誌異》對這兩方面的借鑒與吸納，使文本體現的效果與表達的意義受到母題本身的牽引，逐漸向其靠近，在一定程度上體現出母題自身所攜帶的宗教性與道家思想。但是，從另一方面説，由於 26 篇篇目中有 14 篇遊離於這一書寫模式之外，不同篇目在表意上存在矛盾，如果以道教母題本身呈現的意義和效果爲中心，那麼符合這一模式的書寫就給予了《聊齋誌異》的文本一個指向中心的力，而產生的變體則對其施加了一個指向邊緣的反向的力，文本意義的確切性就只得消解在這一因一變、一推一拉的作用力當中了。

（一）關於“不潔”之物本身的書寫

1. 造成與放大“異感”體驗

如果僅在符合道教“食穢成仙”母題的書寫模式中進行分析，那麼《聊齋誌異》中“不潔”的書寫意義，更多體現在閱讀體驗上。這種審美體驗，與道教自身的特點存在一致性。

首先是“異感”體驗。通過釋名，可以發現《聊齋誌異》之“異”無所不包：異類（狐、鬼、妖、仙）、異域（畫壁、仙島、墳墓、洞穴）、異能（降妖驅鬼、變人作畜、驅遣鬼魂、起死回生）、異事（屍變、遊獄、遇神、逢鬼）等，其中也包括異於正統文學的“穢物”與“食穢”行爲。這些所謂的“異”給讀者帶來的即爲獵奇的異感，而“不潔”則通過“神聖觀念的不確定性”强化讀者對於“異”的體驗。

在道教文本中，“不潔”之物作爲能指，最終指向的是士人得道飛升的靈丹妙藥，亦即高潔、神聖之物，這體現出宗教心理學中“神聖觀念的不確定性”：“重大的崇拜儀式遊移在相反的兩極之間，遊移於聖潔與不潔、神聖與褻瀆以及高尚和邪惡之間。”[①] 在道教觀念中，最为骯髒汙穢之物可以轉化爲最爲神聖高潔之物，濃瘡糞便的形體指向的可能是飛升的靈丹妙藥。這種“神聖觀念的不確定性”按照奧托（Otto）的觀點，是來自於“不潔”本身帶來的恐怖情緒的。奧托指出：“恐懼”是激發敬畏與崇拜等複雜情緒的重要因素，它在一切宗教領域都發生重要作用。因此，“不潔”散發出神秘的震懾力，成爲凜然不可犯的象徵[②]。在道教文本中，由於聖潔與不潔之間的反差只是指向宗教觀念的一個手段，所以讀者獲得的“異感”很快就被後續的“得道成仙”沖淡了，這一符號本身的作用就淹沒在宗教的意義當中了。

但是，《聊齋誌異》作爲面向普通民眾的世俗性文本，其中並沒有那麼强烈的宗教指歸。因此，讀者的注意力更多集中於“不潔”本身，關注穢物與神藥這對能指與所指之間的反差，而不再去挖掘造成這種轉換機制背後的宗教原因。於是，讀者的感知片面化了，只聚焦於表面現象；同時，也正因爲排除了宗教因素的干擾，這種感知又被放大了。例如閱讀《畫皮》時，當得知乞人的濃痰最終化爲了王生的心時，由於不去探討爲什麼痰會變成心的問題，讀者感受到的只有震驚與不可思議。於是，道教文本中的確存在卻不那麼明顯的“異感”在《聊齋誌異》中得到了放大，從而强化了讀者的“異感”體驗。

其次，“異感”還通過“不潔”本身被感知的方式得到放大，體現出《聊齋誌異》與道教文本的一致性。葛洪《神仙傳》中李八百渾身“膿血惡臭，人不敢近之”，《張道陵》中張道陵去試探趙升時“身體瘡膿，臭惡可憎”；杜光庭《神仙感遇傳》中“王水部”一條，真仙化身爲除廁老漢裴老，“攜糞靠近客廳聽王水部與眾道侶論道”[③] ……道教文本强調的不在於神仙化形後視覺上的髒，而是嗅覺上的臭不堪聞。同樣，審視《聊齋誌異》文本中對於“不潔”的書寫，有如下三種類型。（1）排泄物：《畫

① ［法］愛彌兒·塗爾干《宗教生活的基本形式》，渠東、汲喆譯，上海：上海人民出版社，1999年，第451頁。

② 陳器文《道教神仙故事中的“食穢”魔考》，《百色學院學報》2008年第6期，第7頁。

③ 魏明陽《道教的汙穢觀念——兼論古典文學“以汙施誠”母題》，《西南民族大學學報（人文社科版）》2006年第1期，第1—2頁。

皮》“咯痰盈把”[①]、《蓮香》“接口而唾之”[②]、《酒狂》“黑水雜溲穢”[③]、《褚遂良》“膠液流離”[④]、《金世成》“犬羊遺穢”[⑤]。（2）血液：《花姑子》“焦臭蛇血”[⑥]、《丐仙》“脛有廢瘡，膿血淋漓”[⑦]、《翩翩》“廣瘡惡臭”[⑧]。（3）人體：《連城》“男子膺肉一錢”[⑨]。讀者對於《聊齋誌異》中“不潔”的感知，主要也是嗅覺與味覺在發揮作用，視覺則只能退居其後。

康德（Immanuel Kant）將人的感覺分成“高級”和“低級”兩大類，其中構成繪畫、音樂等純粹藝術的視覺和聽覺被劃分爲“高級”感知；與之相應的，不能構成純粹藝術的嗅覺和味覺則被歸爲“低級”感知。在此基礎上，他認爲越是低級，就越具有穿透力和感染性[⑩]。例如《香水》的作家帕特里克·聚斯金德（Patrick Süskind）在談到“氣味”時提出：“人可以在偉大之前、恐懼之前、在美之前閉上眼睛，可以不傾聽美妙的旋律或誘騙的言辭，卻不能逃避味道。因爲味道與呼吸同在，人呼吸的時候，味道就同時滲透進去了，人若是要活下去就無法拒絕它。”[⑪]帕特里克形象地揭示了氣味具有超越圖像與聲音的穿透力與感染性，只要還在呼吸，就無法拒絕嗅覺發揮作用。蒲松齡在描寫“不潔”時向道教文本中的描寫方式靠近，更多强調嗅覺上的感知，這種描寫提供了强烈的嗅覺與味覺意象，從而放大了讀者在閱讀時體驗到的異感，通過强穿透力與强感染性，使讀者獲得身臨其境、如有同感的審美體驗。

2. “不潔”之物的正反雙重指向：靈藥與醜惡

因爲《聊齋誌異》並非道教作品，在它所謂的“正體”模式中，同樣存在著一定程度上的變形與改寫；而在屬於“變體”的篇目中，也存在著

---

① 蒲松齡撰，任篤行輯校《聊齋誌異：全校會註集評》，濟南：齊魯書社，2000年，第180頁。

② 《聊齋誌異：全校會註集評》，第328頁。

③ 《聊齋誌異：全校會註集評》，第882頁。

④ 《聊齋誌異：全校會註集評》，第2376頁。

⑤ 《聊齋誌異：全校會註集評》，第193頁。

⑥ 《聊齋誌異：全校會註集評》，第962頁。

⑦ 《聊齋誌異：全校會註集評》，第1743頁。

⑧ 《聊齋誌異：全校會註集評》，第642頁。

⑨ 《聊齋誌異：全校會註集評》，第529頁。

⑩ 楊祖陶、鄧曉芒《康德三大批評精粹》，北京：人民出版社，2001年，第19頁。

⑪ ［德］帕特里克·聚斯金德《香水》，李清華譯，上海：上海譯文出版社，2005年，第232頁。

在某一片段上與“食穢成仙”母題相吻合的情況。因此，《聊齋誌異》對於“不潔”的書寫在正體模式中，又有正中之正與正中之變的差別。此處所比較的是符合母題書寫模式的“正體”與遊離於這一模式之外的“變體”，不涉及對於正體内部更加具體的正變的探討。

比對這兩種書寫模式可知，它們之間最大的差别即體現在“不潔”作爲符號，其能指與所指的關係上。在符合道教母題的書寫模式中，“不潔”的外在形象作爲能指，最終指向的卻是神聖、高潔的仙丹妙藥與得道成仙的宗教意義，它們之間呈現爲逆向關係。如《畫皮》中，乞人咯出的盈把膿痰最終指向的是使王生起死回生的心臟；《酒狂》中充滿便溺的黑水最終成爲使繆永定“不復縱飲”的良藥；《醫術》中形似綠痰，令人作嘔的藥汁其實是包治百病的良方；《花姑子》中的焦臭蛇血成爲使瀕死的安幼輿轉危爲安的妙藥……在這些篇目中，眼見不一定爲實，看似骯髒惡臭的穢物最終指向的都是與之相反的神聖高潔之物。

在“變體”的書寫模式中，“不潔”之物是作爲惡人、惡物的象徵發揮作用的，能指與所指爲順向關係。如《咬鬼》中惡鬼化爲女子上某翁之床，二者推搡打鬥之時，翁“乘勢力齕其顴，齒沒於肉”，女鬼則流血而逃，其血液“腥臭異常”，使人“嗅而大吐”[①]。這時腥臭異常的鬼血作爲能指，最終指向的是惡鬼本身，二者之間不存在錯位。又如《秦檜》一篇，作爲能指的“惡臭”直接順指向“惡人”——秦檜的七世身；《藏虱》中的虱子，置於掌中，則必然使人“掌中奇癢……癢處核起，腫痛數日，死焉”[②]……這些篇目中，眼見即爲實，骯髒惡臭即爲惡人惡鬼的象徵，沒有任何轉換的可能。

對比兩種對於“不潔”的書寫，可以看出儒道兩家思想在作者意識層面發揮的作用。符合“正體”的書寫模式中，不潔之所以可以轉變爲高潔，是因爲道教中存在的“形殘神完”的神仙觀。在“前道教”——道家的文本中，就已經出現了這種觀念的雛形。如《莊子·德充符》中塑造的一系列有德之人的形象：兀者王駘、兀者申屠嘉、無趾叔山、惡人哀駘它、闉跂支離無脤；《莊子·人間世》中“頤隱於臍，肩高於頂，會撮指

---

① 《聊齋誌異：全校會註集評》，第 31 頁。
② 《聊齋誌異：全校會註集評》，第 1550 頁。

天，五管在上，兩髀爲脅”[①] 的支離疏，都是“形殘神完”的形象。這種“形殘神完”的神仙觀或聖人觀，又來自於形神二分的哲學思想。道家思想强調精神而貶抑形體，《莊子·德充符》說“有人之形，無人之情。有人之形，故群於人；無人之情，故是非不得於身”[②]；又《莊子·知北遊》有“精神生於道，形本生於精，萬物以形象相生”[③]，認爲精神與形體分別出自於不同來源：精神來自於“道”，而形體則來自於無形精微的氣，精神才是人之爲人的決定性因素，而形體只是精神借以存在的物質載體而已。所以，要達到“同於大道”的境界，則必須不受肉體的牽累，“墮肢體，黜聰明，離形去知”[④]，追求“獨與天地精神往來”[⑤] 的境界。於是，道家在此基礎上誇大了精神與形體的對立，將外表的清潔與精神的清潔對立起來，强調以修心代替修形，最終達到至高無上的神仙境界。因此，這部分書寫中，“不潔”之物的能指與所指總是呈現出錯位的扭曲感。

而將“不潔”完全作爲惡人、惡鬼的象徵，則體現出儒家思想。王逸稱贊孔子“清潔者佩芳，德光明者佩玉，能解結者佩觿，能決疑者佩玦。故孔子無所不佩也”[⑥]，認爲至德至聖之人，一定是“佩玉瓊璩”，聖潔無暇的。這在一定程度上反映了儒家善惡兩分、名實相符的思想觀念，强調名實之間“同則同之，異則異之”，不允許有道家觀念中善惡混同、形殘神完的現象出現。因此，在這部分書寫中，“不潔”之物即指向惡鬼惡人，完全作爲“惡”的象徵物而發揮作用。

比對這兩種書寫模式，一方面可以看到蒲松齡作爲文士的儒家人格和道家人格之間的碰撞，另一方面也可以解釋文本間形成的張力效果。在符合道教母題書寫模式的篇章中，不潔指向聖潔；但在另一部分文本中，不潔則象徵邪惡。同一能指在不同篇章中指向完全相反的所指，讀者對於意義的預設被徹底打破。在沒有完整閱讀文本之前，讀者無法斷言篇中出現的“不潔”究竟指向哪一意義。這種意義的多向度性，是造成張力效果的重要原因。

---

① 陳鼓應譯註《莊子今註今譯》，北京：商務印書館，2007 年，第 162 頁。

② 《莊子今註今譯》，第 191 頁。

③ 《莊子今註今譯》，第 656 頁。

④ 《莊子今註今譯》，第 139 頁。

⑤ 《莊子今註今譯》，第 1016 頁。

⑥ 黃靈庚《楚辭章句疏證》，北京：中華書局，2007 年，第 4 頁。

（二）關於“食穢”行爲的書寫

“食穢”作爲道教母題的核心情節經由蒲松齡加工進入《聊齋誌異》文本，在敘事上與審美效果上都發揮重要作用。

1. “食穢”的民間性色彩

道教具有相當强烈的民間性，甚至很難與民間巫術相區分。這種民間性，在“食穢成仙”母題中也得到了體現。道教故事與佛教故事或者傳統的儒家故事相比，更具有下層“俗”文學的特點，裹挾了更多民間屬性，也更加符合下層百姓的審美趣味。在這些故事中，神仙被與生活中的小事聯繫了起來，清掃廁所的老漢、沿街乞討的乞丐、渾身流膿的臭漢都有可能是真仙的化身。同時，凡人面對化形的神仙，以舔瘡食糞行爲，與其說是取悦了神仙，不如說是滿足了讀者獵奇、獵異、好爲戲謔的審美需要。弗萊（Northrop Frye）曾提出“貶抑模擬”一詞，指一些故事情境中人物表現出的行爲模式，比現實生活中大多數人的行爲還要低賤、誇張[①]。毫無疑問，這些“食穢”行爲，遠非現實中人所能接受或者所能做到的。故事中渴望得道成仙的凡人以這種誇張的，近似於“自虐”“自侮”的行爲方式，制造出具有促狹趣味的庶民喜劇，因此，故事充斥著無涉倫理道德的民間色彩。

《聊齋誌異》文本中的民間性很大程度上即體現於此。《聊齋誌異》中的文章並非每篇都有明確的意義指向。清代王金範的摘抄刻本打亂了《聊齋誌異》本來的分卷，以“爰擇其可觀者”爲選編標準，將故事按照忠、孝、悌、智、貞等儒家道德標準與仙、妖、鬼等主要人物形象分爲 18 卷，共 265 篇，部分篇章附王氏評語。王刻本中的篇目僅爲全本二分之一，與全本對比可見，其中缺而不收的多爲《瞳人语》《耳中人》《偷桃》等沒有明確道德指向性，純粹獵異、娛樂的作品。章培恒先生曾批評《屍變》《噴水》兩篇“完全是宣傳迷信思想，別無其他意義”[②]，從側面表明《聊齋誌異》中的某些篇目其實無需嚴肅對待且無法嚴肅對待，蒲松齡創作時也並不一定總是抱有嚴肅態度的。作者在《聊齋自誌》中稱自己“才非干

---

① 陳器文《道教神仙故事中的“食穢”魔考》，《百色學院學報》2008 年第 6 期，第 12 頁。

② 張友鶴輯校《聊齋誌異會校會注會評本》，上海：上海古籍出版社，1978 年。

賓，雅愛搜神；情類黄州，喜人談鬼。聞則命筆，遂以成編”①，可見除卻多數研究者們注意到的抒“孤憤”篇目外，確實有部分篇章僅僅是出於作者個人興趣與娛樂目的而作的，這些缺少明確道德指向性的篇目恰恰是最具有民間性要素的。這些含有民間性要素的篇目在一片對於倫理道德的强調中無異於異軍突起，做到了以俗之道對於雅之儒的解構。同時，正是因爲其“無意義”，讀者才能獲得純粹意義上的審美快感，故而相對於那些以倫理教化爲目的的篇目，這些充滿趣味、異感的篇目更加令人記憶深刻。

2. “食穢”發揮作用的模式：看與被看

“食穢”行爲無論在道教中還是在《聊齋誌異》文本中，都既通過人們的親身參與發揮作用，又在“看與被看”的模式中擴大其作用範圍。

“食穢”行爲本質上發揮的是提升食穢者精神境界的向上作用。這一行爲包含兩個重要元素：吃與欺侮。

首先，“食穢”是一個吃的行爲，食穢者所食用的往往是神仙身體的一部分或者排泄物，如《畫皮》中乞人的膿痰、《蓮香》中女鬼的唾液。塗爾干認爲“吃”是大部分宗教的基本特徵②。在道教領域中，“食穢”起到使凡人戒除驕慢的作用，激發了信徒誠心懺悔罪愆的意識。凡人要想做到甘心食穢，就必須放下全部的尊嚴。食穢行爲通過迫使他們認同最低下、最骯髒的東西，破除了人們自尊自貴的天性，以達到戒驕妄的目的。道教大師蕭道熙在回答什麽是仙道時借用了老子提出的“弱者道之用”，認爲“做仙佛不難，只依一弱字便是”③，而食穢的前提恰恰就是示弱。故而可以認爲，食穢爲成仙打下了基礎。

其次，“食穢”行爲又是神仙對凡人的欺侮。這種欺侮行爲實際是兩個精神地位、社會地位不平等的團體進行密切接觸時自然産生的社會情態。欺侮過程是雙面的：一方面，它表現爲高位者對低位者的拒斥，以彰顯二者地位的不平等；另一方面，殘忍性的拒斥行爲必然在新來者身上産生一定的同化作用，使其適應新環境，因而又是一種接納行爲。在道教模

① 《聊齋誌異：全校會註集評》，第 29 頁。

② 《宗教生活的基本形式》，第 378 頁。

③ 陳器文《道教神仙故事中的“食穢”魔考》，《百色學院學報》2008 年第 6 期，第 9 頁。

式中，“食穢”行爲一方面彰顯了仙凡之隔，更重要的一方面則是藉由外力，使凡人抛棄目之所視的形體，擯棄俗世，追求更高的精神境界，最終進入神仙的等級範疇。

綜合上述兩點，“食穢”作爲符號性行爲，在道教中最終指向提升人的精神境界、戒除人的驕慢心理、逐步完善個人人格的意義。但是這時，受到食穢行爲影響的只有行爲的親身參與者，它的影響範圍是極其有限的。只有當“食穢”行爲經過反復展演成爲儀式後，才能在教徒的觀看中擴大其影響範圍。

《聊齋誌異》在這一模式的基礎上進行了發展與突破。在《聊齋誌異》中，道教故事裏“食穢”行爲帶來的戒除驕慢、提升人的精神境界的效果依然存在：《酒狂》中的繆永定本“素酗於酒，戚黨多畏避之”，後飲黑水嫂溺後“心惕惕然，不敢復縱飲”，以至於“里黨咸喜其進德”[①]。不同於道教文本中食穢成仙母題的是，《聊齋誌異》中食穢行爲所產生的效果，不一定通過親身參與才能獲得，而是在“看與被看”的模式中得到了擴散。

以《畫皮》陳氏啖乞人痰一段爲例：

> 見乞人顛歌道上，鼻涕三尺，穢不可近。陳膝行而前。乞人笑曰：“佳人愛我乎？”陳告之故。又大笑曰：“人盡夫也，活之何爲？”陳固哀之。乃曰：“異哉！人死而乞活於我。我閻摩耶？”怒以杖擊陳。陳忍痛受之。市人漸集如堵。乞人咯痰唾盈把，舉向陳吻曰：“食之！”陳紅漲於面，有難色；既思道士之囑，遂强啖焉。覺入喉中，硬如團絮，格格而下，停結胸間。乞人大笑曰：“佳人愛我哉！”遂起，行已不顧。尾之，入於廟中。[②]

這一段涉及多重文本結構，可歸納爲如下模式：

---

① 《聊齋誌異：全校會註集評》，第882頁。

② 《聊齋誌異：全校會註集評》，第179—180頁。

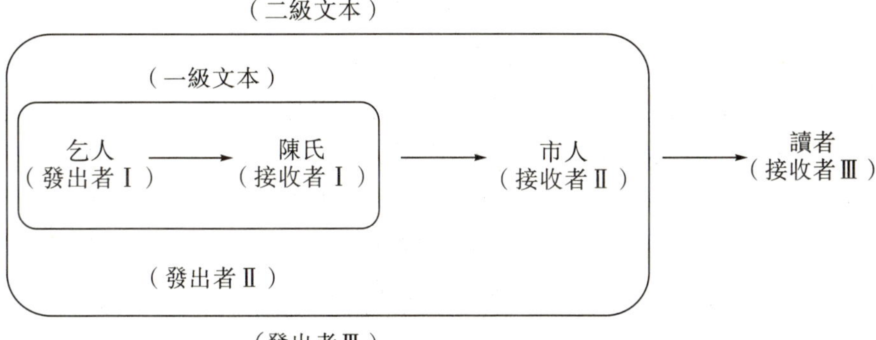

首先，乞人使陳氏食穢的互動形成了第一重文本，也是“食穢”效果直接發生作用的文本。陳氏通過食穢戒除了自己的驕慢之心，達到了提升精神境界的效果。這一文本同時指向實際觀者——《畫皮》文本中的“市人”和潛在觀者——文本外部的讀者。由於“食穢”行爲本身的民間性，市人與讀者通過觀看行爲，首先都獲得了審美觀感上的獵異效果。但是，二者之間存在本質的不同。市人和乞人、陳氏同出於二級文本《畫皮》當中，所以他們的視角是有限的。市人看到的只有“食穢”行爲本身，而對最後痰化爲心使王生起死回生的效果卻一無所知。因此，市人獲得的僅有獵奇、獵異的審美體驗。但是，讀者處於《畫皮》文本的外部，可以以全知全能的視角對文本進行整體觀照，“食穢”行爲的最終結果對於讀者來說是敞開的。因此，讀者在閱讀過程中可以獲得近似於“卡塔西斯”(katharsis）的淨化效果，從而分享這一行爲帶來的戒驕慢與升華精神的作用。

《畫皮》的文本是極爲特殊的，除了這一多重文本結構使“食穢”的效果在“看與被看”模式中得到了擴散，文本中還存在著一個不同於道教母題模式的“乾坤大挪移”。道教模式中遭受欺侮的主體與最後得道成仙或者轉危爲安的主體是同一人，但是在《畫皮》中，前後兩個主體卻發生了置換。《畫皮》中原本驕慢、精神境界低下、貪戀美色、顛倒黑白的是王生。他由於色迷心竅，不顧妻子陳氏和道士的勸阻，强欲收留化身爲二八殊麗的獰鬼，後遭其剖心而死。同樣，最後獲得類似於道教文本中“得道成仙”效果的也是王生。乞人的痰化作心臟，被置入王生腔中，以布帛纏裹傷口，最終達到了起死回生的效果。但是，進行食穢行爲的主體卻是王生的妻子陳氏。這種“乾坤大挪移”式的置換，一方面體現了篇末“異史氏曰”中所謂“天道好還”的因果報復，另一方面也使王生成爲“食穢”行爲的一個觀看者。被看的依舊是陳氏的食穢行爲，但王生不同於市人和讀者，他是個“不在場”的觀者。他對食穢行爲的觀看具有滯後性，並且是在已知結果的前提下對過程進行觀照的。當他詫異於自己胸腹的“隱隱作痛”，通過詢問獲知事情緣由時，所認知到的也是一次有因有果的完整食穢行爲，無可避免地受到它的影響。所以，食穢行爲發生作用的範圍，就由原本道教文本中行爲的參與者，通過“看與被看”的模式得到了不容忽視的擴大。

二、“食穢成仙”模式的兩種變體

此處談到的兩種變體即上文提到過的“正中之變”。它的大體書寫模式依舊符合道教文本中“食穢成仙”的母題，但卻在細節上進行了變形處理，使《聊齋誌異》文本顯示出不同於道教母題的世俗性與意義指歸。

（一）神仙身份從遮蔽到敞開

在道教文本書寫中，神仙的身份通常是遮蔽的，凡人無從推知他們的真實身份。在這種情況下，“食穢”行爲究竟能否導向最終意義變得不確定了。凡人面對一位放言叫他舔瘡食糞的骯臟乞人，心中一定會反復計較權衡：他的話的可信度有多少，這樣做我是否真的可以得道成仙？因此，在道教文本中，“食穢成仙”必然伴隨著“以汙施誡”，仙凡呈現爲測試者與受試者的關係。在這種情況下，發揮作用的是凡人對於道心的追求，因而這一模式的宗教性是很强的。

但是，在《聊齋誌異》中，神仙的身份通常是敞開的，如蓮香在救治桑生前，桑生對於她與陳氏的真實身份都是知根知底的。即使在部分篇目中，神仙確實以汙穢的形象掩蓋了自己的真實身份，但在文本中往往存在一個引導者的形象，他的作用就是使已經遮蔽起來了的神仙身份重新敞開。如《畫皮》中的乞人雖然“顛歌道上，鼻涕三尺，穢不可近”①，使人難以想見他的真實身份，但是，文本中的道士卻充當了這個引導者的角色。他在乞人出場前爲陳氏指明了道路：“市人有瘋者，時臥糞土中。試

① 《聊齋誌異：全校會註集評》，第179頁。

叩而哀之。倘狂辱夫人，夫人勿怒也。”[1] 乞人的神仙真身在他具有指向性的話語中得到了出場。於是，在陳氏看來，乞人的形象發生了變化：他不再是一個真正骯髒的乞丐，而是一位披著乞丐穢不可聞皮囊的得道高人，他有救王生的性命的能力。在這種認知的作用下，陳氏的“食穢”成爲一次有明確目的指向的功利性行爲。陳氏實際與乞人完成了一筆交易：她獲得了讓王生起死回生的結果，而啖痰則是她付給乞人的報酬。這樣，仙凡關係就變成了施利者與受利者、賣家與買家的關係了。“利心”取代了道教文中發揮作用的“道心”，這一符號行爲本身的宗教性質淹沒在世俗的功利性當中，文本的世俗性大大加强了。

同時，這樣的改變導致文本不確定性的來源遭到了置換。在道教文本中，凡人不知道最後能否成仙，是因爲他不能確定眼前的乞人究竟是否爲神仙，因此，文本的不確定性來自於仙人身份的遮蔽。但是在《聊齋誌異》中，仙人的身份無論是對於讀者還是對於食穢者都是敞開的，後二者在心理上都有一個預期，即這個形貌可憎的人確實是神仙，且他確實有能力達到最終起死回生的結局。因此，這個結果先行的模式，一定程度上消解了文本的不確定性，閱讀過程成爲一個由已知主動向已知靠近的過程。但是，“食穢”行爲本身卻在《聊齋誌異》文本中發揮了重塑文本不確定性的作用。在道教文中，食穢與否是一次乾净利索的抉擇，且一勞永逸，一旦驗明道心，選擇吃下穢物，神仙就會顯露真身，然後立刻導向成仙的最終結局；但是在《聊齋誌異》中，食穢與欺侮的過程被刻意拉長了，它不再是一個一蹴而就的行爲，而是一環接一環，通過延宕推遲了已知結局的到來。

以下分別以《畫皮》與《蓮香》兩篇分析食穢行爲的延宕效果是如何增加文本的不確定性的。

整理《畫皮》中乞人與陳氏的互動，可得如下表格：

---

① 《聊齋誌異：全校會註集評》，第 179 頁。

陳氏	乞人	延宕方式
膝行上前	笑曰：“佳人愛我乎？”	語言侮辱：低俗語言
告之以故	大笑曰：“人盡夫也，活之何爲？”	
固哀之	乃曰：“異哉！人死而乞活於我。我閻摩耶？”	否認自己有施救能力，明確拒斥
忍痛受之	以杖擊陳	
紅漲於面，有難色；既思道士之囑，遂强啖焉。覺入喉中，硬如團絮，格格而下，停結胸間	咯痰唾盈把，舉向陳吻曰：“食之！”	食穢行爲
	大笑曰：“佳人愛我哉！”① 遂起，行已不顧。	
追而求之	不知所在	結果未知

由上表可見，《畫皮》中食穢的過程被蒲松齡有意地拉長了，乞人的行爲表現爲步步緊逼，通過語言與行動上的侮辱不斷向陳氏施加壓力；與之相對，陳氏的行爲則表現爲步步後退，不斷容忍。二者之間一進一退的互動行爲增加了食穢過程中的不定點：讀者無法預知陳氏會在什麽時候因爲經受不住乞人的侮辱而拂袖離去，同時也無法推測乞人會在哪一個階段鬆口，答應陳氏的請求。除此之外，《畫皮》文本與道教文本最爲顯著的不同體現在最終結局的出場上。在道教文本中，成仙的結果是緊承食穢行爲而來的，當凡人完成舔瘡食糞的行爲後，神仙立刻向其顯露自己的真身，凡人吃下的“仙丹靈藥”即刻發揮作用，直接導向共同飛升的結果。但是，在《畫皮》中，陳氏忍辱負重吃下乞人的痰後，卻沒有直接造成任何可見可感的結果。乞人振衣而去，陳氏苦尋不得，而穢物對於挽救王生性命究竟有何作用，是不得而知的。直到陳氏歸家，“抱屍收腸，且理且哭。哭極聲嘶，頓欲嘔”② 之時，痰才在瞬間化爲心臟跌入王生腔中，成爲起死回生的良藥。結局與食穢行爲中間存在的空白期，有效地增加了敘事中的不確定因素。

《蓮香》中食穢行爲通過另一種方式增加了文本的不確定性，如下表：

① 表格引用内容均出自《聊齋誌異：全校會註集評》，第 179—180 頁。

② 《聊齋誌異：全校會註集評》，第 180 頁。

桑生	李氏（鬼）	蓮香（狐）
哽咽良久，自言知罪，但求拯救	不參與互動	曰：“病入膏肓，實無救法。姑來永訣，以明非妒。”
大悲曰：“枕底一物，煩代碎之。”	不參與互動	搜得履，持就燈前，反復展玩
不參與互動	欻入，卒見蓮香，返身欲遁	以身蔽門
責數之	不能答	不參與互動
不參與互動	自陳生平	細詰生平
殘息如絲，不覺失聲大痛	不參與互動	不參與互動
不參與互動	無負郎君	“恐郎强健，醋娘子要食楊梅也。”
不參與互動	暈生頤頰，俯首轉側而視其履	“櫻口中一点香唾耳。我以丸进，烦接口而唾之。”
不參與互動	益慚，俯仰若無所容	戏曰：“妹所得意惟履耳!”①
丸已下咽	唾之	不參與互動

《蓮香》文本中存在一個很有趣的現象：參與食穢行爲的主體有三人，但從未出現三人同時進行互動的情況，每當兩個主體進行互動時，第三方總是保持沉默不作爲的狀態。《蓮香》中的食穢者應爲桑生，所食穢物爲女鬼李氏的唾液，食穢行爲理應是桑生與女鬼李氏的互動。但是，文本中卻存在一個不參與食穢行爲的主體狐妖蓮香：一方面，她是上文所說的引導者，將桑生可以得救的結局暴露在讀者面前；另一方面，蓮香與桑生或者蓮香與李氏的互動其實都是與食穢行爲沒有直接關係的，小說通過蓮香引入了一系列與食穢主線無涉的瑣碎情節。例如通過蓮香與李氏的交談，蒲松齡用了相當長的篇幅揭示出李氏的身份，詳細描繪了她是如何化鬼、葬於何處等信息，但是這些内容對於食穢來說，完全是可有可無的，而這時桑生呼痛的情節，則是將劇情拽回食穢主線的手段，故事結局的出場就在這些冗余信息造成的延宕中得到了推遲。另一方面，蓮香又不是完全無關於食穢行爲的角色。她雖然不直接參與這一行爲，但采用“食穢”來救

① 表格引用内容均出自《聊齋誌異：全校會註集評》，第 328 頁。

治桑生的方法畢竟是蓮香提出來的，且在蓮香與李氏的互動中同樣存在著"欺侮"行爲。蓮香對李氏的欺侮均爲口頭的，善意性質、打趣性質的，與乞人對陳氏的欺侮有明顯不同。李氏向蓮香詢問救人的方法時，蓮香戲謔曰"恐郎强健，醋娘子要食楊梅也"；當李氏表明願意救桑生性命的決心後，蓮香便要求"櫻口中一點香唾耳。我以丸進，煩接口而唾之"，這明顯造成了李氏的躊躇，於是蓮香繼續對李氏報以戲謔性的語言："此平時熟技，今何吝焉？"① 蓮香對李氏的言語"欺侮"使食穢的不確定性由桑生轉移到李氏身上——桑生爲了挽救自己的性命是願意食穢的，但是李氏出於面子與尊嚴卻不一定願意令桑生食自己的唾液。在閱讀文本時，讀者會產生疑問：李氏是否會同意蓮香救人的方法？她是否會因爲蓮香的調笑而害羞，從而拒絕之後的行爲？因此，通過引入蓮香這一遊離於食穢行爲之外的主體，食穢的"給予"方也成了被"欺侮"的對象，故事的結局被重新遮蔽了起來，文本的不確定性大大加强了。

綜上所述，道教文本與《聊齋誌異》文本都存在大量的不確定因素；但是，在道教"食穢成仙"母題的書寫中，文本的不確定性來自於仙人身份的遮蔽導致結局的不可預期，而在《聊齋誌異》文本中，這種不確定性卻是來自食穢行爲本身產生的延宕效果的。

（二）"食穢"情節由故事的正體成爲組成部分

在道教經典文本書寫中，"食穢"本身是一次完整的符號性行爲，行爲本身最終指向得道成仙的意義。一旦得道成仙的意義出場，那麼這個符號性行爲就結束了。在絕大多數情況下，食穢行爲構成了完整的文本，食穢帶來的意義就是文本意義本身。

但是，《聊齋誌異》中，"食穢"行爲僅僅是文本中的一個片段。如《畫皮》一文，陳氏啖痰化心使王生起死回生實際只是王生誘於美色而遭剖心而死的衍生品。《畫皮》所要表現的主旨並非"食穢"帶來的宗教性的成仙，或者提升人的精神境界，而是文末異史氏所云："愚哉世人！明明妖也，而以爲美。迷哉愚人！明明忠也，而以爲妄。然愛人之色而漁之，妻亦食人之唾而甘之，天道好還，但愚而迷者不悟耳。可哀也夫！"②

---

① 《聊齋誌異：全校會註集評》，第 328 頁。

② 《聊齋誌異：全校會註集評》，第 180 頁。

以天道輪回的模式批評王生是非不分、貪戀美色的愚昧、狂妄行爲，文本最終指向了儒家傳統的倫理道德批判。《蓮香》中李氏唾丸藥救桑生性命在文本中所占的比重微乎其微，大部分筆墨均圍繞李氏、蓮香二女一夫，用情至深而展開，塑造了符合儒家規範的完美女性形象。《翩翩》中仙女翩翩爲羅子浮洗去惡瘡只出現於文章開篇，其後情節則圍繞羅子浮調戲花城反受辱、翩翩相夫教子共享天倫而進行，最終通過羅子浮所感嘆的“我有佳兒，不羨貴官。我有佳婦，不羨綺紈。今夕聚首，皆當喜歡。爲君行酒，勸君加餐”[①]，將文本的意義牽引向建立穩定和諧的家庭結構。“食穢成仙”母題自身提倡的拋棄俗世、棄絕肉體、提高精神境界在《聊齋誌異》中被弱化，正如《翩翩》文末異史氏所曰：“翩翩、花城，殆仙者耶？餐葉衣雲，何其怪也！然幃幄誹謗，押寢生雛，亦復何殊於人世，山中十五載，雖無‘人民城郭’之異；而雲迷洞口，無跡可尋，睹其景況，真劉阮返棹時矣。”[②] 渺不可尋的宗教意義和玄之又玄的道家思想淹沒在《聊齋誌異》文本的世俗性和儒家倫理道德之中，文章最後的意義指歸往往脫離“食穢成仙”母題，而回落於現實的家庭結構、社會規範、倫理道德。於是，文本意義就在母題模式與細節變形中產生了微妙的錯位。

三、兩對意義指歸：宗教與世俗、儒與道

通過上述分析可以看出：一方面，蒲松齡對道教“食穢成仙”母題進行書寫，文本不可避免地帶有一定宗教性與道家思想；另一方面，對於母題的變形、改寫與置換卻將文本的最終意義導向了世俗與儒家的倫理教化。因此，《聊齋誌異》文本中存在矛盾著的兩對意義指歸：宗教與世俗、道與儒。

這兩對矛盾可看作蒲松齡無意識導致的結果。蒲松齡所書寫的“異”，一言以蔽之即異於正統，而道教文本中的宗教性、道家思想與世俗性、儒家教化相比，即居於邊緣地位的“異”思想。蒲松齡的創作同時受到兩方面的影響：一方面他作爲創作主體具有能動性，有意識地去選擇自己創作

① 《聊齋誌異：全校會註集評》，第645頁。
② 《聊齋誌異：全校會註集評》，第645頁。

的題材、體裁，如他對於道教“食穢成仙”母題的選取；另一方面，他又受制於中國傳統的文士心理、儒家人格。中國古代正統文人在創作與批評時，總在向儒家思想、向六經文本靠近。例如王逸評價明顯具有巫鬼特徵的楚文學作品《離騷》時，一定要稱“《離騷》之文，依托五經以立意”[①]；漢儒在闡釋口口相傳的民歌時，一定要時刻帶上美刺傳統。這種向儒家倫理道德、向儒學經典文本的靠近，來自於儒家思想在中國古代社會不容動摇的正統地位。自從漢武帝立五經博士，罷黜百家獨尊儒術之後，儒家就攫取了權力話語的中心地位，成爲社會上衆多思想的中心。文人可以受到多種學説，如道、佛、玄或諸子百家的影響，但是這些學説都只處於思想體系的邊緣位置，他們不能不受到統攝一切的儒學的統攝。因此，在這種情況下形成的文士人格，雖然表面上看起來會有崇儒的、尚道的、尊佛的，但他們總不可避免地以儒生的視角審視這個世界。由於觀照世界的方式被限定了，這些道教、民間巫術、佛教的母題最終體現出來的意義，就不可避免地帶上了儒家的色彩。體現在文本書寫中，蒲松齡寫的雖然是道教故事，但卻將其意義置換爲了儒家的倫理道德。

整部《聊齋誌異》的創作都體現著這種有意識或無意識的矛盾。審視《聊齋自誌》，可知蒲松齡創作這一部鴻篇巨著的兩個原因。（1）興趣使然：“情非干寶，雅愛搜神；情類黄州，喜人談鬼。”（2）抒寫孤憤：“集腋爲裘，妄續《幽明》之錄；浮白載筆，僅成孤憤之書。”[②] 前者是“無用的”、無功利性的，完全服務於獵奇、誌異的興趣目的，這顯然是遊離於儒家作文標準之外的部分；但後者所抒的“孤憤”，有文士懷才不遇、科舉不中而對社會的反思，有對健康人性人情的呼喚，有自我意識的表現……文有所指，篇有所歸，這其實又是對儒家强調的有所刺、有所美、有所寄托的繼承。而在整體篇目的分布上，體現前一非功利性目的的文章顯然淹沒在後一種有明確道德指歸的文章中了，而後世讀者、批評者在觀照這部作品集時，也紛紛將目光投向了後一種作品，而對前一類作品，不是草草略過，便是妄加批評。

---

① 王逸《楚辭章句序》，載郭紹虞主編《中國歷代文論選（一卷本）》，上海：上海古籍出版社，2001年，第55頁。

② 《聊齋誌異：全校會註集評》，第29頁。

結　語

綜上所述，蒲松齡對道教“食穢成仙”母題的承襲與改寫與他矛盾的文士人格是一致的。一方面，他有意識地利用道教母題本身遊離於儒家倫理道德之外的因素，給文章蒙上“異”的邊緣性色彩；另一方面，由於傳統文人的儒士心理，這種對儒家中心的突破與背離又是不完全的，必然在無意識中向中心回歸。而《聊齋誌異》中對“食穢”的書寫，恰恰就處於這一離一歸的兩種力量之間，故而形成了看似矛盾的兩對意義指歸。

（指導教師：李瑄）